*C. Northcote Parkinson*

# Parkinsons neues Gesetz

C. Northcote Parkinson

# Parkinsons neues Gesetz

Mit Illustrationen von Osbert Lancaster

Econ Verlag
Düsseldorf · Wien

Titel der amerikanischen Originalausgabe:
Parkinson: The Law
Übersetzt von Dr. Klaus Machold

Original-Verlag: Houghton Mifflin Company, 1980

3. Auflage 1983

Gesetzt aus der Garamond der Linotype GmbH
Satz: Computersatz Bonn GmbH, Bonn
Papier: Papierfabrik Schleipen GmbH, Bad Dürkheim
Druck und Bindearbeiten: Bercker/Kevelaer
Printed in Germany
ISBN 3 430 17355 8

*Für Ann*

# Inhalt

# Vorwort

Als das Parkinsonsche Gesetz zum erstenmal veröffentlicht wurde, fand es große Resonanz. Überall wurde darüber diskutiert. Es machte seinen Lesern menschliche Eigenarten bewußt, die niemals zuvor so recht beachtet worden waren. Fakten, die man kannte, waren zu einem neuen Muster verwoben worden. Mit Erleichterung nahm man auf, daß endlich in Worte gefaßt war, was vorher nur als nebulöse Idee herumgeisterte. Das Parkinsonsche Gesetz war entdeckt – wohlgemerkt »entdeckt« und nicht erfunden. In aller Bescheidenheit konnte sich der Autor nunmehr mit Archimedes, Pythagoras und Newton auf eine Stufe stellen. Dabei war das Buch ursprünglich als reine Satire gedacht gewesen. Satiren aber pflegen traurige Wahrheiten aufzudecken, ohne gleichzeitig ein Heilverfahren vorzuschlagen.

Die Gültigkeit des Parkinsonschen Gesetzes wurde inzwischen immer wieder aufs neue bestätigt. Aus diesem Grunde erscheint der erste Aufsatz darüber hier in ungeänderter Form als erstes Kapitel.

Nach dem Parkinsonschen Gesetz habe ich meine Studien über die Verwaltung fortgesetzt, und noch weitere Gesetzlichkeiten aufgedeckt. Über die Jahre aber ist eine neue Generation herangewachsen, die meine Gesetze vielleicht nur dem Namen nach kennt, vielleicht aber auch mit den entsprechenden Ideen vertraut ist. Allerdings haben es wenige von ihnen, wenn sie ein Urteil darüber abgeben, auch wirklich gelesen. Nach 21 Jahren ist – so glaube ich – die Botschaft immer noch dieselbe, aber die Hypothesen wurden inzwischen verifiziert. So mancher Geschäftsmann oder Aktionär hat von meiner Entdeckung profitiert – und wird dies auch in Zukunft tun. Aber was sind solche Profite im Vergleich zu all dem, vor dem uns das Wissen um diese Gesetzlichkeiten in der öffentlichen Verwaltung noch in der Zukunft bewahren wird. Wenn die einzelnen Länder erst von ihrer Steuerlast und ihren bürokratischen Exzessen befreit sein werden, wenn sie von ihrer chronischen administrativen Verstopfung geheilt sind, zu was für einem Wiedererwachen an Tatkraft und Unternehmensgeist wird es dann kommen!

In der Hoffnung darauf habe ich all meine Gesetze noch einmal für die Öffentlichkeit in einem Band zusammengefaßt – zum erstenmal übrigens. Wo nötig wurden sie durch den neuesten Forschungsstand erweitert.

Während all der Jahre, die ich geschrieben habe, bin ich mehr und mehr zu der Erkenntnis gekommen, daß allen meinen einzelnen Gesetzen eine einzige und ganz fundamentale und umfassende Gesetzlichkeit zugrunde liegt, eine, die soweit geht, uns die Situation unserer gegenwärtigen Welt sowohl in bezug auf Wirtschaft, wie auf Politik zu erklären. Auch für die, die meine Gesetze schon kennen, dürfte es darum ganz instruktiv sein, sie noch einmal unter diesem neuen und weiteren Aspekt zu lesen. Es gibt in der Wissenschaft ein weitgehend anerkanntes Prinzip, das besagt, daß die Natur ein Vakuum nicht tolerieren kann. Das manifestiert sich in den verschiedensten Bereichen, und ist mitunter etwas, wofür die Menschheit recht dankbar ist. Ich meinerseits gebe zu bedenken, daß auf dem Gebiet der sozialen Beziehungen dieses Prinzip in eklatantester Weise wirksam wird. So habe ich im letzten Kapitel dieses Buches wieder einmal ein Gesetz formuliert, eines das einleuchten wird, und das – soweit ich weiß – bisher noch nicht entdeckt worden ist.

C. Northcote Parkinson

# 1. Das Parkinsonsche Gesetz oder Die wachsende Pyramide

*Arbeit läßt sich – wie Gummi – so weit dehnen, wie Zeit zur Verfügung steht, um sie auszuführen.* Diese Tatsache ist allgemein anerkannt, wie aus dem englischen Sprichwort hervorgeht: »Der Fleißige hat die meiste Zeit.« So kann eine alte Dame ihren ganzen Tag damit verbringen, eine einzige Postkarte an ihre Nichte in Oberpframmern zu schreiben und abzuschicken. Eine Stunde vergeht mit der Suche nach der Postkarte, eine weitere mit der Suche nach der Brille, eine halbe für das Finden der Adresse; es folgen fünfviertel Stunden für die Komposition des Schriftstückes, zwanzig Minuten für die wichtige Entscheidung, ob man für den Weg zum Briefkasten an der nächsten Ecke einen Schirm mitnehmen soll oder nicht. Kurz und gut, eine Arbeit, die einen geschäftigen Mann nicht länger als insgesamt drei Minuten beansprucht, kann bei andersgearteten Menschen nach einem Tag voller Zweifel, Angst und Mühen ein Gefühl völliger Erschöpfung hinterlassen.

Geht man also davon aus, daß sich Arbeit (vor allem Schreibarbeit) durchaus elastisch gegenüber der Zeit verhält, dann steht fest, daß auch nur geringe oder gar keine Beziehungen zwischen einem bestimmten Arbeitspensum und der Zahl der Angestellten, die das Pensum erledigen sollen, besteht. Mangel an echter Aktivität muß nicht zwangsläufig zu Müßiggang führen; Mangel an Beschäftigung offenbart sich nicht immer in auffälligem Nichtstun. Vielmehr schwillt eine Arbeit an und gewinnt sowohl an Bedeutung als auch an Komplexität, je mehr Zeit für sie zur Verfügung steht. Obwohl dies heute allgemein bekannt ist, wurden die notwendigen Folgerungen noch nicht daraus gezogen – vor allem nicht auf dem Gebiet der öffentlichen Verwaltung. Politiker wie Steuerzahler glauben da (wenn auch gelegentlich von Zweifeln geplagt), daß ein ständig wachsendes Beamtenkorps die ständig wachsende Arbeit der Staatsdiener widerspiegele. Zyniker, die sich dieser Auffassung nicht anschließen wollen, stellen sich eher vor, daß durch Vermehrung der Beamten entweder einige Beamte zu Müßiggängern gemacht würden oder aber die Arbeitszeit aller Beamten verkürzt werde. Doch beide haben sie unrecht; denn dies ist keine Frage des Zweifelns oder Glaubens. Vielmehr ist es so, daß die Zahl der Beamten oder Angestellten in keiner Beziehung zu der Menge der vorhandenen Arbeit steht. Das ständige Wachsen der Beamten- und Angestelltenzahlen vollzieht sich nach dem Parkinsonschen Gesetz – und es vollzieht sich, gleich ob die Arbeit zunimmt, abnimmt oder völlig verschwindet. Die Bedeutung des Parkinsonschen Gesetzes liegt in der Tatsache, daß es ein Gesetz des Wachstums ist und daß es auf einer Analyse all jener Kräfte basiert, die dieses Wachstum kontrollieren.

Die Gültigkeit dieses erst kürzlich entdeckten Gesetzes beruht vor allem auf statistischen Beweisen, von denen noch die Rede sein soll. Für den interessierten Laien wird die Erklärung jener Faktoren, die der Tendenz, die das Parkinsonsche Gesetz definiert, unterworfen sind, zunächst wichtiger sein. Es handelt sich dabei – wenn wir all die zahlreichen technischen Komplikationen außer acht lassen – um zwei ursächliche Triebkräfte, Motive oder Trends. Man kann sie in zwei Grundsätze, in zwei Axiome fassen:

1. Jeder Beamte oder Angestellte wünscht die Zahl seiner Untergebenen, nicht die seiner Rivalen, zu vergrößern.
2. Beamte oder Angestellte versorgen sich gegenseitig mit Arbeit.

Um Motiv Nr. 1 zu verstehen, müssen wir uns einen Beamten, genannt A, vorstellen, der spürt, daß er überarbeitet ist. Ob die Überarbeitung auf Tatsachen oder Einbildung beruht, spielt keine Rolle; nur beiläufig wollen wir erwähnen, daß A's Gefühl (oder Einbildung) sehr leicht ein Ergebnis jener »Midlife-crisis« sein kann, die in den mittleren Jahren aufzutreten pflegt. Für dieses tatsächliche oder eingebildete Zuviel an Arbeit gibt es nun drei mögliche Heilmittel: A kann um seine Entlassung ersuchen; A kann darum bitten, seine Arbeit künftig mit dem Kollegen B zu teilen, und A kann schließlich ein Gesuch stellen, daß ihm zwei Untergebene zugeteilt werden, genannt C und D. Ich glaube, es gibt kein bekanntes Beispiel in der Weltgeschichte, daß ein Beamter oder Angestellter einen anderen als den dritten Weg wählte. Denn durch die Entlassung verliert er die Pensionsberechtigung; zieht er den Kollegen B als Gleichberechtigten ins Spiel, schafft er sich einen Rivalen für den Fall, daß sein Vorgesetzter W eines Tages in den Ruhestand tritt und einen leeren Stuhl hinterläßt. Infolgedessen zieht A vor, zwei Junioren, C und D, unter sich zu haben. Sie stärken nicht nur seine Stellung im Amt, er kann auch die Arbeit in zwei Hälften einteilen, die er ihnen getrennt zuweist, woraus für ihn der Vorteil entspringt, daß er als einziger die ganze Arbeit versteht. Es ist wichtig, festzuhalten, daß die beiden Untergebenen C und D untrennbar sind. C allein einzustellen ist ein Ding der Unmöglichkeit. Warum? Weil C allein die Arbeit mit A teilen und dadurch den gleichen Status erhalten würde, der bereits B aus guten Gründen versagt wurde; die Gefahr würde dadurch nur erhöht, denn C wäre jetzt der einzige Nachfolger A's. Untergebene müssen also immer in der Mehrzahl auftreten, denn nur durch die Angst, der andere könnte befördert werden, kann man sie unter Kontrolle halten. Beschwert sich eines Tages C über zuviel Arbeit (was er ganz sicherlich tun wird), dann wird A – im vollen Einverständnis mit C – die Einstellung von mindestens zwei Untergebenen für C befürworten. Doch, um nun nicht Feindschaft im eigenen Büro aufkommen zu lassen, muß er D das gleiche zugestehen, der ja im gleichen Rang wie C steht. Mit der Neueinstellung der Hilfskräfte E, F, G und H kann A aber nun fast sicher sein, daß er demnächst selbst befördert wird.

Sieben Beamte tun jetzt, was zuvor einer allein tat. Und hier beginnt das zweite Motiv wirksam zu werden. Denn diese sieben Beamten versorgen sich gegenseitig so mit Arbeit, daß jeder von ihnen alle Hände voll zu tun hat und A selber härter als zuvor arbeitet. Jedes eingehende Aktenstück muß jetzt sieben Schreibtische passieren. Beamter E erhält es zuerst und entscheidet, daß der Fall von Kollege F bearbeitet werden muß, der das Schreiben liest und einen Antwortbrief entwirft, den er an seinen Vorgesetzten C weiterleitet. C überarbeitet den Entwurf, bevor er sich mit D in Verbindung setzt, der die Angelegenheit an seinen Gehilfen G weitergibt. Doch G steht gerade im Begriff, seinen Urlaub anzutreten, und übergibt die Akte deswegen H, der zu dem Entwurf eine kurze Stellungnahme schreibt, sie von D abzeichnen läßt, worauf er das ganze Bündel an C zurückgehen läßt, der den von ihm bereits verbesserten ersten Entwurf nochmals überarbeitet und die neue Version A vorlegt.

Was macht nun A? Er hätte jede Entschuldigung, das Ding ungelesen abzuzeichnen; denn er hat weiß Gott andere Sorgen. Nächstes Jahr wird er befördert werden und die Stelle seines Chefs W einnehmen; also zerbricht er sich jetzt schon den Kopf, ob C oder ob D sein Nachfolger werden soll. Er hat G einen Urlaub bewilligt, der dem Mann strenggenommen nicht zustand. Nun fragt er sich, ob es nicht gescheiter gewesen wäre, H aus gesundheitlichen Gründen in Urlaub zu schicken. Denn H sieht in letzter Zeit schlecht aus – teilweise, aber nicht allein, wegen familiärer Probleme. Dann ist da noch die Geschichte mit F, der für eine Konferenz Gehaltszulage bekommen sollte, und weiter das Gesuch von G um Versetzung in das Pensionsministerium. A hat außerdem gehört, daß D ein Verhältnis mit einer verheirateten Stenotypistin hat und daß G und F nur noch schriftlich miteinander verkehren – der Himmel weiß warum. So könnte A also mit Fug und Recht sein Signum unter C's endgültigen Entwurf setzen und die ganze Geschichte los sein. Doch dazu ist er zu gewissenhaft. Obwohl ihn neuerdings nur noch Probleme beschäftigen, die seine Mitarbeiter für sich selbst und damit für ihn schaffen (Probleme, die es überhaupt nur gibt, weil es diese Mitarbeiter gibt), denkt er nicht daran, sich vor der Pflicht zu drücken. Also liest er den Entwurf des Antwortschreibens sorgfältig durch, streicht die Zusätze der beiden Umstandskrämer C und H und reduziert das Schreiben auf jenen Entwurf, den der begabte (wenn auch streitsüchtige) F gleich zu Beginn geliefert hatte. Er feilt noch ein wenig an der Sprache des Schreibers herum – keiner dieser jungen Leute beherrscht heute noch die Grammatik! Und das Endergebnis seiner Arbeit ist ein Brief, den er in dieser Form selbst geschrieben hätte, als es die Beamten C bis H noch nicht gegeben hatte. Viel mehr Menschen haben viel mehr Zeit benötigt, um zu dem gleichen Ergebnis zu kommen. Keiner von ihnen war müßig, alle haben ihr Bestes getan. Es ist fast Nacht, wenn A endlich das Büro verläßt und heimfährt. Die Bürolampen verlöschen in dem Abendgrauen, das den Abschluß eines Tages voller Verwaltungsarbeiten bringt. Während er mit den letzten Angestellten das Bürohaus verläßt, denkt A mit verbissenem Munde darüber nach, warum wohl späte Stunden und graue Haare die Strafe des Erfolgreichen sind.

Aus dieser Beschreibung der beiden Motive Nr. 1 und Nr. 2 kann der Student der politischen Wissenschaften leicht entnehmen, daß alle Administratoren sich zwangsläufig multiplizieren müssen. Doch bisher wurde noch nicht von der Zeit gesprochen, welche zwischen dem Tag, als A zum erstenmal ins Amt kam, und dem Tag, als H mit Pensionsberechtigung eingestellt wurde, verstrich. Unmassen statistischen Materials wurden gesammelt und mühsam analysiert, und aus dem Ergebnis dieser Studie wurde das Parkinsonsche Gesetz abgeleitet. Es ist hier nicht der Platz, die Analyse in allen Einzelheiten zu wiederholen. Doch es mag den Leser interessieren, daß die ersten Forschungen beim Haushalt der britischen Kriegsmarine ansetzten. Man wählte sie als Ausgangspunkt, weil die Aufgaben der Admiralität leichter meßbar sind als beispielsweise die Aufgaben des Handelsministeriums. Bei der Marine geht es nur um Zahlen und Schiffe. Wir lassen hier ein paar typische Beispiele folgen:

Die Stärke der britischen Marine im Jahr 1914 drückte sich in folgenden Zahlen aus: 146 000 Offiziere und Matrosen, 3249 Werftbeamte und -angestellte, 57 000 Werftarbeiter. Im Jahr 1928 gab es nur noch 100 000 Offiziere und Matrosen, die Zahl der Werftarbeiter hatte sich auf 62 439 vermehrt, die Werftbeamten und -angestellten waren auf eine Kopfzahl von 4558 angestiegen. Inzwischen war allerdings die Kampfkraft der Schlachtschiffe auf einen Bruchteil derer von 1914 gesunken – weniger als 20 Großkampfschiffe 1928 gegenüber 62 Großkampfschiffen 1914. Im gleichen Zeitraum aber schnellte die Zahl der Beamten in der Admiralität sprunghaft von rund 2000 im Jahr 1914 auf 3569 im Jahr 1928 hoch – »eine großartige Marine zu Land«, wie man damals bemerkte. Übersichtlicher sind die Zahlen in Tabellenform:

*Statistik der Admiralität*

| Jahr | Groß-kampf-schiffe in Dienst | Offiziere u. Matrosen d. Royal Navy | Werft-arbeiter | Werft-beamte u. -ange-stellte | Beamte in der Ad-miralität |
|---|---|---|---|---|---|
| 1914 | 62 | 146 000 | 57 000 | 3 249 | 2 000 |
| 1928 | 20 | 100 000 | 62 439 | 4 558 | 3 569 |
| Zu- und Abnahme in Prozent | – 67,74 | – 31,5 | + 9,54 | + 40,28 | + 78,45 |

Die Kritik, die sich seinerzeit erhob, zielte auf das Mißverhältnis zwischen der Zahl der potentiellen Kämpfer und der der Verwaltung. Es ist nicht unsere Absicht, nochmals darauf zurückzukommen. Was wir aber der Tabelle entnehmen müssen, ist die Tatsache, daß aus 2000 Beamten von 1914 bis 1928 3569 geworden waren. Selbstverständlich stand dieses Wachstum in keiner Beziehung zu einer irgendwie gearteten Zunahme der Arbeit. Die Marine hatte im gleichen Zeitraum ein Drittel ihrer aktiven Seeleute und zwei Drittel ihrer aktiven Großkampfschiffe aufgegeben. Seit dem Jahr 1922 konnte auch niemand erwarten, daß diese Zahlen jemals wieder wachsen würden. Denn die Anzahl der Großkampfschiffe (nicht die der Schreiberlinge) war durch das Flottenabkommen von Washington begrenzt worden. Worauf es uns ankommt, ist das Anwachsen des Stabes um 78 Prozent in einem Zeitraum von 14 Jahren, was einer jährlichen Zuwachsrate von 5,6 Prozent entspricht. Wie wir später sehen werden, verteilt sich der Zuwachs nicht so regelmäßig auf die einzelnen Jahre. Was hier interessiert, ist allein die Zuwachsrate in einer gegebenen Periode.

Kann es für das Anwachsen der Staatsdienerzahl noch irgendeine andere Erklärung geben als die, daß ein solches Wachstum zwangsläufig ist, weil es einem Gesetz unterliegt? Nun kann man einwenden, daß die fragliche Periode in eine Zeit rapider technischer Entwicklungen fiel. Der Gebrauch der Flugmaschinen war nicht länger nur Verrückten vorbehalten; elektrische Anlagen vermehrten sich und wurden immer komplizierter; Unterseeboote wurden geduldet, wenn auch noch nicht gefördert; Ingenieuroffiziere wurden langsam als Menschen anerkannt. In einem derart revolutionären Zeitalter haben Magazinverwalter erfahrungsgemäß mehr Lagerbestände zusammenzutragen. Man darf erwarten, daß mehr Zeichner, mehr Konstrukteure, Planer, Techniker und Wissenschaftler auf den Gehaltslisten erscheinen. Aber alle diese sogenannten Werftbeamten und -angestellten vermehrten sich nur um 40 Prozent, während die Rate der Vermehrung bei den Schreiberlingen der Admiralität nahezu 80 Prozent erreichte. Für jeden neuen Vorarbeiter oder Elektroingenieur in Portsmouth (der Kriegswerft) gab es zwei neue Schreiber in Charing Cross (dem Büro der Admiralität). Man fühlt sich versucht, daraus folgenden vorläufigen Schluß zu ziehen: »Die Zuwachsrate eines Verwaltungsstabes ist doppelt so groß wie die Zuwachsrate eines technischen Stabes, vorausgesetzt, die eigentliche Kampfkraft (in diesem Fall die Zahl der Seeleute) wird um 31,5 Prozent gesenkt.« Doch das ist eine Hypothese geblieben. Denn statistische Untersuchungen haben ergeben, daß die Kampfkraft irrelevant ist: Die Angestellten in der Admiralität würden sich mit der gleichen Geschwindigkeit vervielfacht haben, auch wenn es keinen aktiven Seemann mehr gegeben hätte.

Es wäre zweifellos interessant zu verfolgen, wie sich die 8118 Admiralitätsschreiber aus dem Jahr 1935 bis zu 33 788 Admiralitätsschreibern im Jahr 1954 weitervermehrten. Doch bietet das Kolonialministerium ein wesentlich günstigeres Objekt für eine Studie über den Niedergang eines Weltreichs. Die Marinestatistik ist neuerdings immer komplizierter geworden, z. B. durch Faktoren wie die »Luftflotte der Marine«, so daß exakte Vergleiche von Jahr zu Jahr schwerfallen. Signifikanter ist da das Wachstum der Angestellten im Kolonialministerium, weil es sich hier um reine Verwaltungsbelange handelt. Hier sehen die relevanten Zahlen folgendermaßen aus:

| Jahr | 1935 | 1939 | 1943 | 1947 | 1954 |
|---|---|---|---|---|---|
| Angestellte | 372 | 450 | 817 | 1 139 | 1 661 |

Bevor wir uns der Zuwachsrate zuwenden, müssen wir zugestehen, daß der Tätigkeitsbereich dieses Ministeriums während der vergangenen 20 Jahre keineswegs konstant war. Zwischen 1935 und 1939 änderte sich wenig an der Ausdehnung des britischen Kolonialgebietes oder der Kopfzahl seiner Bevölkerung. 1943 waren die Gebiete wesentlich kleiner geworden, da sich Teile des Weltreichs jetzt in der Hand des Feindes befanden. Es folgte ein vorübergehender Anstieg bis 1947, doch seitdem ist das dem Kolonialministerium unterstehende Gebiet von Jahr zu Jahr geschrumpft, weil immer mehr Kolonien selbständig wurden. Nun wird jeder rational veranlagte Mensch annehmen, solch einschneidende Veränderungen in der Ausdehnung eines Weltreichs beeinflussen auch die Größe der Zentralverwaltung. Weit gefehlt! Ein Blick belehrt uns, daß alle Angaben über die Anzahl der Angestellten eine unaufhaltsame Vermehrung anzeigen. Und obgleich das Kolonialministerium damit nicht allein steht, hat dieses Wachstum doch nichts mit der Größe oder gar mit der Existenz eines Weltreichs zu tun.

Aber wie vermehrt es sich eigentlich? Wir wollen das jähe Ansteigen der Angestelltenzahl im Zweiten Weltkrieg, das Hand in Hand ging mit einer Reduzierung des Aufgabenbereichs, unbeachtet lassen. Wir wollen lieber die Zuwachsraten in Friedenszeiten zitieren: 5,24 Prozent jährlich zwischen 1935 und 1939, 6,55 Prozent zwischen 1947 und 1954. Dies ergibt einen Jahresdurchschnitt von 5,89 Prozent – eine Zahl, die eine frappante Ähnlichkeit mit der Zuwachsrate des Admiralitätsstabes zwischen 1914 und 1928 aufweist.

Eine weitere und detailliertere statistische Analyse der Angestelltenkorps in Ministerien ist in einem Buch wie diesem unangebracht. Doch können wir hier schon sagen, daß wir Grund zu der Hoffnung haben, demnächst Werte für die Zeitspanne geben zu können, welche zwischen der Einstellung eines Angestellten A und der späteren Einstellung seiner Untergebenen B, C, D usw. liegt.

Unsere ganzen Untersuchungen über die sogenannte reine oder absolute Personalvermehrung deuten auf eine jährliche Zuwachsrate von rund 5,75 Prozent hin. Nachdem dieser Wert einmal ermittelt ist, ist es aber auch möglich, das Parkinsonsche Gesetz mathematisch zu formulieren. In jedem öffentlichen Verwaltungsapparat, der nicht gerade in einen Krieg verwickelt ist, wird sich der Angestelltenstab voraussichtlich nach der Formel

$$x = \frac{2k^m + L}{n}$$

entwickeln. Hier ist: k = Zahl der Angestellten, die Beförderung anstreben durch Ernennung von Untergebenen; L = Differenz zwischen dem Alter der Einstellung und dem Alter der Pensionierung; m = Anzahl der Arbeitsstunden für die Anfertigung interner Akten; n = Menge der Einheiten, die tatsächlich verwaltet werden. Dann ist × die Zahl der jährlich erforderlichen neuen Angestellten. Jeder Mathematiker weiß nun, daß man, um die Zuwachsrate zu finden, nichts weiter tun muß, als × mit 100 zu multiplizieren und durch die Kopfzahl des vergangenen Jahres zu teilen, also

$$\frac{100\,(2k^m + L)}{yn}\,\%$$

wobei y = Kopfzahl der ursprünglichen Büros ist. Diese Rate wird unweigerlich zwischen 5,17 und 6,56 Prozent liegen, ohne Rücksicht auf die Variationen des Arbeitsanfalls, wenn überhaupt ein solcher besteht.

Die Entdeckung der Formel und des allgemeinen Prinzips, auf dem sie basiert, hat natürlich keinerlei politischen Wert. Kein Versuch wurde gemacht, die Frage zu ergründen, ob Ministerien wachsen sollen oder nicht. Wer glaubt, ein solches Wachstum sichere die Vollbeschäftigung der Nation, ist durchaus berechtigt, diese Meinung zu vertreten. Wer an der Stabilität einer Volkswirtschaft zweifelt, die darauf beruht, daß einer die Memoranden des anderen liest, hat aber auch ein Recht auf seine Meinung. Zweifellos wäre es noch verfrüht, eine Untersuchung darüber zu beginnen, wie das quantitative Verhältnis zwischen denen, die verwalten, und denen, die verwaltet werden, aussehen sollte. Vorausgesetzt, ein solcher Optimalwert existiert überhaupt, wäre es dann ein leichtes, anhand der Zuwachsrate zu errechnen, wie viele Jahre noch verstreichen, bis dieser Zustand in irgendeiner Gesellschaft erreicht ist. Doch selbst eine Voraussage dieser Art wäre noch kein Politikum. Denn es kann nicht nachdrücklich genug festgestellt werden, daß das Parkinsonsche Gesetz eine rein wissenschaftliche Entdeckung ist, die auf heutige Politik allenfalls theoretisch anwendbar ist. Es ist nicht Aufgabe des Botanikers, das Unkraut zu jäten; ihm reicht es, wenn er sagen kann, wie schnell es wächst.

# 2.
# 21 Jahre danach oder
# Je mehr, desto besser

21 Jahre sind vergangen, seit das Gesetz vom unaufhaltsamen Wachstum der Bürokratie zum erstenmal formuliert wurde. Es ist also ganz legitim, Bilanz zu ziehen und zu fragen, ob die Statistik die damals verkündete Theorie heute bestätigen kann. Oder hat sie das Gesetz am Ende schon längst zu Fall gebracht? Leicht ist diese Frage nicht zu beantworten. Man weiß, wie ungenau, kompliziert und orakelhaft statistische Aussagen zu sein pflegen. Zudem haben sich die Institutionen verändert. Es hat – der sich ändernden Kompetenzverteilung entsprechend – personelle Verschiebungen zwischen dem britischen Außen- und Kolonialministerium gegeben. Ebenso haben sich personelle Veränderungen im Rahmen der Streitkräfte ergeben, weil man die Verwaltung der einzelnen Wehrmachtsteile zusammengelegt hat. Und ebenso ist das diplomatische Korps mit dem konsularischem organisatorisch verschmolzen worden, was unsere vergleichenden Untersuchungen ebenfalls nicht gerade erleichtert. Auch der Autor hat das Seine dazu beigetragen.

Wenn es zutrifft, daß sich viele Zukunftsphilosophien von Karl Marx bloß deshalb nicht erfüllt haben, weil seine Gegner rechtzeitig seine Schriften studiert haben, so gilt dies wohl ebenso für das Parkinsonsche Gesetz. Unzweifelhaft hat es den staatlichen Haushaltsplanern Gedanken zu machen begonnen. Kein Zweifel: Das Buch hat eingeschlagen, mehr als das Gesetz jedenfalls. Grund genug, im Autor auch rückblickend den echten Propheten zu sehen.

Beginnen wir unsere Betrachtungen – wie vor 21 Jahren – bei

der britischen Kriegsmarine. Statistisch zu belegen war eine jährliche Zuwachsrate des Verwaltungspersonals von 5,5 Prozent. Diese Werte gelten für den Zeitraum zwischen 1914 und 1928 und gehen vom Personalstand des Ausgangsjahres der Beobachtungen – also 1914 – aus. Für den Zeitraum zwischen 1938 und 1958 hat sich die jährliche Zuwachsrate an Verwaltungspersonal bei der Royal Navy sogar auf 9,3 Prozent erhöht. Im Jahre 1914, als das internationale Wettrüsten auch auf dem Flottensektor durch die ununterbrochene Indienststellung neuer Großkampfschiffe einen gewaltigen Höhepunkt erreichte, besaß Großbritannien die stärkste Kriegsflotte der Welt. Zur administrativen Betreuung dieses gewaltigen militärischen Instruments benötigte man damals 4366 Verwaltungsbeamte. Im Jahre 1967 dagegen standen bereits mehr als 33 000 Verwaltungsbeamte im Dienst der britischen Kriegsmarine. Und während diese Beamten unter der Last ihrer vielfältigen Verwaltungsaufgaben keuchen, ist das zu verwaltende militärische Instrument mittlerweile zu einem unbedeutenden Nichts zusammengeschrumpft. Kurz gesagt: Mehr als 33 000 Beamte verwalten eine Kriegsmarine, die es praktisch nicht mehr gibt.

| Jahr | 1914 | 1918 | Zu- bzw. Abnahme in Prozent |
|---|---|---|---|
| Gesamtanzahl der schwimmenden Einheiten | 542 | 317 | – 41,51 |
| Seeoffiziere und Matrosen der Royal Navy | 125 000 | 90 700 | – 27,44 |
| Werftarbeiter | 57 000 | 62 439 | + 9,54 |
| Werftbeamte und -angestellte | 3 249 | 4 558 | + 40,28 |
| Beamte in der Admiralität | 4 366 | 7 729 | + 77,03 |

Die weitere Personalentwicklung in der Kriegsmarine bis einschließlich 1967 (also bis Jahresfrist nach der verwaltungstechnischen Zusammenlegung der einzelnen Wehrmachtsteile):

| Jahr | 1938 | 1948 | 1958 | 1964 | 1967 |
|---|---|---|---|---|---|
| Gesamtanzahl der schwimmenden Einheiten | 308 | 413 | 238 | 182 | 114 |
| Seeoffiziere u. Matrosen der Royal Navy | 89 500 | 134 400 | 94 900 | 84 900 | 83 900 |
| Werftarbeiter | 39 022 | 48 252 | 40 164 | 41 563 | 37 798 |
| Werftbeamte u. -angestellte | 4 423 | 6 120 | 6 219 | 7 395 | 8 013 |
| Beamte in der Admiralität | 11 270 | 31 636 | 32 237 | 32 035 | 33 574 |

Während die Schlagkraft der britischen Marine auf allen Meeren dieser Welt keinen potentiellen Gegner mehr im geringsten beeindrucken könnte, sind wir Engländer doch immerhin noch zur administrativen Schwerpunktbildung durch Versammlung starker Beamtenmassen in Bath, Whitehall, Queen Anne's Mansions, Rex House, Kidbrooke, Cricklewood, Harrow und in der Charing Cross Road in der Lage. Und wenn auch Singapur und Malta für die Krone verlorengingen, ist doch Northwood Hills (Pinner) um so fester in der Hand der Marine.

Die allmähliche Entwicklung des Verwaltungspersonalstandes in der britischen Kriegsmarine ist einer eingehenden Untersuchung wert. Im Jahre 1935 war das Verwaltungspersonal der Royal Navy 8118 Mann stark, bis zum Jahre 1954 war es dagegen bereits auf 33 788 Köpfe angewachsen. Obwohl die meisten »Schreibtischmariner« wohl noch nie das Deck eines Schiffes betreten haben, scheint ihnen doch zumindest die Meeresfauna recht vertraut zu sein: Wie der Tintenfisch, so stößt auch der Verwaltungskörper der Kriegsmarine in Notfällen Tinte aus, um jedem Verfolger die Sicht zu nehmen. Vielen Beamten scheint im Verlauf ihrer Karriere schon einmal ein Seemann über den Weg gelaufen zu sein, von dem sie den Spruch hörten: »Wenn Gefahr droht, unverzüglich einnebeln.« Und dieses Gesetz des Seekrieges gilt ohne Zweifel auch für die »Schreibtischmarine«. Dem verfolgenden Gegner wird allerdings zu Lande die Sicht durch »administrative Nebelschwaden« genommen: durch die Um- und Neuverteilung von Sachkompetenzen und durch die Umbenennung und Neugliederung von Dienststellen. Ein Beispiel: Im Jahre 1968 verfügte die britische Kriegsmarine über 166 schwimmende Einheiten, beinahe ausschließlich über kleinere Schiffe, jedenfalls über kein einziges Großkampfschiff. An seefahrendem Personal besaß die Marine zum damaligen Zeitpunkt 85 940 Offiziere und Mannschaften, assistiert von 5938 Werftbeamten und -angestellten sowie 52 109 Werftarbeitern. Festzustellen war bereits im Jahre 1968 ein ständiges Abnehmen der effektiven Kampfverbände in der Marine – bei gleichzeitig ebenso konstantem Zunehmen des Verwaltungspersonals. Die Beobachtung der weiteren Entwicklung wird durch das Ausstoßen eines der bereits erwähnten administrativen Nebelschleier stark erschwert. So begann man nicht nur die Marinezivilarbeiter in »industrielle« und »nichtindustrielle« zu scheiden, sondern man teilte die beiden erstgenannten Gruppen überdies organisatorisch von jenem Werftarbeiterpersonal ab, welches bloß für Überholungs- und Instandsetzungsarbeiten heranzuziehen war.

War damit dem interessierten Beobachter die exakte Verfolgung der Personalentwicklung bereits stark erschwert, so gelang der »Schreibtischmarine« ein noch größerer Erfolg durch die Auflösung des Marineministeriums und durch das Verschwinden des dort tätigen Verwaltungspersonals im undurchschaubaren Dickicht des britischen Verteidigungsministeriums.

Die Annahme, daß die Marine die ihr eigene Neigung zur personellen Aufstockung ins Verteidigungsministerium eingeschleppt hätte, ist nicht zutreffend. Diese Methode war auch den anderen Wehrbereichen nicht fremd. Das britische Heer braucht in dieser Beziehung einen Vergleich mit der Admiralität nicht zu scheuen. Im Jahre 1935 beispielsweise war das englische Heer bloß 203 361 Mann – einschließlich der Offiziere – stark. Damals fand man, daß 9442 Verwaltungsbeamte ausreichten.

Bis zum Jahre 1966 ging die Personalstärke des englischen

Heeres auf 187 100 Mann an Soldaten aller Dienstgrade zurück; im Vergleich zum Jahre 1935 bedeutete das eine Abnahme von 7,9 Prozent. Im gleichen Zeitraum stieg die Anzahl der Heeresverwaltungsbeamten auf die stolze Zahl von 48 032 Köpfen – und dies bedeutet im Vergleich zum Jahre 1935 ein Ansteigen um nicht weniger als 408 Prozent. Die aufgrund dieser Entwicklung anzustellende Berechnung ergibt eine jährliche Steigerung der Stärke des Verwaltungspersonals um 13,16 Prozent.

Tatsächlich allerdings ist dieser statistische Wert unrealistisch. Man muß beachten, daß die Vereinigung der zentralen Verwaltungsbefugnisse für alle drei Wehrmachtsteile unverzüglich zu einer enormen Aufblähung der Verwaltungsaufgaben geführt hat. Trägt man dieser Tatsache Rechnung, geht man bei der Schätzung über die weitere Aufstockung des militärischen Verwaltungspersonals für die Zukunft wohl zutreffend eher von einer geometrischen als von einer arithmetischen Reihe aus. Daraus ergibt sich weiter, daß die Marineverwaltungs-Dienststellen im britischen Verteidigungsministerium im Jahre 1984 (ausgerechnet 1984? andererseits: warum nicht gerade 1984!) über etwa 72 000 Mitarbeiter verfügen werden, während bis zu diesem Zeitpunkt die Kriegsmarine keinerlei Einsatzverbände mehr besitzen wird. Insgesamt werden im Jahre 1984 im britischen Verteidigungsministerium vermutlich etwa 124 000 »Schreibtischsoldaten« sitzen.

Vom Militär begeben wir uns nun zum zweiten Vergleichsobjekt, dem Kolonialministerium. Hier ergeben sich folgende Zahlen von Beschäftigten:

| Jahr | 1935 | 1939 | 1943 | 1947 | 1954 |
|---|---|---|---|---|---|
| Verwaltungsbeamte | 173 | 450 | 817 | 1 139 | 1 661 |

In den Vergleichsjahren waren in den Kolonial-, Dominion-, Indien- und Burmaministerien insgesamt beschäftigt:

| Jahr | 1935 | 1939 | 1943 | 1947 | 1954 |
|---|---|---|---|---|---|
| Verwaltungsbeamte | 1 023 | 1 075 | 1 709 | 2 362 | 2 650 |

Die letzten echten Vergleichswerte, welche die weitere Entwicklung erkennen lassen, liegen noch für das Jahr 1957 (2743 Beamte) und für 1960 (2827 Beamte) vor. Infolge später durchgeführter administrativer Umorganisationen gibt es für nach diesen Jahren liegende Zeiträume keine exakten Vergleichswerte mehr. Zum Glück vielleicht: Wenn man bedenkt, in welch gewaltigen, in der Geschichte wohl ohne Parallelen dastehenden Maßen das britische Kolonialreich von 1935 bis zum heutigen Tage zusammengeschrumpft ist, erscheint die Personalentwicklung geradezu als paradox. Seit dem Jahr 1947 haben folgende vormals dem britischen Weltreich angehörende Gebiete ihre Selbständigkeit erreicht: Indien, Pakistan, Ceylon, Ghana, Malaysia, Zypern, Nigeria, Sierra Leone, Tansania, Jamaika, Trinidad, Tobago, Uganda, Kenia, Malawi, Malta, Sambia, Gambia, Singapur, Guyana, Botswana, Lesotho und Barbados.

Über die Gesamtanzahl der im Kolonial-, Dominion-, Indien- und Burmaministerium beschäftigten bzw. dort beschäftigt gewesenen Beamten herrscht Unklarheit. Immerhin läßt sich die für den Leser wohl kaum noch überraschende Feststellung treffen, daß beispielsweise im Auswärtigen und Commonwealthministerium im Jahre 1970 bereits nicht weniger als 10 615 beamtete Mitarbeiter Beschäftigung fanden. Genaue Angaben sind nicht möglich, weil alle weiteren Nachforschungen sich im diesigen Niemandsland, in unklaren Definitionen und variierenden Summen verlaufen.

Jedes in die Unabhängigkeit entlassene Territorium bedeutete für die britische Verwaltung den Verlust eines Gouverneurspostens, gleichzeitig aber auch die Bestellung eines Botschafters. Im Jahre 1940 hatte Großbritannien 16 Botschafter – heute gibt es dagegen 80 britische Botschafter in aller Welt, dies einschließlich der Hochkommissare und der britischen Vertreter bei den Paktorganisationen NATO und SEATO und bei der Organisation der Vereinten Nationen. Wenn man also in Rechnung stellt, daß die Anzahl der britischen diplomatischen Vertretungen im Vergleichszeitraum um nicht weniger als 412,5 Prozent zugenommen hat, erscheint der im gleichen Zeitraum aufgetretene Personalzuwachs im britischen Außenamt in Höhe von 378,23 Prozent als durchaus einleuchtend und akzeptabel.

Ob das allerdings der tatsächliche Personalzuwachs ist, muß bezweifelt werden. Man kann hier nämlich unter vier verschiedenen Zahlenangaben wählen; die erste stammt vom Schatzamt, die zweite von der Pressestelle des Auswärtigen Amtes, eine dritte vom »Civil Estimates« und die vierte schließlich vom »Diplomatic Service Administration Office«. Der Autor zog die erste Quelle vor, ihre Angabe differiert aber von den Angaben der letzteren um nicht weniger als 7000 Köpfe. Ganz unabhängig davon stellt sich überdies die Frage, ob sich überhaupt jemand irgendwann die Mühe gemacht hat, die in Whitehall Beschäftigten zu zählen. Ebenso kann man kaum auch nur annähernd abschätzen, wie viele weitere Dienstnehmer von den einzelnen britischen diplomatischen Vertretungen jeweils an Ort und Stelle im Ausland beschäftigt werden. Soweit man also solchen Zahlen überhaupt trauen kann, läßt sich sagen, daß der Personalstand im »British Foreign Office« und im diplomatischen Dienst seit 1940 stark angestiegen ist, was die folgenden Zahlen verdeutlichen:

| Jahr | 1935 | 1940 | 1945 | 1950 | 1955 | 1960 | 1965 | 1967 |
|---|---|---|---|---|---|---|---|---|
| Mitarbeiter | 1412 | 2270 | 6806 | 6195 | 5670 | 5992 | 10211 | 10856 |

Die auffallende Zunahme des Personalstandes zwischen 1960 und 1965 ist nicht etwa Ausdruck eines besonders starken Ansteigens der diplomatischen Aktivitäten Ihrer Majestät in aller Welt, sondern bloß das Ergebnis einer administrativen Verschmelzung mit dem »Commonwealth Relations Office«, welches den Personalstand seinerseits bemerkenswert – nämlich von 651 im Jahre 1935 auf immerhin 1729 Beamte im Jahre 1964 – erhöht hatte. Aber selbst ohne Berücksichtigung dieser Reorganisation ist das Expansionsausmaß in jeder Weise eindrucksvoll. Wenn Zahlen allein auch nur irgend etwas bewirken könnten, müßte man schließen dürfen, daß der Einfluß der britischen Außenpolitik weltweit ständig im geradezu überwältigenden Maße zunimmt.

Die in diesem Kapitel veröffentlichten statistischen Werte sollten – wenngleich teilweise nicht ganz gesichert – jedenfalls deutlich genug beweisen, daß das Parkinsonsche Gesetz auch in den letzten 10 Jahren nicht widerlegt wurde; schon gar nicht in den Ministerien, auf die sich der Autor besonders konzentrierte. Der Trend zum unaufhörlichen Wachstum dürfte durch dieses kritische Beispiel jedenfalls bewiesen sein. Zweifelhafter allerdings ist die frühere Annahme, die jährlichen Zuwachsraten lägen in Friedenszeiten durchschnittlich bei 5,75 Prozent. Man muß einräumen, daß diese Voraussage von Anfang an von nicht absehbaren »neuen Entwicklungen, welche beinahe täglich eintreten«, abhängig gemacht wurden. Geht man von der notwendigen Einsicht aus, daß auch Personalzuwachsraten für einen in der Zukunft liegenden Zeitraum stets nur annähernd geschätzt werden können und daß auch der Forschung noch viel zu tun übrigbleibt, wird man doch zugeben müssen, daß die Schätzung des Autors den tatsächlichen Wert nur geringfügig verfehlt. Obwohl die absolute Personalvermehrung in den einzelnen Ministerien unterschiedlich ist, verhält sich die durchschnittliche jährliche Zuwachsrate in fünf von ihnen so wie angenommen. Die folgende Tabelle dokumentiert das für die Jahre 1935 bis 1960:

| Ministerium | 1935 | 1966 | Jährliche Zuwachsrate in Prozent |
|---|---|---|---|
| Innenministerium (einschließlich der Gefängnisverwaltungsbehörden) | 4 350 | 16 066 | 8,68 |
| Finanzministerium | 22 851 | 59 502 | 5,17 |
| Kriegsministerium | 9 442 | 48 032 | 13,18 |
| Handelsministerium | 4 328 | 9 598 | 3,92 |
| Luftfahrtministerium | 5 481 | 24 848 | 11,39 |
| Durchschnittliche jährliche Zuwachsrate in Prozent | | | 8,49 |

Fairerweise muß man allerdings einräumen, daß dieses Wachstum teilweise auch auf ein Anwachsen dienstlicher Obliegenheiten zurückzuführen ist. Zudem stieg die englische Bevölkerung von 45 598 000 im Jahre 1935 bis zum Jahre 1966 auf immerhin 53 266 000 Köpfe an, was schließlich ein Ansteigen des finanziellen Verwaltungsaufwandes von 16,8 Prozent rechtfertigt, also ein jährliches Anwachsen der Verwaltungskosten um immerhin 0,6 Prozent. Ebenfalls in Rechnung zu stellen ist der Umstand, daß die Besteuerung der englischen Bevölkerung in diesem Zeitraum nicht nur ständig zugenommen hat, sondern auch immer komplizierter geworden ist. Wie auch die bürokratische Einmischung in die Wirtschaft zur Gewohnheit wurde.

Dieser Trend erfährt eine weitere Verschärfung durch die dem Staat – infolge seiner Verwicklung in eine nicht enden wollende Kette von militärischen Auseinandersetzungen größeren und kleineren Umfanges – erwachsenden zusätzlichen Kosten, welche in der Bevölkerung einen kontinuierlichen Unmut hervorrufen, zu dessen Beruhigung sich der Staat zu einem ebenso kontinuierlichen Ausbau der Sozial- und Wohlfahrtseinrichtungen im Inneren gezwungen sieht. Derartiges stabilisiert die öffentliche Meinung und sichert Wählerstimmen, macht jedoch den Staatsdienern zu schaffen. Eine immer größer werdende Anzahl von Staatsbürgern verirrt sich im ständig üppiger wuchernden Paragraphendschungel, was immer häufiger zum obrigkeitlich verordneten Freiheitsentzug führt – was wiederum den Personalstand auch des Innenressorts steigen läßt.

Läßt sich auf diese Weise vielleicht die Hälfte der jährlichen Personalzuwachsraten erklären, so verbleiben immerhin 4,34 Prozent, die dem Wirksamwerden des Parkinsonschen Gesetzes zuzuschreiben sind. Das liegt ein wenig unter der ursprünglichen Schätzung von 5,75 Prozent; wir sollten aber auch bedenken, daß die Ministerien nicht nur gewachsen sind, sie haben sich auch multipliziert. Die bescheidene Personalvermehrung im Handelsministerium ist z. B. darauf zurückzuführen, daß ihm inzwischen bei der Bewältigung seiner Aufgaben Ministerien für Transport und Technologie zur Seite stehen.

Rechnet man der Zahl der bei diesen beiden »Parallelministerien« beschäftigten Beamten jene der Beamten des Handelsministeriums hinzu, stellt sich sehr schnell heraus, wie das jährliche Wachstum den 5,75 Prozent sehr nahe kommt, unabhängig von einer eventuellen Vermehrung der zu besorgenden Verwaltungsaufgaben. Dabei handelt es sich, wie bereits ausgeführt, um Schätzwerte, weil die Ermittlung von wirklich verläßlichen Vergleichszahlen aus den verschiedensten Gründen tatsächlich kaum möglich ist.

Wie steht es aber mit dem Staatsdienst ganz allgemein? Auch hier stößt man wieder auf nicht unbeträchtliche statistische Schwierigkeiten: einerseits Wechsel der Kompetenzverteilung, andererseits Neuorganisationen. Völlig unübersichtlich ist die Lage in jenem von administrativen Nebelschwaden durchzogenen unsicheren Grenzgebiet zwischen zentralen und örtlichen Verwaltungen hier und staatlichen Dienstleistungsbetrieben und verstaatlichter Industrie dort. Wie die Verwaltung der verstaatlichten Industrien statistisch zu werten und wohin sie zu zählen ist, bleibt unklar und einer ständigen Wandlung unterworfen. Jeder hier ermittelte Zahlen- oder statistische Wert kann durch einen bürokratischen Federstrich umgeworfen werden: Man braucht beispielsweise bloß die Amtstitel der im Postministerium beschäftigten Beamten zu ändern, und schon stimmt die ganze Rechnung nicht mehr!

Wie auch immer: Trotz aller Unklarheiten und Verschiebungen in bürokratischen Grenzgebieten errechnen sich für die in den verschiedenen Zweigen des englischen Staatsdienstes Beschäftigten etwa folgende Gesamtzahlen:

| Jahr | 1935 | 1940 | 1945 | 1950 | 1955 | 1960 | 1965 |
|---|---|---|---|---|---|---|---|
| Mitarbeiter | 303610 | 454745 | 704646 | 684799 | 635663 | 637374 | 803327 |

Bis zum 1. Januar 1967 ist die Gesamtanzahl der zivilen englischen Staatsdiener bereits auf die respektable Anzahl von 845 900 angewachsen. Dieses Beamtenheer beeindruckt nicht nur im Vergleich zur Zahl der in Großbritannien insgesamt

Erwerbstätigen, sondern auch hinsichtlich des Ausmaßes der jährlichen »Neurekrutierungen«: Die Anzahl der Beamten hat seit dem Jahre 1935 innerhalb von 32 Jahren um 179 Prozent zugenommen; das entspricht einer Zuwachsrate von 5,6 Prozent im Jahresdurchschnitt!

Daß diese Zuwachsraten nicht höher liegen, ist vor allem auf den anerkannt geringen Personalbedarf einzelner Ministerien zurückzuführen. Der Personalstand des englischen »Ministeriums für Arbeit und nationalen Dienst« beispielsweise ist bereits seit dem Jahre 1935 in ständiger Abnahme begriffen und hat sich seit dem Jahre 1943 halbiert, und das deshalb, weil die meisten Aufgaben dieses Ministeriums das »Ministry of National Insurance« übernommen hat. Aber auch der Personalstand des britischen Transportministeriums hat sich seit dem Jahre 1959 halbiert, was gewiß kein bloßer Zufall ist, sondern auf das Bekanntwerden des Parkinsonschen Gesetzes zurückzuführen ist. Die erste »Personalreduzierung« erfolgte im Jahre 1955, also in jenem Jahr, als das Gesetz erstmals als Essay der Fachwelt vorgestellt wurde, und die zweite Einsparungswelle folgte der Veröffentlichung in Buchform. Bereits während der ersten Hälfte der sechziger Jahre setzte jedoch die Aufwärtsbewegung wieder ein: Der erste Schock war überwunden, und der unaufhaltsame Zulauf in die Reihen des öffentlichen Dienstes begann von neuem.

Bereits anläßlich der erstmaligen Veröffentlichung in der Zeitschrift *The Economist* stellte der Autor ausdrücklich fest: »Es ist nicht Aufgabe des Botanikers, das Unkraut zu jäten; ihm reicht es, wenn er sagen kann, wie schnell es wächst.« Auch diese Untersuchung soll unter dem Motto der Objektivität stehen. Wir werden daher auch nicht etwa die provokative Frage aufwerfen, ob die Anzahl von 845 900 englischen Staatsdienern zu hoch oder zu niedrig liegt. Gerechtfertigt allerdings ist die Darstellung der Konsequenzen dieses Wachstumsprozesses. Es ist also durchaus fair, wenn wir fragen, wann wohl die Hälfte aller Erwerbstätigen ihr Auskommen in der öffentlichen Verwaltung finden wird. Ja wann, fragen wir weiter, wird schließlich die gesamte Bevölkerung vom öffentlichen Dienst absorbiert sein?

Geht man von der Tatsache aus, daß in der englischen Zentral- und Lokalverwaltung gegenwärtig bereits insgesamt 1 077 050 Beamte Beschäftigung finden, und geht man ferner davon aus, daß die Beamtenzuwachsraten auch in Zukunft in bewährter und bekannter Weise weitersteigen werden, müßte im Jahre 2145 tatsächlich bereits jeder zweite staatlich beamtet sein. Im Jahre 2195 könnte sodann der Endzustand – nämlich die »Verbeamtung« der gesamten englischen arbeitsfähigen Bevölkerung – erreicht sein. Welche Veränderungen der gesellschaftlichen und ökonomischen Strukturen eine solche Entwicklung in Zukunft nach sich ziehen müßte, braucht uns an dieser Stelle im Rahmen unserer Untersuchungen nicht weiter zu interessieren. Tatsächlich werden die vollständige Verbeamtung und die Folgen dieses Zustandes von offizieller Seite bereits überlegt und untersucht. Daß eines Tages jeder jedermanns Sachbearbeiter sein könnte, erscheint höheren Ortes nicht nur als vorstellbar, sondern sogar als realisierbar.

Einfache Staatsbürger brauchen sich allerdings mit dergleichen gewagten Spekulationen nicht zu beschäftigen – das besorgen bereits dazu befugte staatliche Dienststellen, deren Personalstand übrigens eine ständige Erweiterung erfährt. Die Experten bauen am Staat von morgen, und die Pläne für ein »Utopia der Unkündbaren« sind bereits im Entstehen.

Wohl die wichtigste Schlüsselstellung in der staatlichen Verwaltung der Gegenwart wie auch der Zukunft muß zweifellos dem Finanzressort zukommen; sind es doch die beamteten Finanzverwalter, welche durch einfache Drehung des Geldhahnes darüber zu befinden haben, wer oder was von Staats wegen entbehrlich oder unentbehrlich, notwendig zu beschaffen oder eben verzichtbar ist. Die nähere Beschäftigung mit diesem Ressort erscheint daher als dringend geboten, zumal sich viele Menschen von ihm ein völlig falsches Bild machen. Der Normalverbraucher nimmt gemeinhin an, die beamteten Finanzverwalter seien allesamt belesene und hochgelehrte Leute, eine kleine und elitäre Gruppe mit in Winchester oder am New College absolvierter Schulausbildung und höchster dienstlicher Effizienz, wie man sie etwa im Dienste eines britischen Traditions- und Elite-Infanterieregimentes erwirbt.

Kurzum: Die Verwalter der Staatsfinanzen sind in der Vorstellungswelt des Durchschnittsbürgers Männer von erlesener Bildung, die ihre Paragraphen mit den Buchstaben des griechischen Alphabets benennen. Die Staatssäckler, so glaubt man allgemein, thronten über den Wolken, speisten in vornehmsten Lokalen und lösten selbst das tägliche Kreuzworträtsel in der *Times* in Sekundenschnelle. Ihre abendlichen Mußestunden, so wird allgemein angenommen, verbrächten diese Auserwählten beim Genuß klassischer Musik und ihre Wochenenden im komfortablen Heim der Gartenvorstadt Hampstead. Sie sind, so glauben wir, mächtig und unheimlich zugleich. Und niemals, so glaubt der gemeine Steuerzahler – in bezug auf diese vielleicht zweihundertköpfige Elite –, hatten in der lang währenden Geschichte der Ausbeutung des Menschen durch den Menschen so viele so wenigen so viel geschuldet.

Wie sooft beruhen unsere Vorstellungen auch hier auf einer völligen Verkennung der Tatsachen, vor allem was die Größenordnung der Belegschaft im Finanzministerium betrifft. Zunächst: Es gibt dort viel mehr Beamte, als Uneingeweihte vielleicht annehmen mögen. Zwar ist es im Vergleich zu anderen englischen Ministerien verhältnismäßig klein, aber sein Personalstand zeigt Wachstumstendenzen, welche den Vergleich mit anderen durchaus nicht zu scheuen brauchen. Die nachstehende Statistik läßt dies recht deutlich erkennen:

| Jahr | 1940 | 1945 | 1950 | 1955 | 1960 | 1965 |
|---|---|---|---|---|---|---|
| Mitarbeiter | 378 | 818 | 1 414 | 1 312 | 1 340 | 1 584 |

Bedenkt man, daß sich in diesem Zeitraum die Lage der englischen Staatsfinanzen ebenso kontinuierlich wie beträchtlich verschlechtert hat, erscheint die beständige Vermehrung der beamteten Finanzgenies in einem etwas eigenartigen Licht. Tatsächlich trifft es zu, daß gelegentlich kleine Geister Zweifel an den Rechenfähigkeiten der Beamten zu äußern pflegten, doch war man es gewohnt, über derartige unqualifizierte Angriffe mit Stillschweigen hinwegzugehen. Dennoch setzte sich allmählich höheren Ortes die Ansicht durch, daß eine nachkontrollierende Kontrolle der Kontrolleure des Staatsschatzes von Nutzen sein könnte – eine Ansicht, welche schließlich im Jahre 1968 zur Einrichtung einer neuen Dienststelle führte, einer Art von »Überkontrollamt«, welches im Jahre 1970 immerhin bereits 2103 Beamte beschäftigte. Daß die Zahl der »Kontrolleurenkontrolleure« bis zum Jahre 1975 auf 5256 Köpfe anstieg, ist mehr als beachtlich, ja vermutlich sogar eine weltrekordreife Tempoleistung in der Disziplin des bürokratischen Wachstums. Einschließlich der »Normalkontrolleure« und der »Kontrolleurenkontrolleure« beschäftigte der Staat im Jahre 1975 bereits 6371 Beamte. Im gleichen Jahre stand Großbritannien übrigens praktisch vor dem Bankrott.

Unter den sozusagen »klassischen« Ministerien befindet sich nur eines hinsichtlich seines Personalstandes auf wirklich stürmischem Vormarsch, nämlich das Kriegsministerium (jährliche Zuwachsrate: 13,18 Prozent). Sieht man von einem sich in jüngster Zeit abzeichnenden Trend zur Vermehrung der Staatsdiener in der technologischen Verwaltung zunächst noch ab, steht jedoch das Schatzamt bei der Personalaufstockung nach wie vor an vorderster Stelle. Dazu kommt noch, daß andere, ebenfalls mit Angelegenheiten der Staatsfinanzen befaßte zentrale Dienststellen – vom Wirtschaftsministerium bis zur verstaatlichten »Bank of England« –, auch personell ständig weiterwachsen. Faßt man alle diese Behörden und Dienststellen unter dem Begriff des »Finanzressorts« zusammen, hebt sich dessen Personalzuwachsrate ihrem gewaltigen Umfang nach so deutlich von allen anderen Ressorts ab, daß sie nur in eine einzige passende Kategorie, nämlich in die der »Sonderklasse«, eingeordnet werden kann.

Während Ministerien ab und zu Namen und Funktionen ändern, was sich der genaueren Beobachtung entzieht, können wir uns noch auf die statistische Zahl all derer verlassen, die von der öffentlichen Hand besoldet werden – gleich ob es sich um industrielle oder nichtindustrielle Kräfte handelt. Dies waren im Jahre 1970 702 056 Beschäftigte und im Jahre 1977 bereits nicht weniger als 746 000. Zur Vervollständigung brauchen wir nur noch einen Überblick über die in den regionalen Verwaltungen Beschäftigten. Das waren:

| | | | |
|---|---|---|---|
| 1960 | 1 709 000 | 1969 | 2 344 000 |
| 1961 | 1 755 000 | 1970 | 2 386 000 |
| 1962 | 1 821 000 | 1971 | 2 466 000 |
| 1963 | 1 887 000 | 1972 | 2 584 000 |
| 1964 | 1 964 000 | 1973 | 2 699 000 |
| 1965 | 2 025 000 | 1974 | 2 697 000 |
| 1966 | 2 123 000 | 1975 | 2 893 000 |
| 1967 | 2 212 000 | 1976 | 2 939 000 |
| 1968 | 2 287 000 | 1977 | 2 911 000 |

Das Finanzministerium versäumte es also, die Anzahl der Staatsdiener niedrigzuhalten, und gab zudem ein schlechtes Beispiel. Sparsam zeigte es sich allerdings bei den Beamtengehältern. Während in gehobenen Dienstklassen und an führender Stelle tätige Beamte ihre Ansprüche auf Anpassung ihrer Bezüge an die in der Privatwirtschaft für vergleichbare Leistungen gebotenen und bezahlten Gehälter mit Erfolg durchgesetzt haben, ist das Gros der in untergeordneter dienstlicher Verwendung tätigen Beamten zweifellos deutlich unterbezahlt. Natürlich stimmt es, der jährliche Gesamtaufwand für Beamtengehälter ist von 298 Millionen Pfund Sterling im Jahre 1951 auf insgesamt 737 Millionen Pfund Sterling im Jahre 1965 angestiegen; dennoch ist es unbestritten, daß der Einkommenszuwachs des einzelnen kaum mit dem Währungsverfall Schritt halten konnte. Entsprach der durchschnittliche Bezug eines englischen Beamten von 440 Pfund Sterling im Jahre 1951 etwa der Kaufkraft des Durchschnittslohnes von 1965? Das waren 1057 Pfund Sterling, damit war man bestimmt nicht reich.

»Die Anzahl der Beschäftigten um drei Viertel verringern und die Gehälter der hiernach noch verbleibenden verdoppeln« – das wäre vermutlich, was ein Industriemanager zur Lösung des Problems anzubieten hätte. Daran ist hier jedoch nicht zu denken. Da die Beamten des englischen Schatzamtes gegen die ständige Zunahme der Beamtenzahlen machtlos sind, beschränken sie sich auf das Niedrighalten der Bezüge – und auf diesem Gebiet wenigstens ist man nicht ganz ohne Erfolg.

Was aber sollen wir dann von der ursprünglichen Voraussage halten? Unbestritten ist, die Anzahl der Staatsdiener vervielfacht sich nach dem Gesetz von dem unaufhaltsamen Wachstum der Ministerien; und die Arbeit dehnt sich so weit aus, wie Zeit zur Verfügung steht, um sie auszufüllen. Und richtig ist schließlich auch die Feststellung: Vom Grad der Betriebsamkeit der Arbeitenden darf in keiner Weise auf die Nützlichkeit der geleisteten Arbeit geschlossen werden. Nicht verläßlich statistisch belegbar ist dagegen die Theorie, daß die normale jährliche Zuwachsrate eines Beamtenstabes 5 bis 6 Prozent beträgt. Die tatsächlichen Ziffern bewegen sich nicht weit von dieser Norm, aber die Abweichungen sind häufig und nicht vorhersagbar.

Die frühen Nationalökonomen pflegten sich Gedanken darüber zu machen, was wohl unter gewissen Umständen eintreten würde – »was wäre, wenn ...«: Ein Ansteigen der Preise folgt einer Verknappung von Gütern, oder bei Marktflauten sinken die Löhne. Diese Gesetze setzten jedoch einen freien Markt voraus, unbeeinflußt von staatlichen Eingriffen und Handelsrestriktionen; frei aber auch von sozialen Unruhen oder Kriegen. Im 20. Jahrhundert haben diese Idealbedingungen nie bestanden. In gewisser Weise teilt das Parkinsonsche Gesetz (das heißt das erste Gesetz) dieses Schicksal. Der Autor postulierte, wenn auch vorsichtig, eine gewisse Rate administrativer Expansion. Und natürlich ging er von Zeiten ohne Finanzkrisen und sozialen Unruhen aus. Haben wir solche Bedingungen in den letzten 21 Jahren gehabt, oder werden wir sie in den kommenden 21 Jahren haben? Unser Zeitalter eignet sich leider nicht zur Verifizierung theoretischer Gesetzlichkeiten, schon gar nicht, wenn diese Gesetze der Öffentlichkeit schon wohlvertraut sind. Es war falsch, die Auswirkungen, die eine Veröffentlichung der Theorie nach sich zieht, nicht in die Prognosen mit einzubeziehen.

Wenn man also auch zugesteht, dieser Umstand habe unter anderem auch die Verantwortlichen in Whitehall verwirrt, so bleibt doch als Tatsache, daß London heute (wie Wien) die überproportional große Hauptstadt eines Weltreiches ist, das nicht mehr existiert. Die englische Hoheitsverwaltung war nie zum administrativen Mittelpunkt der Britischen Inseln bestimmt, sondern als Zentrum eines Spinnennetzes, das die halbe Welt umspannte. Was nach dem Verlust der eigentlichen Funktion blieb, ist nicht nur ein schwerfälliger, sondern auch ein lächerlicher Beamtenapparat in Whitehall. Auf Reformen dieses Systems wird man vermutlich nicht zu hoffen brauchen – aber immerhin: Lachen dürfen wir darüber noch. Bis auf weiteres zumindest ...

# 3.
# Das Gesetz der Verschwendung oder Ausgeben um jeden Preis

*Ausgaben steigen stets bis an die Grenzen des Einkommens.*

Wie das erste Parkinsonsche Gesetz, so leuchtet das zweite sofort ein; es ist so einprägsam wie simpel, ein Satz aus den Erfahrungen des täglichen Lebens. Es beweist sich, sobald es ausgesprochen ist.

Erhöht sich das Einkommen einer Person, sagen wir eines Familienvaters, beraten Mann und Frau, was mit den zusätzlichen finanziellen Mitteln anzufangen sei: ein Teil für eine neue Versicherung, ein Teil aufs Sparkonto und ein Teil in einen Treuhandfonds für die Kinder. Genausogut könnten sie sich die Mühe sparen, weil wiederum nichts übrigbleibt. Still ist das zusätzliche Einkommen versickert, gerade daß einem der Kredit erspart bleibt; denn oft hat sich das Defizit vergrößert.

Die Ausgaben steigen also nicht nur bis an die Grenzen des Einkommens, nein, die Bedürfnisse wachsen stets schneller als die zu ihrer Erfüllung vorhandenen Mittel.

Weniger bekannt ist, daß dies nicht nur für private Haushalte, sondern auch für den öffentlichen Haushalt gilt. Wie hoch auch immer Steuereinnahmen sind, es besteht das dringende Bedürfnis, alles auszugeben. Nur in einem unterscheiden sich Privatpersonen und Regierungen. Letztere scheinen nur äußerst selten nachzusehen, wie hoch ihre Einnahmen überhaupt sind. Würden wir dieses öffentliche Finanzgebaren in unserem privaten Bereich nachahmen, so hieße das: Ignorieren wir, was wir eigentlich verdienen, überlegen wir lieber, was wir ausgeben wollen.

Vielleicht entscheiden wir uns für einen Zweitwagen, eine

luxuriöse Wohnungseinrichtung, ein Motorboot oder eine Jacht, für ein Landhaus im Grünen oder einen mehrwöchigen Urlaubsaufenthalt auf den Bermudas. All dies, so würden wir uns gegenseitig bestätigen, brauchen wir wirklich. Verbleibt nur noch die Aufstockung unseres Einkommens, um die Kosten dieser »Grundbedürfnisse« abzudecken; und wenn wir in diesem Zusammenhang überhaupt ans Sparen denken, dann nur bei den Steuern.

Wie aber, wenn umgekehrt sich einmal der Staat am individuellen Finanzverhalten orientieren würde. Dann müßte wohl am Anfang eine Schätzung des tatsächlichen Steueraufkommens stehen. Weiß man, was man hat, dann läßt sich überlegen, wofür es im einzelnen ausgegeben werden soll. Eine Regierung, welche sich für diese in der Privatwirtschaft selbstverständliche ökonomische Regel entschiede, würde damit einen für die öffentlichen Finanzen geradezu revolutionären Schritt setzen. Und es ist das Hauptanliegen dieses Kapitels, klarzumachen, daß eine Revolution dieser Art längst überfällig ist.

Im Gegensatz zum individuellen Einkommen gibt es einen historischen Bezug zwischen Staatseinkommen und Kriegen. In allen Einkommenssystemen gab es immer Bereitstellungen für aktuelle Kriegskosten. Stehen in Krisenzeiten unsere Interessen, unsere Ideologie, unser Stolz oder sogar unsere Existenz auf dem Spiel, sind wir bereit, nahezu jeden Preis für den Sieg zu zahlen. Der Krieg geht zu Ende, die fast jedermann unvermeidbar erscheinenden Sonderausgaben enden auch. Theoretisch sollten also die Staatseinkünfte so etwa auf den Vorkriegsstand sinken. Erstaunlicherweise passiert das so gut wie nie. Bleibt das Staatseinkommen aber derart konstant, dann müssen logischerweise die »Friedens«-Ausgaben bis auf seine Höhe ansteigen.

In früheren Zeitaltern ist das Gesetz der Verschwendung nur mit einiger Verzögerung wirksam geworden. Dem lagen Überlegungen zugrunde, die heute keine Gültigkeit mehr haben. Die erste war, den Steuerpflichtigen etwas Zeit zur Erholung zu geben, damit man – bei Ausbruch eines neuen bewaffneten Konfliktes – wieder Grund zur neuerlichen Intensivierung der

Steuerbelastung hatte. Dieser Steuermilderungsgrund hat jedoch heute seine Rechtfertigung verloren, weil in unserem Jahrhundert grundsätzlich jeder Krieg als der letzte angesehen wird. Die zweite Überlegung beruhte auf dem abnehmenden Grenznutzen gewisser, durch übermäßige Geldausgaben zu finanzierender Extravaganzen. Die Freude an Festgelagen und Balletthäschen hat (wahrscheinlich) ihre physischen Grenzen. Unglücklicherweise gilt das nicht für den bürokratischen und technischen Luxus. Wirtschafts-, Kultur- und Technikfachleute lassen sich samt ihren jeweils zugehörigen Ansprüchen an das Budget beliebig vermehren – so weit, wie Mätressen schon längst langweilig, ja sogar untragbar geworden wären. Man sieht, die Situation ist heutzutage, sowohl vom finanziellen als auch vom ästhetischen Standpunkt aus gesehen, ungleich schwieriger als früher.

In unseren Ländern werden die Initiativen in den öffentlichen Finanzen von den staatlichen Unterabteilungen ergriffen. Ausgehend von den Kosten des laufenden Jahres wird der finanzielle Bedarf für das kommende festgelegt. Nach der Feststellung gegenwärtiger Kosten und zukünftiger Entwicklungen schlägt der erfahrene Staatsdiener 10 Prozent auf, weil erfahrungsgemäß (wenn eben auch nicht immer) die jährlichen Ressortforderungen höheren Ortes ohnehin wieder gekürzt werden, auf jeden Fall bei dem zu erwartenden Gerangel an der Ministeriumsspitze. Auf diese Schätzung schlägt der Minister seinerseits weitere 10 Prozent auf, weil erfahrungsgemäß (wenn auch nicht immer) die einzelnen Ressortforderungen vom Finanzministerium ohnehin wieder um 10 Prozent gekürzt werden. Nach dieser angenommenen »Zehn-Prozent-Schlacht« im Schatzamt werden nun die in Aussicht genommenen Ausgabenansätze aller Fachministerien addiert und sodann dem zuständigen Finanzminister – in England dem »Chancellor of the Exchequer« – vorgelegt. Seine Aufgabe besteht darin, die den Ausgabenansätzen entsprechenden staatlichen Einnahmenansätze festzulegen und sodann – mit Zustimmung seiner Ministerkollegen – dem Volk die Rechnung zu präsentieren. Und diese Rechnung ist klar: Auf der einen Seite steht die Summe der gesamten in Aussicht genommenen Staatsausgaben und auf der anderen die Summe des vom Staatsvolk zu leistenden Steueraufkommens.

Selbstverständlich ergibt sich die Frage, ob dieses System irgendwelchen Kontrollmöglichkeiten unterliegt. Müßte man nicht annehmen, daß Jahresvoranschläge und Budgetansätze den gewählten Volksvertretern zur Kenntnisnahme und Kontrolle vorzulegen sind? Gibt es nicht ein Kontrollamt, das über das öffentliche Portemonnaie wacht, keine Gesetze, die Extravaganz und Verschwendung verhindern? Jawohl, es gibt dergleichen, aber daß sie unnütz sind, erweist sich täglich aufs neue. Es lohnt sich, den Ursachen für diese unbefriedigende Situation nachzugehen. Es lohnt sich aus mehreren Gründen: erstens, weil diese Nutzlosigkeit nicht auf der Hand liegt, zweitens, weil sie recht kurios ist, und drittens, weil hier der Schlüssel zur Reform liegt.

Zusammenfassend darf man in diesem Zusammenhang feststellen: Die gesamte öffentliche Finanzverwaltung liegt deshalb so sehr im argen, weil die vorgelegten Budgetberichte ohne jede sachliche Bedeutung sind, weil das Schatzamt nicht funktioniert und weil die gesetzlichen Vorschriften so erfinderisch sind, daß sie ein zielführendes Wirtschaften der öffentlichen Hand nicht nur erschweren, sondern schlechthin unmöglich machen.

Dringen wir nun ein wenig tiefer in die Mysterien des englischen Staatshaushaltes ein. Zunächst: Die Jahresvoranschläge und der jährliche Budgetabschluß sind dem englischen Unterhaus vorzulegen und somit der Kenntnisnahme durch die Öffentlichkeit zugänglich. Wer bei solcher Gelegenheit Sachdienliches wo und wann vorzutragen hat – es gibt einen »Teller«, einen »Tally Cutter«, einen »Clerk of the Pells«, einen »Scriptor Talliar« und einige »Chamberlains« –, regelt eine dem Vernehmen nach aus dem Jahre 1129 stammende Dienstvorschrift des Schatzamtes, welche jedoch nur bis zum Jahre 1826 in Geltung stand. Interessant ist auch der Umstand, daß die Ressortberichte in ihrer heute noch gebräuchlichen Form im Jahre 1666 – also während des zweiten englisch-holländischen Seekrieges – aus gegebenem Anlaß eingeführt wurden, um die ebenso bemerkenswerten wie schädlichen finanziellen Eigenwilligkeiten von König Charles II. einzudämmen: Der König pflegte der Herzogin von Portsmouth finanzielle Zuwendungen zu machen, und durch die Vorlage von genauen Ressortberichten sollte sichergestellt werden, daß Charles II. die Herzogin nicht aus den Mitteln des Marinebudgets begünstigte.

Selbst für diesen beschränkten Zweck bewährte sich das System jedoch nicht besonders, weshalb es gründlich revidiert wurde und seine heutige Form erhielt, und zwar im Jahre 1689. Von da ab hinderte es den damaligen englischen König William III., das Geld allzu freigiebig für seine Amouren auszugeben.

Der Zweck der parlamentarischen Rechenschaftsberichte ist damit wohl eindeutig definiert: Sie sollten unkontrollierten und unbefugten Griffen in den Staatssäckel vorbeugen. Daß die Form, in der diese Berichte auch heute noch abgegeben werden, aus einer Zeit stammt, in welcher der Begriff der doppelten Buchführung bloß einige Nonkonformisten wie etwa Defoe bekannt war, ist ebenfalls bemerkenswert. Bemerkenswert ebenso wie der Umstand, daß zur Zeit der Einführung dieser parlamentarischen Berichte nur wenige Menschen in England arabische Zahlen zu lesen verstanden und das Zifferblatt der großen Uhr im Marstall römische Zahlen aufwies, damit wenigstens die klassisch Gebildeten wußten, wieviel es eben geschlagen hatte. Kurzum: Die Form, in welcher parlamentarische Budgetberichte seit dem Jahre 1689 erstattet werden, war bereits zur Zeit ihrer Einführung nicht gerade der letzte Schrei, und heutzutage kann man sie daher wohl zu Recht als veraltet bezeichnen.

Fairerweise soll jedoch nicht unerwähnt bleiben, daß in den Jahren 1928 und 1929 gewisse reformistische Strömungen beinahe zum Durchbruch gelangt wären; doch setzte sich der in einem Minderheitsvotum vertretene buchhalterische Standpunkt gegen gewichtigere Stimmen aus Beamtenkreisen nicht durch, so daß der Gedanke der doppelten Buchführung auch weiterhin in der englischen Budgetberichterstattung einfach nicht existiert. Die Verwirrung über Soll und Haben, über Forderungen und Verbindlichkeiten blieb bestehen. Daß dieser Zustand wohl nicht erst neuerdings als durchaus unbefriedigend empfunden wird, läßt ein aus dem Jahre 1904 stammender Bericht von Mr. Thomas Gibson Bowles erkennen, der in seiner Funktion als Unterhausabgeordneter bereits damals feststellte, das dem Hohen Hause auf dem Sektor der Budgetberichterstattung Gebotene sei »unsystematisch, unwissenschaftlich, kompliziert und überdies in der Darstellung so gehalten, daß nicht nur Tatsachen verborgen bleiben, sondern geradezu verfälscht werden«. Und im Jahre 1957 stellte der Abgeordnete Mr. John Applebey zu diesem Thema fest, die Referenten gerieten bei ihren Budgetvorträgen offenbar ebenso in Verwirrung wie alle anderen.

So gesehen dürfen wir wohl durchaus mit Recht feststellen, daß die englische Budgetberichterstattung mit den Regeln der Buchhaltung nicht in Einklang steht. Als Kontroll- und Informationsmittel sind diese Berichte schlichtweg unbrauchbar und wohl kaum das Papier wert, auf welchem sie gedruckt sind. Ein drittklassiges Rennhunde-Wettbüro wäre erledigt und in Mißkredit gebracht, wollte es Geschäftsbilanzen vorlegen, wie sie Jahr für Jahr der englischen Nation im Unterhaus in feierlicher Weise und oft von Geschäftsleuten, die es besser wissen sollten und es wohl tatsächlich nicht selten wirklich besser wissen, vorgetragen werden. Abgesehen von der Form aber wird die Situation überdies ständig noch komplizierter und unübersichtlicher, weil die Summen, mit denen jongliert wird, immer größer werden und noch ständig weiter anschwellen. Daß die wiedergegebenen Summen nicht richtig sind und von einer Ausgeglichenheit der auf diese Weise vorgetragenen Bilanz nicht die Rede sein kann, braucht beinahe nicht mehr erwähnt zu werden. Jeder Buchhalter weiß hier wohl besser Bescheid: Es geht ausschließlich darum, die finanzielle Lage des Unternehmens – im vorliegenden Falle: des Staates – in verständlichen Worten darzustellen, kurzum, zu diesem Thema in jener Sprache zu sprechen, welche in der Geschäftswelt gebräuchlich ist, nämlich in der des Geldes. Aber anstatt Zahlen auf den Tisch zu legen, tragen die Budgetredner im englischen Unterhaus archaische Monologe vor, deren ehrwürdig-traditioneller Stil das Ausmaß

Action
Action!
ACTION PLEASE!
IMMEDIATE
MOST IMMEDIATE

der durch sie geschaffenen Verwirrung nicht aufzuwägen vermag.

Wir gelangen nun zum Schatzamt, dem Wächter der öffentlichen Kassen. Nach altem Prinzip werden Neuausgaben vom Schatzamt kontrolliert, während die Überwachung der »Alt«-Ausgaben bei den einzelnen Ministerien liegt. Aber was ist das für eine Kontrolle der Finanzen? Was soll diese Aufteilung der Verantwortlichkeit? Sparsamkeit und Wirtschaftlichkeit sind unteilbar. Bei einem solchen System werden neue Beamte beantragt, während überflüssige, bereits vorhandene, verschwiegen werden. Längst unnötig gewordene Dienststellen werden vorsorglich nicht angegeben, weil man niemals sicher sein kann, ob diese Dienststellen – einmal aufgegeben – im Falle eines neuerlichen Bedarfs seitens des in diesem Falle zuständigen Schatzamtes genehmigt würden. Die Aufgabe eines Dienstpostens in Abteilung A würde nämlich auch die gleichzeitige Neugenehmigung eines Dienstpostens in Abteilung B keineswegs begünstigen – dies einfach deshalb, weil an einem Handel solcher Art zwei entscheidungsbefugte Budgetdienststellen beteiligt wären, welche völlig unabhängig voneinander agieren. Es ist selbstverständlich, daß eine derartige Praxis – es Beamten zu verbieten, ein Problem in seiner Gesamtheit zu sehen – zu einer Haltung der Verantwortungslosigkeit führen muß. Überdies beweist die Erfahrung: Erwachsene Männer – lange genug wie unmündige Kinder behandelt – beginnen schließlich tatsächlich kindisch zu reagieren.

Und was die Dienstvorschriften des Beamten anbelangt, so zwingt ihr starrer Formalismus geradezu zum verschwenderischen Umgang mit den Budgetmitteln. Das ganze System der Etatbewilligungen z. B. ist nur der Buchhaltung zweckdienlich, Kontrollen entzieht es sich erfolgreich. Die Bewilligung für ein Ressort entspricht überhaupt nicht den tatsächlichen Ausgaben in diesem Ressort, auf die sie sich ja beziehen sollte. Im englischen Heeresetat gibt es beispielsweise keinen Posten für Schreibstubenmaterial, weil das vom königlichen Staatsverlag besorgt wird. Im Etat des Staatsverlages seinerseits fehlt der Posten »Gebäude«. Aufwendungen dafür werden vom Arbeitsministerium getragen.

Genausowenig haben die Etatbewilligungen aber auch mit dem eigentlichen Ausgabenbereich des jeweiligen Ressorts zu tun. Das Marinebudget etwa ist nach 15 Punkten aufgelistet, von 1 (Gehälter) bis 15 (Zusätzliche Wohnungen für Verheiratete). Getrennte Bewilligungen gelten dem Schiffsbau, der Bewaffnung und dem Büro der Admiralität. Das englische Heeresbudget ist ganz ähnlich gegliedert: Nr. 1 für Gehälter, Nr. 7 für Proviant, Nr. 9 für Bewaffnung und Munition usw. Mit dem tatsächlichen organisatorischen Aufbau von Heer und Kriegsmarine hat die Gliederung der diese Wehrmachtteile betreffenden Ressortbudgets jedoch nicht das geringste zu tun. Die Kriegsmarine beispielsweise gliedert sich in schwimmende und nichtschwimmende Einheiten. Das Heer besteht aus Bataillonen, aus Batterien, aus Depots und Schulen. Für keinen dieser Bereiche tauchen in den Budgets Posten auf. Das einzige, was das System versichert, ist, daß für die Anschaffung von Kraftfahrzeugen bewilligte Budgetmittel nicht etwa für die Beschaffung von Waffen ausgegeben werden dürfen. Aber was, wenn es dennoch geschieht? Und kann man beides überhaupt voneinander trennen?

Mit solchen Fragen sollte sich ein Parlament nicht befassen müssen. Für die vertrauensseligen Parlamentarier einzig und allein interessant wäre die Frage nach der Relation von den Kosten für die Verwaltung und denen für die Truppen. Wie viele neue Bataillone könnte man für jene Budgetmittel aufstellen, die derzeit etwa für die Finanzabteilung des Kriegsministeriums ausgegeben werden müssen? Was brauchen wir nun am ehesten im Ernstfall – Schreibmaschinenpapier oder Seitengewehre und Geschütze?

Das ist eine wirklich politische Frage, während das Problem, wie viele Meter Uniform pro Finanzjahr angeschafft werden sollten, doch wohl in der Regel allein den Experten beschäftigen sollte. Die Starrheit des Budgetsystems ist auf diese Weise nichts anderes als eine gewaltige Verschwendung an Arbeit, Aufwand, Geld und Zeit, welche für niemanden in irgendeiner Weise von praktischem Nutzen ist.

Soviel zu den offiziellen und von Amts wegen bestehenden

Prüfungs- und Kontrollinstanzen für englische Budgets. Sie sind, wie zu sehen ist, nicht sehr effektiv und gewiß kein verläßlicher Sperriegel gegen die etwaige Verschwendung von öffentlichen Mitteln. Verbleiben als Kontrollinstanzen damit nur noch Presse und Öffentlichkeit. Man sollte annehmen, daß gerade von dieser Seite eine effektive Kontrolle zu erwarten ist: Presseleute und Bürokraten pflegen einander niemals sehr wohlwollend gegenüberzustehen, und die Öffentlichkeit – oder besser: die Steuerzahler – sollte doch größtes Interesse an der nutzbringenden Verwendung ihrer Steuergelder haben. Dennoch machen Presse und Öffentlichkeit, was die staatliche Budgetpolitik anbelangt, einen recht hilflosen Eindruck. Warum?

Die Erklärung für dieses erstaunliche Phänomen ist recht einfach: Ökonomisches Verhalten kann man einer Organisation nicht von außen her aufpfropfen. So etwas muß sich von innen heraus entwickeln. Daran ändert auch der Umstand nichts, daß die Presse von Zeit zu Zeit Kampagnen gegen die von Staats wegen betriebene Verschwendung von öffentlichen Mitteln initiiert. Da mögen haarsträubende Details veröffentlicht werden – im Prinzip bleibt derlei ohne jede Wirkung.

Mag sein, daß sich Ämter und Ministerien gelegentlich zu einer Gegendarstellung veranlaßt sehen, mag sein, daß manche von der Presse ganz groß herausgestellte Verschwendung sich im Lichte solcher offizieller Erklärungen als nicht ganz so skandalös herausstellt – in den meisten Fällen jedoch werden Presseangriffe von den betroffenen staatlichen Dienststellen in bewährter Tradition »nicht einmal ignoriert«, weil man aus Erfahrung weiß, der Druck der Presse ist ein bloß vorübergehender.

Nehmen wir aber einmal an, ein solcher Aufschrei würde eine parlamentarische Anfrage nach sich ziehen. Die weitere Folge dieser Anfrage wäre allenfalls die Einsetzung eines Ausschusses, einer »königlichen Kommission«, eine Erfindung, um ein solches Anliegen bis nach den nächsten Wahlen aufzuschieben. Gehen wir aber zunächst einmal von der Annahme aus, daß eine solche Untersuchungskommission dann tatsächlich gebildet würde und daß sie sich aus ebenso erfahrenen wie intelligenten, energischen und von rastlosem Arbeitseifer besessenen Mitgliedern zusammensetzte. Was würde eine solche Kommission am Ende erreichen? Wenig oder gar nichts. Und warum? Auch hier ist die Antwort klar: »Weil das System als solches grundsätzlich falsch ist!«

Nehmen wir an, eine solche Kommission hätte sich mit den Werftanlagen der britischen Kriegsmarine zu beschäftigen, und dies nicht nur im allgemeinen, sondern mit jeder einzelnen Werft im Detail. Nehmen wir weiter an, daß die Untersuchungskommission aus pensionierten Admiralen und aktiven Marineingenieuren bestünde, also aus qualifizierten und mit dem Gegenstand ihrer Untersuchung durchaus vertrauten Fachleuten. Selbstverständlich würde die Kommission Zeugen hören und Fragen stellen wie etwa die folgende: »Warum sind diese Leute hier angestellt, und was sind ihre dienstlichen Obliegenheiten?« Oder etwa: »Wie halten Sie es denn hier mit den Abfällen? Was fangen Sie mit der Schlacke an, und was tun Sie mit den Hobelspänen?« Oder: »Warum bezahlen Sie so viele Leute für derart geringe Leistungen?«

Wie gesagt, die Kommission würde prüfen, forschen und sehr viele Fragen stellen. Aber gerade auf diese Weise machte sie Bekanntschaft mit einem Umstand, welchen man am besten anhand eines aus der Zoologie bekannten Phänomens darstellen kann: Sobald eine Schafherde die Gegenwart eines Wolfes wittert, formieren sich die Schafe zu einem dichten Abwehrkreis. Die kräftigen Tiere stehen nach außen mit zur Abwehr gesenkten Hörnern, die schwachen und nicht kampffähigen befinden sich im Zentrum des Kreises. Sich in Gefahr wähnende Staatsbeamte reagieren ganz ähnlich: Im Falle einer Bedrohung von außen scharen sie sich dicht zusammen, geben nichts zu, leugnen alles und vertuschen den Rest. Das ist ein Naturgesetz, und gegen Naturgesetze kommt niemand an – nicht einmal eine königliche Untersuchungskommission. Ihr abschließender Bericht, wenn er überhaupt in gedruckter Form vorgelegt würde, könnte ebensogut unverzüglich zur weiteren Verwendung der Toilettenpapierverwaltung zugeleitet werden. Was immer auch konkret damit geschehen mag: Die Sache kann fallengelassen werden.

Der gewöhnliche Steuerzahler ist gelegentlich sogar besser als Journalisten und Politiker in der Lage, sich ein genaues Bild über die aktuelle Verschwendung von finanziellen Mitteln durch die öffentliche Hand zu machen, dies z. B. deshalb, weil er selber zufällig auf einer Werft arbeitet. Rein theoretisch wäre es doch sowohl sein Interesse als auch seine Pflicht, eventuelle Verschleuderungen öffentlicher Mittel, die er bemerkt, publik zu machen. Aber das scheinbar Selbstverständliche ereignet sich nicht. Dafür gibt es zwei stichhaltige Gründe. Erstens: Ginge der Mann tatsächlich hin und machte Meldung, würde er sich gewiß unbeliebt machen – bestenfalls hielte man ihn für einen Querulanten, im schlimmsten Fall sogar für einen Spion. Und zweitens: Der Mann weiß wohl nur allzugut, daß sein Handeln letzten Endes erfolglos bleiben muß, weil die dank seiner Initiative an seiner Arbeitsstätte eingesparten Mittel wenig später an anderer Stelle ja ohnehin wieder zum Fenster hinausgeworfen würden. Was immer er als Steuerzahler auch unternehmen mag: Die ihn selber drückende Steuerlast würde sich in keinem Falle verringern.

Also geschieht das nunmehr Verständliche: Der Mann entschließt sich, überhaupt nichts zu sagen, und erkauft sich damit ein auch weiterhin oberflächlich ungestörtes Verhältnis zu seiner Umwelt. Das läßt den zwingenden Schluß zu, daß in Sachen der öffentlichen Ausgaben die Öffentlichkeit stets völlig apathisch bleibt; es sei denn, jener, der aus dem Schutz der Anonymität heraussträte, hätte daraus persönliche Anerkennung zu erwarten und außerdem eine Reduzierung der ihn selber betreffenden Steuerlast.

Fassen wir zusammen, so läßt sich also sagen: Das Steueraufkommen wird von den zu seiner Verwendung Befugten als ein unerschöpflicher finanzieller Born betrachtet, wobei das Problem der zur Verwaltung der öffentlichen Mittel befugten Personen darin liegt, neue Ausgabemöglichkeiten für die ständig zunehmenden Einnahmen zu erschließen. Ebenso muß man von der Tatsache ausgehen, daß alle Kontrollinstanzen zur Steuerung von Ausgaben der öffentlichen Hand chronisch versagen, weil sie falsch konstruiert und unzureichend motiviert sind. Das Problem ist durchaus ernst und verdient daher auch ernsthaft unsere ungeteilte Aufmerksamkeit. Was also ist zu tun?

Unser Instinkt gebietet uns, das Übel durch neue Vorschriften und Gesetze zu steuern, von denen wir allerdings gegenwärtig bereits mehr als genug haben. Wesentlich zweckmäßiger, jedoch gegenwärtig überhaupt nicht opportun, wäre die Möglichkeit, die mit der Verwaltung der öffentlichen Mittel Betrauten neu zu motivieren: Man müßte die Verschwendungssucht, die wir heute belohnen, bestrafen und ökonomische Grundsätze belohnen, die wir heute bestrafen. Um dem Steuerstrom eine neue Richtung seines Flusses zu geben, müßte man die gesamte staatliche Finanzverwaltung reorganisieren. Minister sollten nicht feststellen, welche finanziellen Mittel ihre Ressorts benötigen, sondern in erster Linie überlegen, wie viele Mittel die Gemeinschaft der Steuerzahler überhaupt aufzubringen in der Lage ist. Wir alle orientieren unsere persönliche Ausgabenpolitik nicht an den Ergebnissen früherer Verschwendung, sondern an den zu erwartenden persönlichen Einkünften. Einfacher gesagt: Wir können nur ausgeben, was wir haben. Und genau jene Prinzipien, die für das Wirtschaften jedes einzelnen gelten, sollten auch für die öffentliche Hand Richtschnur ihres Wirtschaftens sein. Zunächst ist einmal das Verhältnis zwischen Steueraufbringen und Bruttosozialprodukt zu überprüfen. Einen wie großen Anteil des Nationaleinkommens soll der Staat für seine Zwecke beanspruchen? Und welchen Teil des Einkommens des einzelnen Bürgers darf der Staat in Anspruch nehmen? Und was geschieht, wenn der Staat mehr begehrt, als ihm vernünftigerweise gebührt?

Alle Volkswirtschaftler (mit einer einzigen Ausnahme) haben sich bisher um eine klare Antwort auf diese Fragen gedrückt und daher die Annahme entstehen lassen, für das Maß der öffentlichen Ausgaben gäbe es keine Obergrenze. Eines der wesentlichen Anliegen dieses Kapitels ist die Führung des Nachweises, daß es Grenzen gibt und daß sie weitaus niedriger sind. Es gibt hier gewisse Grenzen der Besteuerung, deren Überschreiten nicht wünschenswert ist, und andere, deren

Überschreiten gefährlich ist und schließlich eine letzte, absolute Grenze, deren Überschreiten katastrophale Folgen nach sich zieht. Alle diese Grenzen lassen sich sowohl im Sinne volkswirtschaftlicher als auch historischer Erkenntnisse klar erkennen und definieren.

Im Lichte dieser Kenntnisse und Erfahrungen muß jedes Kabinett über das Verhältnis von Bruttosozialprodukt einerseits und Staatsausgaben andererseits entscheiden. Ist dieses Verhältnis einmal festgelegt, ist das zu realisierende Gesamtsteueraufkommen festzustellen, auf dessen Umfang die Ausgaben der einzelnen Ressortministerien zu beschränken sind. Wie die vorhandenen öffentlichen Mittel auf die einzelnen Ressorts aufzuteilen sind, muß ebenfalls der Entscheidung der Regierung überlassen bleiben. Sind die auf die einzelnen Ressorts entfallenden Geldmittel einmal bekannt, muß deren weitere Aufteilung für die einzelnen Ressortaufgaben Angelegenheit der jeweils verantwortlichen Fachminister sein. Hat man sich erst einmal entschlossen, diesem System zu folgen, erübrigen sich selbstverständlich auch die jährlichen Kostenvoranschläge der Ressorts und die diesen entsprechenden Forderungen nach Budgetmitteln. Statt dessen würden sie gezwungen, mit einer gegebenen Summe auszukommen. Damit vereinfachte sich auch die Tätigkeit der Parlamentarier in Budgetangelegenheiten entscheidend: Festzustellen wäre dann nämlich bloß der Gesamtausgaberahmen und die Verteilung der Mittel auf die einzelnen Fachressorts. Abgeordnete sollten eben auch nicht genötigt sein, über die zu bewilligenden Mittel für Treib- und Schmierstoffe oder für Bohnerwachs und Schuhe abzustimmen.

Was die Abgeordneten aber tatsächlich entscheiden könnten, wären Wert und Gegenwert von zu bewilligenden Geldmitteln für die Luftwaffe, für die Auslandsvertretungen, für das Erziehungs- oder das Gesundheitswesen. Zur Ausübung echter Kontrollaufgaben bedürfte das Unterhaus exakter Voranschläge und echter Ausgabenrechnungen der betreffenden Ressorts für bereits abgeschlossene Rechnungszeiträume – aber gerade letzteres bekommen die englischen Abgeordneten ja bis zum heutigen Tage niemals zu sehen.

Der größte Vorteil, welches ein neuartiges, nach den vorstehend beschriebenen Grundsätzen aufgebautes Budgetsystem mit sich bringen würde, liegt in der Begrenzung der staatlichen Ausgaben. Ein weiterer, ebenso wichtiger, wenn auch vielleicht nicht ebenso klar auf der Hand liegender Vorteil könnte darin bestehen, daß auch der Ausgaberahmen in jedem Ministerium – zwischen den einzelnen Abteilungen und Unterabteilungen – in sich elastisch gestaltet werden könnte. Damit aber würde man auch die jeweils zuständigen Beamten selbst verantwortlich machen für ihr Wirtschaftsgebaren; denn die Abrechnungsberichte des jeweils kommenden Jahres würden schwarz auf weiß Erfolg und Versagen aufzeigen. Die geschäftsführenden Beamten allein wissen, wo wirklich gespart werden kann. Sobald sie einmal kapiert hätten, daß die Mittel knapp sind und daher nicht alle Ziele gleichzeitig erreicht werden können, kann man sie getrost sich selbst überlassen; vorausgesetzt, man entschlösse sich, vorzugsweise jene zu befördern, welche durch vernünftige Vorschläge öffentliche Mittel einzusparen helfen.

Ein weiterer indirekter Vorteil dieser neuartigen Budgetgestaltung läge ohne Zweifel auch darin, daß die Budgetkontrolle des Schatzamtes entfallen könnte – ein Institut, welches, wie bereits an anderer Stelle beschrieben, infolge der Kompetenzverteilung kompliziert und aufwendig ist, dabei jedoch niemals wirklich befriedigend funktioniert.

An die Stelle einer sogenannten Kontrolle, welche an sich insuffizient ist, nichtsdestoweniger jedoch eine Atmosphäre des ständigen Mißtrauens und der Unsicherheit hervorbringt, könnte im Falle einer geeigneten Reform echte Beamtenverantwortlichkeit treten, welche nur der parlamentarischen und buchhalterischen Pflicht zur Rechnungslegung unterläge. In diesem Falle hätten die Beamten zwar tatsächlich ein höheres Maß an Verantwortung zu tragen, aber sie könnten erstmals auch wirklich ökonomisches Denken entwickeln, kaufmännisch motivierte Initiativen setzen und begreifen, daß Kosten und Wert letzten Endes bloß divergierende Aspekte desselben Begriffes sind.

Könnte man sich erst einmal wirklich entschließen, die Probleme der staatlichen Finanzverwaltung von der richtigen Seite anzugehen, müßte man sich nun noch – als flankierende Maßnahme – zum Zwecke der effektiven Hintanhaltung der von Amts wegen betriebenen Verschwendung öffentlicher Mittel in geeigneter Weise der Unterstützung durch die Öffentlichkeit versichern. Zu diesem Zwecke wäre an die Schaffung eines unabhängigen Schiedsgerichtes zu denken, an welches sämtliche Vorschläge zur Einsparung finanzieller Mittel zur Entscheidung heranzutragen wären.

Ein Tribunal dieser Art könnte beispielsweise aus drei Personen bestehen, inklusive eines Regierungsvertreters. Sie würden sich in einem gegebenen Fall die zuständigen Behördenvertreter einerseits und die Repräsentanten der Steuerzahler andererseits anhören, um schließlich abzuwägen, ob die vorgeschlagene Sparmaßnahme durchführbar ist oder nicht. Erwiese sich eine an das Gericht herangetragene Einsparungsmaßnahme als zweckmäßig, müßte ein ministerieller Erlaß an die Dienststelle ergehen, der das in Frage kommende Ressortbudget – den einzusparenden Beträgen entsprechend – kürzt. Gleichzeitig wäre eine Art von »Prämie« zu schaffen: Demjenigen, dessen Initiative eine Einsparung der staatlichen Ausgaben zu verdanken ist, sollte ein Nachlaß seiner persönlichen Einkommenssteuerlast gewährt werden, wobei dieser Nachlaß in einer noch näher festzulegenden Weise proportional dem Gesamtausmaß der durch den Reformvorschlag eingesparten öffentlichen Mittel entsprechen müßte. Unbedingt sicherzustellen wäre allerdings auch, daß in einem Ressort eingesparte öffentliche Mittel nicht entweder direkt einem anderen Ressort zuflössen oder gar an das Schatzamt zurückgingen, vielmehr wäre dafür Sorge zu tragen, daß die eingesparten Budgetmittel unmittelbar zur Reduzierung der Staatsschuld verwendet würden.

Schließlich sollte dem »Budgetschiedsgericht« noch das Recht zukommen, besonders verdienstvolle »Einsparer« aus dem Kreise der Bevölkerung oder der Staatsbeamten vor der Öffentlichkeit sichtbar auszuzeichnen. Es käme fast schon einer kleinen Revolution gleich, wenn den Staatsdienern klar würde, daß man in Zukunft fürs Sparen zum Ritter geschlagen würde, statt, wie bisher, für besondere Ausgabefreudigkeit.

Allerdings darf man sich nicht in der Hoffnung wiegen, eine Reform des Finanzwesens der öffentlichen Hand würde bei den Betroffenen freudige Zustimmung finden – ganz im Gegenteil: Jeder Reformer muß sich darauf gefaßt machen, mit seinen Vorschlägen auf eine solide Beamtenabwehrfront zu stoßen, die eine der bestformierten Interessengruppen der Welt darstellt. Die Abwehrkraft eines gewaltigen, in passiver Resistenz verharrenden Beamtenheeres muß naturgemäß gewaltig sein. Zunächst wird wohl jeder Reformer in dessen Kreisen auf mitleidig überlegenes Lächeln stoßen: »Gewiß, höchst verdienstvoll, daß sich da einer Gedanken macht – aber Sie müssen wissen, das Ganze ist ja nicht neu. Das hat man schon einmal zu praktizieren versucht, im Kriegsministerium. War ein vollständiger Fehlschlag, die ganze Angelegenheit, und wurde daher aufgegeben. Das ist schon lange her, ja, ja!« Alsdann werden sie sich in bewährter Weise hinter eine künstliche Nebelwand aus unlösbaren praktisch-technischen Problemen zurückziehen und verlauten lassen, es handele sich bei den öffentlichen Finanzen doch um eine wesentlich komplexere Disziplin, als man sich im allgemeinen anzunehmen erlaube. Es ist nun einmal so: Zahlen können nicht lügen, aber Lügner können zählen!

Die hohepriesterliche und esoterische Verhaltensweise der Beamten im Schatzamt wird allgemein unter einem recht treffenden Ausdruck zusammengefaßt: Man bezeichnet ihren Kult als »Esoterrorismus«. Die Anhänger dieses Kultes nennt man dementsprechend die »Esoterroristen von Whitehall«. Im 18. Jahrhundert pflegten Leute dieses Schlages die Mysterien rund um den Staatsschatz in mittelalterliche lateinische Formeln zu hüllen. Im Jahre 1753 wurde zwar durch gesetzliche Maßnahmen etwas Licht in das Dunkel der budgetären Geheimniskrämerei gebracht, aber der »Exchequer«, das Schatzamt alten Stils, blieb auch nach Zerfall der bisherigen Finanzgewalten bis zur Herrschaftszeit von König William IV. erhalten. Unter William IV. wurde zwar der »Exchequer« aufgelöst, aber das Amt des »Chancellor of Exchequer«, des Schatzkanzlers also, blieb auch weiterhin erhalten. Damit war allerdings nur wenig gewonnen, denn nicht nur im »Exchequer« selber herrschten historisch gewachsene und beinahe mythologisch verbrämte chaotische Zustände, sondern auch in der staatlichen Finanzverwaltung im allgemeinen.

So war beispielsweise bereits im Jahre 1570 die versuchte Überprüfung der Buchführung bei Londoner Zollbehörden vollständig ergebnislos zusammengebrochen, weil, wie man schließlich entschuldigend feststellte, »die Beamten ihre Bücher in einer allzu unklaren Weise zu führen pflegen«. Und aus dem Jahre 1961 ist der Ausruf eines englischen Parlamentsmitglieds überliefert: »Ich stehe voller Verblüffung vor der Tatsache, daß in ausgezeichneten Zeiten wie diesen und unter ausgezeichneten Bedingungen die Dinge tatsächlich in derartiges Dunkel gehüllt daliegen!«

Im Jahre 1829 kam eine besondere Untersuchungskommission zu dem deprimierenden Schluß, daß »die jährlichen Budgetrechnungen keinerlei Aufklärung über die detaillierte Verwendung und über das Verbleiben von Millionen (Pfund Sterling) zulassen«. An dieser bedauerlichen Tatsache hatte sich beispielsweise im Jahre 1844 ebensowenig geändert wie wohl in den seither bis zur Gegenwart verstrichenen Zeiträumen. Die Dunkelheit, in welcher die staatliche Einnahmen- und Ausgabenwirtschaft ihr finsteres, aber durchaus nicht schattenhaftes Dasein fristet, hat sich in der Gegenwart nicht im geringsten gelichtet, ganz im Gegenteil: Zu der traditionellen Unordnung in den Einnahmen- und Ausgabenrechnungen der öffentlichen Hand ist die babylonische Sprachverwirrung von allerlei »Beratern« und der »London School of Economics« gekommen. Früher einmal war der »Esoterrorismus« bloß eine Plage, heutzutage wird er dagegen immer mehr zur Religion.

# 4.
# Das Gesetz der Trivialität oder Der Punkt, an dem das Interesse erlischt

Es gibt zweierlei Menschen, die etwas von Hochfinanz verstehen: solche, die ein großes Vermögen ihr eigen nennen, und solche, die überhaupt nichts besitzen. Für den echten Millionär ist eine Million Pfund Sterling etwas durchaus Reales und Greifbares; für den Mathematiklehrer und Dozent für Volkswirtschaft (beide nagen vergleichsweise am Hungertuch) ist der Begriff von einer Million mindestens so faßlich wie der von tausend Pfund Sterling; beide Summen hat er noch nie besessen. Andererseits ist die Welt voller Menschen, die zwischen diese Kategorien fallen – voll von Menschen, die nichts von Millionen verstehen, aber geschult sind, in Tausendern zu denken. Und aus dieser Menschenklasse setzen sich die meisten Finanzausschüsse zusammen. Das Resultat ist ein Phänomen, das oft beobachtet, aber nie untersucht wurde. Man kann es als »Gesetz der Trivialität« bezeichnen. Es besagt:

*Die auf einen Punkt der Tagesordnung verwendete Zeit ist umgekehrt proportional zur Größe der Summe, um die es geht.*

Ich muß mich korrigieren. Die Behauptung, daß dieses Gesetz noch nie untersucht worden sei, ist nicht ganz korrekt. Es gibt Arbeiten auf diesem Gebiet, doch die Forscher verfolgten einen Weg, der in der Sackgasse endete. Sie nahmen an, die größte Bedeutung käme der Reihenfolge zu, in welcher Punkte auf der Tagesordnung erscheinen; sie nahmen an, der wesentliche Teil der Zeit, die für eine Ausschußsitzung zur Verfügung steht, werde auf die Punkte 1 bis 7 der Tagesordnung verwendet – so daß die restlichen Punkte sozusagen automatisch abgehakt würden. Das Ergebnis ist bekannt. Der Spott, mit dem der Vortrag eines gewissen Dr. Guggenheim auf der bekannten Dreckwertkonferenz aufgenommen wurde, erschien damals übertrieben. Spätere Diskussionen ergaben jedoch, daß man Guggenheims Kritikern recht gab. Jahre waren für eine Forschung verschwendet worden, deren Prämissen falsch waren. Heute wissen wir, daß die Reihenfolge der Punkte auf einer Tagesordnung von geringerer Bedeutung ist, wenigstens soweit es unser Problem betrifft. Nachträglich kann man sagen, daß Dr. Guggenheim Glück hatte, sozusagen in Unterhosen zu entkommen. Hätte er seine lahmen Erklärungen vor der Septemberkonferenz des gleichen Jahres vorgetragen, dann hätte ihn mehr als Spott erwartet. Man würde ihm vorgeworfen haben, bewußt die Zeit zu vergeuden.

Wollen wir bei diesen Forschungen überhaupt weiterkommen, dann müssen wir alles, was bisher geschah, in den Papierkorb werfen. Wir müssen noch einmal ganz von vorn anfangen und die tatsächliche Arbeitsweise eines Finanzausschusses studieren. Für den Durchschnittsleser läßt sich das recht gut in die Form eines kleinen Dramas kleiden:

*Vorsitzender:* »Wir kommen nun zu Punkt 9 der Tagesordnung. Unser Schatzmeister, Herr Sparsam, wird Ihnen Bericht erstatten.«

*Sparsam:* »Die Schätzung für einen neuen Atomreaktor liegt vor Ihnen. Es handelt sich um Anhang H im Bericht des Unterausschusses. Sie können daraus entnehmen, daß der Entwurf und die vorläufigen Pläne im ganzen von Professor Dr. Kernspalter gutgeheißen wurden. Die Bauunternehmer Hack & Schnapp nehmen an, die Arbeit könnte bis April 1963 vollendet sein. Herr Gebühr, der beratende Ingenieur, warnt jedoch, vor Oktober mit der Fertigstellung des Reaktors zu rechnen. Dr. Haufe, der bekannte Geologe, teilt dessen Meinung und weist darauf hin, daß man wohl das untere Ende des Geländes abstützen muß. Der Plan des Hauptgebäudes liegt vor Ihnen – in Anhang IX. Die Kopien sind auf dem Tisch ausgelegt. Zu weiteren Auskünften, die von den Ausschußmitgliedern gewünscht werden, stehe ich zur Verfügung.«

*Vorsitzender:* »Ich danke Ihnen, Herr Sparsam, für Ihre äußerst geistvolle Ausführung zum vorliegenden Plan. Ich bitte nun die einzelnen Herren, ihre Ansichten zu äußern.«

An dieser Stelle scheint es geraten, eine Pause einzuschalten und zu überlegen, welche Ansichten die Mitglieder wohl haben könnten. Nehmen wir an, der Ausschuß besteht aus elf Mann, einschließlich des Vorsitzenden, den Sekretär ausgenommen. Von diesen elf Mann wissen vier – einschließlich des Vorsitzenden – nicht, was ein Reaktor ist. Drei weitere haben keine Ahnung, wozu er dient. Von den restlichen vier Mann wissen nur zwei, was ein Reaktor überhaupt kosten darf. Es handelt sich um die Herren Isaac und Ziegel. Jeder von ihnen kann etwas zur Sache sagen. Wir dürfen annehmen, daß Isaac sich als erster äußert.

*Isaac:* »Herr Vorsitzender, mir wäre wohler zumute, wenn ich den Bauunternehmern und dem Gutachter etwas mehr Vertrauen entgegenbringen könnte. Wären wir sofort zu Prof. Levi gegangen, hätten wir Bauverträge mit den Herren David & Goliath abgeschlossen, dann könnte ich mich etwas beruhigter fühlen. Herr Daniel würde als beratender Ingenieur nicht unsere Zeit mit wilden Schätzungen über mögliche Terminverschiebungen vergeudet haben, und Dr. Moses Stier würde klipp und klar gesagt haben, ob man abstützen muß oder nicht.«

*Vorsitzender:* »Ich nehme an, daß Sie alle die Sorge des Herrn Isaac um eine möglichst befriedigende Vollendung des neuen Werkes schätzen. Doch scheint es mir zu spät, um neue technische Berater heranzuziehen. Natürlich muß der Hauptkontrakt erst noch unterzeichnet werden, aber wir haben bereits beträchtliche Summen für Gutachten ausgegeben. Wenn wir jetzt diese Gutachten zu den Akten legen, müssen wir für eine neue technische Beratung nochmals dasselbe veranschlagen.«

Die anderen Mitglieder murmeln Beifall.

*Isaac:* »Ich bitte darum, meine Einwände zu Protokoll zu nehmen.«

*Vorsitzender:* »Selbstverständlich. Vielleicht hat Herr Ziegel noch etwas zur Sache zu sagen?«

Nun ist Ziegel wahrscheinlich der einzige, der etwas zur Sache zu sagen hat. Er könnte eine Menge sagen. Er mißtraut der runden Summe von zehn Millionen. Warum ausgerechnet eine so glatte Zahl? Warum will man das alte Gebäude einreißen und ein neues an seine Stelle setzen? Und wer ist dieser Geologe Dr. Haufe? Handelt es sich etwa um den gleichen Mann, der im vergangenen Jahr von der Ölgesellschaft Tröpfel & Trocken verklagt worden war? Aber Ziegel weiß nicht, wo er anfangen soll. Die übrigen Mitglieder könnten die Kopien nicht lesen, von denen er sprechen müßte. Er müßte ganz von vorne anfangen und erklären, was ein Reaktor ist – aber keiner seiner Kollegen würde zugeben, daß er das nicht weiß. Am besten, man sagt gar nichts.

*Ziegel:* »Ich habe nichts dazu zu sagen.«

*Vorsitzender:* »Sonst noch jemand? Sehr gut! Dann darf ich annehmen, die Pläne und Voranschläge sind akzeptiert. Danke! Ich darf also jetzt in Ihrem Namen den Hauptvertrag unterschreiben?« (Zustimmendes Gemurmel.) »Danke sehr. Wir kommen damit zu Punkt 10 der Tagesordnung.«

Rechnet man noch ein paar Sekunden Zeit für das Rascheln mit Papier und Entfalten von Diagrammen ein, dann wurden für die Erledigung von Punkt 9 der Tagesordnung (zehn Millionen Pfund) effektiv zweieinhalb Minuten verwendet. Die Sitzung läuft gut. Doch ein paar Mitglieder beschleicht ein Unbehagen, was Punkt 9 anbelangt. Sie fragen sich, ob sie wirklich bei Punkt 9 ihren vollen Einfluß geltend gemacht haben. Es ist jetzt zu spät, noch etwas an dem Reaktorprojekt zu ändern, aber sie würden gerne noch vor Ende der Sitzung demonstrieren, daß sie wach sind und ihre Augen offenhalten.

*Vorsitzender:* »Punkt 10: Fahrradunterstand für die Angestellten des Hauptbüros. Nach einem Kostenvoranschlag von Splitter & Holzwurm kann die Arbeit für 350 Pfund Sterling fix und fertig hingestellt werden. Pläne und Spezifizierungen der Arbeit liegen Ihnen vor, meine Herren!«

*Weichlich:* »Nein wirklich, Herr Präsident, diese Summe ist exorbitant! Ich sehe gerade, daß das Dach mit Aluminium gedeckt werden soll. Ja, genügt denn da nicht billigere Dachpappe?«

*Mühsam:* »Was Weichlich über die Kosten sagt, deckt sich ganz mit meiner Auffassung. Nur bin ich für ein Dach aus Wellblech. Nach meiner Schätzung müßte der Unterstand für 200 Pfund Sterling oder weniger zu bauen sein!«

*Kühn:* »Ich gehe noch weiter, Herr Vorsitzender, und frage rundheraus, ob der Fahrradunterstand wirklich nötig ist. Wir tun zu viel für das Personal. Es wird nie zufrieden sein, und das ist das Problem. Nächstens wird es Garagen fordern . . .«

*Mühsam:* »Nein, ich kann diese Ansicht von Herrn Kühn nicht teilen. Ich glaube, der Unterstand ist notwendig. Es geht hier nur um die Kosten und das Material.«

Die große Debatte läuft. Eine Summe von 350 Pfund ist in jedermanns Reichweite. Jeder weiß, wie ein Fahrradunterstand aussieht. Die Diskussion erstreckt sich über die nächsten 45 Minuten und kann möglicherweise zu einer Ersparnis von fünfzig Pfund Sterling führen. Schließlich lehnen sich die Mitglieder befriedigt zurück.

*Vorsitzender:* »Punkt 11 der Tagesordnung. Betrifft Erfrischungen, die auf den Sitzungen des Betriebsfürsorge-Ausschusses gereicht werden. Monatliche Ausgabe: Zwei Pfund Sterling.«

*Weichlich:* »Darf man erfahren, welcherart diese Erfrischungen sind?«

*Vorsitzender:* »Kaffee, versteht sich!«

*Mühsam:* »Und das bedeutet eine jährliche Ausgabe von . . . lassen Sie sehen . . . von 24 Pfund Sterling?«

*Vorsitzender:* »So ist es.«

*Kühn:* »Das geht jetzt wirklich zu weit. Ich bezweifle, ob eine solche Ausgabe gerechtfertigt ist. Wie lange dauern die jeweiligen Sitzungen?«

Diese Debatte verläuft noch wesentlich hitziger als die vorangegangene. Es ist möglich, daß es Finanzausschuß-Mitglieder gibt, die den Unterschied zwischen Dachpappe und Wellblech nicht kennen; aber jeder Mensch versteht etwas von Kaffee: was er ist, wie man ihn macht, wo er gekauft werden soll – und vor allen Dingen, ob man ihn überhaupt kaufen soll. Dieser Punkt der Tagesordnung beschäftigt die Mitglieder des Finanzausschusses volle fünf Viertelstunden; die Debatte endet damit, daß der Sekretär den Auftrag erhält, weitere Informationen zu beschaffen, was die Entschlußfassung auf die nächste Sitzung verschiebt.

An diesem Punkte fragt man sich unwillkürlich, ob eine noch kleinere Summe – zehn oder vielleicht fünf Pfund Sterling – den Ausschuß nicht proportional länger beschäftigen könnte. Doch so weit, müssen wir leider gestehen, ist unsere Kenntnis von den Vorgängen noch nicht gediehen. Man kann, mit allen Vorbehalten, schließen, daß es einen Punkt geben muß, an dem diese Tendenz umkippt und sich ins Gegenteil verwandelt – einen Punkt, an dem die Mitglieder konstatieren, die Summe liege unterhalb ihrer Würde. Untersuchungen über diesen sogenannten Punkt stehen noch aus. Der Übergang von einer 24-Pfund-Sterling-Debatte (75 Minuten) zu der Zehn-Millionen-Debatte (zweieinhalb Minuten) ist in der Tat abrupt. Um so interessanter wäre es, wenn man den Punkt genauer bestimmen könnte. Mehr noch, es wäre von großem praktischem Wert. Läge nämlich dieser »Punkt des schwindenden Interesses« bei fünfzehn Pfund Sterling, dann könnte der Schatzmeister eines Finanzausschusses die Ausgabe von 26 Pfund Sterling in zwei Punkte der Tagesordnung zu vierzehn und zwölf Pfund Sterling aufspalten, wodurch erheblich Zeit und Energie gespart würde.

Das sind aber alles nur hypothetische Erwägungen. Wir geben sie nur zögernd weiter, weisen aber darauf hin, daß bereits Gründe für die Annahme vorliegen, der Punkt des schwindenden Interesses sei äquivalent jener Summe, welche ein Mitglied des Finanzausschusses bereitwillig auf einer Pferdewette verliert oder für wohltätige Zwecke spendet. Untersuchungen, die inzwischen auf Rennplätzen und in Klingelbeuteln angestellt wurden, können eines Tages mehr Licht in dieses Dunkel werfen. Wesentlich schwieriger allerdings scheint es, den Punkt zu bestimmen, an dem eine Summe zu groß wird, um noch diskutiert zu werden. Eines steht hier bereits fest: Die Zeit, die für eine Ausgabe von zehn Millionen Pfund Sterling gebraucht wird, dürfte die gleiche sein wie die Zeit, die für eine Ausgabe von zehn Pfund Sterling gebraucht wird. Daß wir dafür heute zweieinhalb Minuten einsetzen, ist sicher noch nicht exakt. Richtiger wäre es, zu sagen, ein Zeitaufwand von zwei bis viereinhalb Minuten genügt, um die kleinste oder die größte Summe durch einen Finanzausschuß zu bringen.

Vieles bleibt noch zu erforschen. Doch wenn die endgültigen Ergebnisse eines Tages publiziert werden, müßten sie für die Menschheit von ungeheurem Interesse und größtem Nutzen sein.

# 5.
# Grenzen der Besteuerung oder Der Strangulierungsprozeß

Man kann die Steuern in zwei große Kategorien einteilen: in solche Steuern, die wir uns selbst aufbürden, und solche, die wir anderen auferlegen. Steuern der ersten Kategorie finden sich in der Geschichte außergewöhnlich selten und pflegen sich selbst zu beschränken. Ihrer Natur nach sind sie auf Ausnahmefälle – also etwa auf Zeiten eines besonderen Staatsnotstandes – beschränkt, und sobald die Ausnahmesituation beendet ist, fallen Sondersteuern dieser Art meist wieder weg. In den USA hat es anfangs eine solche Steuer gegeben, und auch im England des 19. Jahrhunderts ist dergleichen vorgekommen, wenngleich auch nur vorübergehend. Andere Beispiele finden sich in der moderneren Geschichte wie in der Antike.

Ungleich öfter als selbstauferlegte Steuern findet man jedoch fremdbestimmte, also von irgendeiner Obrigkeit den steuerpflichtigen Untertanen auferlegte Abgaben. Alle in den alten Feudalstaaten eingehobenen Steuern fallen ebenso in diese Kategorie wie in der Gegenwart alle jene abgestuften Steuern, welche über dem durchschnittlichen Steuersatz liegen. Steuern dieser Art werden immer von solchen Personen eingeführt, die sich mit größter Wahrscheinlichkeit ausrechnen können, daß sie selber die jeweils höchsten Steuersätze nicht treffen werden.

Die fremdbestimmten Steuern, also jene, welche von einer von diesen Abgaben nicht betroffenen Personengruppe anderen Personengruppen auferlegt werden, steigen unvermeidlich ebenso wie die Staatsausgaben, und die Staatsausgaben steigen gemäß dem zweiten Parkinsonschen Gesetz.

Ein Ende dieses Wachstums wird erst dann erreicht, wenn die Opfer – also die Steuerpflichtigen – sich weigern zu zahlen; und bis dahin werden die Steuern, ganz dem Prinzip vom unaufhaltsamen Wachstum entsprechend, ansteigen. In alten Zeiten war dieser Punkt der Verweigerung erreicht, sobald die Steuerbelastung wesentlich über 10 Prozent des Bruttoeinkommens stieg. Unsere Informationen zu dieser Frage sind unbestritten gering, aber nach den uns zugänglichen Quellen liegt die Steuerbelastung zwischen 5 und 10 Prozent in jenen Fällen, in denen es zu einem vollständigen Zusammenbrechen der jeweils betroffenen Volkswirtschaft gekommen ist. Heute kann man als Faustregel festhalten, daß die von den Steuerpflichtigen noch hingenommene steuerliche Belastung etwas über jenen Kosten liegt, welche für eine erfolgreiche Steuerhinterziehung in Anschlag zu bringen wären.

Als noch tragbare Belastung sah man beispielsweise früher einen Zollsatz von 2,5 Prozent an, bei der Steuer für Grundbesitz lag dieser Prozentsatz dagegen bei etwa 10. Diese Prozentsätze waren gewiß kein Zufall, sondern standen offenbar im ursächlichen Zusammenhang mit den Kosten und Risiken einer Auswanderung aus dem Steuergebiet. Ein frühes Beispiel einer derart motivierten Auswanderung findet sich im Buche Exodus. Der ägyptische Pharao besteuerte die Israeliten in Form einer Dienstleistungspflicht: »Die Ägypter aber quälten diese mit Arbeitslast und verbitterten ihnen das Leben bei harter Fron mit Lehm-, Ziegel- und allerlei Feldarbeit...« Zu irgendeinem Zeitpunkt, welcher für die hier anzustellenden Untersuchungen nicht weiter von Bedeutung ist, hatten die Kinder Israels offenbar genug und beschlossen, sich auf die Wanderschaft zu machen, um der ägyptischen Fronknechtschaft zu entgehen.

In Malaysia pflegten die chinesischen Bergleute im 19. Jahrhundert einem einheimischen Häuptling bis zu 10 Prozent ihres Fördereinkommens aus den Zinnminen als »Schutzgebühr« zu bezahlen. 10 Prozent: Das war das Limit – verlangte der Häuptling mehr als 10 Prozent, wanderten die Chinesen in ein anderes Fördergebiet ab, in dem der Häuptling weniger verlangte. Man sieht die Parallelen. Wo die Häuptlinge sich ähnlich wie der Pharao verhielten, erzielten sie auch eine vergleichbare Reaktion.

Man kann aus historischen Beispielen die grundsätzliche Regel ableiten: Der werktätige Teil der Weltbevölkerung ist zu dem Schluß gelangt, daß immer und überall irgendeine Obrigkeit etwa 10 Prozent des Arbeitsertrages als Abgabe in Anspruch nimmt. Wer diese Obrigkeit verkörpert, ist in diesem Zusammenhang völlig gleichgültig – es kann sich dabei ebensogut um ein Gangstersyndikat handeln wie um einen Feudalherrn oder etwa um das zuständige Finanzamt. Wer auch immer kassieren mag – für die zur Kasse Gebetenen ist das Ergebnis stets gleich. Und wer sich seiner Steuerpflicht durch Flucht zu entziehen vermag, läuft erfahrungsgemäß stets einem anderen in die erpresserisch geöffneten Fangarme. Man kann also durchaus zu dem Schluß gelangen, daß die Verpflichtung zur kontinuierlichen Ablieferung eines Obulus von etwa 10 Prozent an die jeweilige Obrigkeit beinahe die Wertigkeit eines Naturgesetzes besitzt.

Steigt die Belastung über diese Prozentmarke, beginnen – um wieder zum historischen Beispiel zurückzukehren – die Söhne Israels suchend im Atlas zu blättern. Vielleicht, so mögen sich die Israeliten damals gesagt haben, mochte Ägypten doch nicht der ideale Lebensraum für sie sein. Man weiß, daß sie mit ihrer Annahme recht behalten sollten.

Studiert man die Geschichte des öffentlichen Abgabewesens, so ist man versucht zu sagen, Steuerpflichtige seien allzeit und überall bereit, einen Teil ihres Einkommens – beispielsweise bis zu 10 Prozent – dem jeweiligen Steuerherrn abzuliefern. Ein Schluß dieser Art wäre jedoch nicht nur voreilig, sondern völlig falsch, denn normaldenkende Menschen sind niemals und zu keiner Zeit wirklich bereit, der Obrigkeit freiwillig auch nur den geringsten Teil ihres Einkommens zu überlassen.

Mag die steuerliche Belastung nun nach objektiven Maßstäben tatsächlich drückend oder bloß gemäßigt sein, die Menschen werden nicht aufhören, gegen diese Belastung zu protestieren. Wenn uns die Gelehrten glauben machen wollen, die alten Chinesen etwa hätten die Ablieferung eines Zehntels von ihrem jeweiligen Einkommen an den Steuerherrn als »vollständig gerecht und tragbar« angesehen, so irren sich die Männer der Wissenschaft in diesem Punkte gründlich. Tatsache ist allerdings, daß die Chinesen den »Zehnten« als Steuerlast für gleichermaßen gebräuchlich und unvermeidbar hielten.

Man darf jedoch die offensichtliche Steuerergebenheit antiker Völker nicht isoliert betrachten, sondern stets nur im Zusammenhang mit jenen Umständen, welche ihrer Steuerpflicht gewisse Grenzen auferlegten. Dazu muß man wissen, daß sowohl im alten China wie auch im Römischen Reich ein Wohnsitzwechsel – zumindest zwischen einzelnen Provinzen – relativ einfach war. Die Situation ist allerdings eine völlig andere, wenn ein Wohnsitzwechsel nicht möglich ist oder deshalb seinen Reiz verliert, weil der Steuerdruck überall gleichmäßig schwer ist. Unter solch drastisch veränderten äußeren Umständen verliert die magische 10-Prozent-Grenze ihre Bedeutung, und die Steuern steigen bis zu einem Maximalpunkt. In dieser wenig angenehmen Lage eines »Gefangenen« befindet sich der Steuerzahler des modernen Nationalstaates. In seinem Falle steigen die Steuern weiter, bis sie von neuem einen Sättigungspunkt erreichen, also einen Prozentsatz, an dem der Steuerwiderstand einsetzt. Von besonderem Interesse ist selbstverständlich die Frage, wo dieser Punkt liegt.

Der überaus fähige viktorianische Nationalökonom James R. McCulloch hat dazu geschrieben: »Man sagt, daß die Unterdrückung Männer entweder zu Helden emporhebt oder in der Sklaverei versinken läßt; und die Besteuerung – ihre Mächtigkeit und die Art und Weise, wie sie den Betroffenen auferlegt wird – läßt Männer entweder strebsam, wagemutig oder reich werden, oder sie macht sie verzagt und läßt sie in Verarmung fallen.«

McCulloch sieht die wesentlichen Parameter für den »oberen Steuerpunkt« also in der jeweiligen individuellen Reaktion der Steuerpflichtigen auf den gegen sie ausgeübten Steuerdruck – ein Verhalten, welches selbstverständlich nach den Umständen stark variieren kann. Aus den weiteren Ausführungen McCullochs läßt sich jedoch erkennen, daß er durchaus eine Grenze sieht. So gelangte er zu dem Schluß, über 10 bis 15 Prozent vom Einkommen der Steuerpflichtigen als direkte Abgaben müßten massiven Steuerwiderstand hervorrufen – tatsächlich ein solches Maß an Widerstand, daß die Erbringung der geforderten Steuerleistung bereits als ehrenwidrig angesehen und die Steuerhinterziehung daher geradezu herausgefordert werde.

Dazu McCulloch: »... würde nämlich die Steuer auf 10, 15 oder gar 20 Prozent nach oben gedrückt, müßte derartiges zur ganz offenbaren Prostitution jedes Prinzips führen und damit die Ehrenhaftigkeit in Frage stellen, welche doch die einzig sichere Grundlage der nationalen Ehre und Tugend ist.«

Hinter McCullochs Worten steht mehr als bloßes Erfahrungswissen. Wo der Steuerpflichtige dem als zu mächtig empfundenen Steuerdruck nicht durch Verlegung seines Wohnsitzes zu entgehen vermag, wird er danach trachten, der Steuerlast auf andere Weise zu entkommen. So berichten manche Quellen darüber, daß die britischen Steuerzahler beispielsweise im Jahre 1909 die theoretische steuerliche Belastung von einem Shilling pro verdientem Pfund Sterling praktisch auf bloß 7,75 Pence pro Pfund Sterling herunterzudrücken verstanden haben.

Sobald mehr als 10 Prozent des Einkommens versteuert werden, verstärken die Steuerpflichtigen ihre Bemühungen zur Steuerhinterziehung ganz beträchtlich, weil sich die zu diesem Zwecke angestellten Anstrengungen eher lohnen als etwa der Versuch, durch die Erschließung zusätzlicher Einnahmequellen die Einkommensverluste durch steuerlichen Abzug zu kompensieren. Überdies muß in diesem Zusammenhang ja in Rechnung gestellt werden, daß auch zusätzliche Einkommen ebenso der Steuerpflicht unterliegen wie das bereits zuvor Erzielte. Es ist völlig klar: Jede direkte Steuer, welche das Einkommen des Steuerpflichtigen um 10 bis 20 Prozent schmälert, lenkt die Initiative und den Einfallsreichtum der Betroffenen mit großer Wahrscheinlichkeit in andere Kanäle ab, und zwar in solche, die für die Allgemeinheit ohne jeden Nutzen bleiben. Ja, mehr als das, schöpferische Energie und Geisteskraft wird damit vergeudet, daß der Steuerpflichtige einen Großteil seiner Geisteskräfte dazu einsetzt, den Steuerhäschern zu entgehen, und sich andererseits diese mit vergleichbarer Anstrengung bemühen, dem Steuerhinterzieher doch noch auf die Spur zu kommen.

Obwohl Steuerfahnder in diesem Zusammenhang oft wirklich unglaubliche Geistesschärfe beweisen, nehmen doch anläßlich jeder Steuererhöhung die tatsächlich erzielten Steuereinnahmen proportional ab. Derartiges läßt zumindest theoretisch den Schluß zu, zu einem bestimmten Zeitpunkt könnte die x-te Steuererhöhung nur noch zu einem Nullwachstum des Steueraufbringens führen. Noch ehe dieser Zustand erreicht wäre, würde sich allerdings die Situation auf andere Weise entscheidend verändern.

Der britische Nationalökonom Lord Keynes hat sich erstmals im Jahre 1923 mit der Frage beschäftigt, was geschieht, wenn die direkten Steuern auf ein Viertel des Nationaleinkommens anwachsen. Er war es, der betonte, daß die steuerliche Belastung – sofern sie über ein bestimmtes Maß hinausgeht – Initiator der Inflation ist. Wenn die von der Industrie erzielten Gewinne zu massiv besteuert werden, kann der Unternehmer dem Steuerdruck durch die teilweise Weitergabe seines Profits an die in seinem Unternehmen beschäftigten Arbeitnehmer ausweichen – das ist ein Akt der Großzügigkeit, der nicht viel kostet. Auf diese Weise nimmt die natürlich-ablehnende Haltung des Arbeitgebers den Lohnforderungen der Belegschaft gegenüber ab, und dies wiederum zieht einen Kaufkraftverlust des Geldes nach sich.

Selbstverständlich kann der Unternehmergewinn auf verschiedene Art und Weise weitergegeben werden, so beispielsweise auch durch die Finanzierung nicht nur der Unterhalts-, sondern auch der Unterhaltsbedürfnisse von Dienstnehmern. Nicht zufällig wenden amerikanische Fachleute ihre Aufmerksamkeit den inflationären Auswirkungen der sogenannten »Spesenkontenwirtschaft« zu. Viele Angestellte in mittleren Positionen ziehen ein reichlich ausgestattetes Spesenkonto einer Gehaltserhöhung vergleichbaren Ausmaßes vor, weil jede Gehaltserhöhung sofort ein weiteres Ansteigen der Einkommenssteuerbelastung nach sich ziehen und in der Regel in nüchterner Form ausgegeben würde.

Mit Spesenkonten ausgestattete Führungskräfte findet man meist in sogenannten »Spesenrestaurants«, in gediegenen Häusern, welche ebenso gediegene »Arbeitsessen« bereithalten. Ob die für solche Menüs in Rechnung gestellten Preise ebenfalls gediegen sind, muß allerdings dahingestellt bleiben: Das vornehm gedämpfte Licht verhüllt beim Blick auf die Speisekarte die jeweils geforderten Preise im gnädigen Halbdunkel – ein Umstand, welcher allerdings letzten Endes bei »Spesendiners« nicht wesentlich ins Gewicht fällt. Vom Standpunkt des jeweiligen Dienstgebers kommt die »Verleihung« eines Spesenkontos ihrer Funktion nach einer nicht besonders exorbitanten Gehaltserhöhung gleich, für die Allgemeinheit dagegen bedeutet die Einrichtung jedes weiteren Spesenkontos einen kleinen inflationsfördernden Schritt.

Da die Inflation ständig fortschreitet, findet auch eine Politik der Abwertung allgemeine Unterstützung, mit der Konsequenz, daß die letztlich Betrogenen die Kreditgeber des Staates, nämlich die Besitzer von Staatsanleihen sind – aber daran hat man sich ja bereits beinahe gewöhnt. Ist die allgemeine Inflation schließlich weit genug fortgeschritten, behilft sich die Finanzverwaltung bzw. der Gesetzgeber mit der Streichung eines Teiles der Staatsschulden. Damit wird der Staat wieder zahlungsfähig – eine Tatsache, welche allerdings in der Folge mit einem allmählichen Wertabfall des Steueraufkommens bezahlt werden muß.

Der Wissenschaftler Colin Clark hat bereits im Jahre 1945 die Ansicht vertreten, die Gesamtsteuerlast dürfe 25 Prozent des Nationaleinkommens niemals übersteigen, weil andernfalls der wirtschaftlich beabsichtigte Effekt der Besteuerung überhaupt nicht mehr erreicht werden könne. Dieses Argument hat damals in Fachkreisen größtes Interesse erregt, über seine Richtigkeit gingen die Meinungen dagegen von Anfang an auseinander. Während man sich grundsätzlich einig war, daß jeder Steuersatz eine obere Grenze haben müsse, glaubte man aber, diese würde je nach Nationalcharakter und anderen Umständen variieren.

Sir Stafford Cripps hat beispielsweise die Meinung vertreten, daß die Briten jedes Maß an steuerlicher Belastung geduldig und ohne Murren hinzunehmen bereit wären, und genau diese Ansicht scheint sich in der Steuerpolitik der Finanzbehörden in diesem Land vollständig durchgesetzt zu haben.

Tatsächlich gibt die Entwicklung des britischen Steuersystems den Feststellungen von Sir Stafford recht. Bereits im Jahre 1938 wurden von den lokalen und zentralen britischen Steuerbehörden nicht weniger als 25,4 Prozent des Nationaleinkommens von Staats wegen abgeschöpft, und bis zum Jahre 1947 hatte sich dieser Prozentsatz bereits auf 39,8 erhöht. Obwohl im Jahre 1950 insgesamt 40,1 Prozent des Nationaleinkommens den englischen Steuereinnehmern zum Opfer fielen, blieb der zu befürchtende Zusammenbruch der Volkswirtschaft auch weiterhin aus. Die Problematik dieser Entwicklung wurde im Rahmen des im Jahre 1953 abgehaltenen Symposiums des »Tax Institute« ausführlich diskutiert, wobei die anwesenden Fachleute mehr oder weniger einhellig zu dem Schlusse gelangten, daß die Briten im Begriffe seien, sich mit Hilfe ihrer eigenen Steuerschraube wirtschaftlich zu zerquetschen. Nur wenige der anwesenden Finanzwissenschaftler waren allerdings bereit, sich verbindlich auf einen ihrer Meinung nach noch vertretbaren Maximalsteuersatz festzulegen, und noch weniger Fachleute mochten sich zur Formulierung einer Regel entschließen, welche für jede Volkswirtschaft und zu allen Zeiten Gültigkeit haben sollte.

Eine Tatsache läßt sich allerdings zweifelsfrei feststellen: Wenn es um ihre Existenz geht, sind die Menschen bereit, auch die schwersten steuerlichen Belastungen auf sich zu nehmen. Wenn die einzige Alternative die vollständige nationale Vernichtung ist, wird selbst die steuerliche Abschöpfung der Hälfte des gesamten Nationaleinkommens ohne viel Klagen hingenommen. Der finanzielle Opfermut des Volkes beginnt erst dann zu wanken, wenn der Wert der weiteren Existenz selbst in Frage gestellt wird. Es ist eine Erfahrungstatsache, daß eine Krisenstimmung auch nach Entfall ihres eigentlichen Anlasses – also etwa nach Beendigung eines Krieges – noch eine Zeitlang weiter aufrechterhalten werden kann. Appelle an den Patriotismus lassen sich wunderbar mit der beabsichtigten Schaffung einer neuen und besseren Welt koppeln. Es ist zwar sicherlich logisch nur sehr schwer zu begründen, daß eine eben stattgefundene Orgie der staatlich befugten wechselseitigen Zerstörung auf direktem Wege zur Entstehung eines irdischen Paradieses führen sollte, dennoch werden dergleichen Versprechungen gerne gegeben und oft für bare Münze genommen. So haben zumindest die britischen Steuerzahler jahrelang ohne das geringste Murren bis zu 40 Prozent des jährlichen Nettoeinkommens in den Topf der Steuerbehörden geworfen.

Es ist nicht unverständlich, wenn unter dem Eindruck derartiger Erfahrungen die Regierungsverantwortlichen am Ende zu dem Schluß gelangen, daß die steuerpflichtigen Bürger tatsächlich jede Belastung praktisch ad infinitum geduldig auf sich zu nehmen bereit sind. Tatsächlich aber kumulieren sich die Auswirkungen einer andauernden, allzusehr drückenden steuerlichen Belastung, machen sich aber nur recht langsam bemerkbar. Die historische Erfahrung beweist ganz deutlich, daß durch allzustarken Steuerdruck im Laufe der Jahre ein wirtschaftlicher Strangulierungsprozeß eintritt. In der Gegenwart hat sich das Tempo dieser Entwicklung zwar vergrößert, aber noch nicht genügend, um wahrgenommen zu werden. Um so wichtiger ist es geworden, auf die Symptome dieser schleichenden wirtschaftlichen Erkrankung hinzuweisen; denn sie deuten auf einen allmählichen Verlust von internationalem Einfluß, Freiheit und wirtschaftlicher Stabilität.

Der Verlust an internationalem Einfluß eines Staates ist direkte Folge eines Verlustes an nationaler Stärke. In diesem Zusammenhang ist die nachstehende statistische Aufstellung von Interesse: Sie gibt Auskunft über das Steueraufkommen einiger der bedeutendsten potentiellen kriegführenden Staaten in einer europäischen bzw. weltweiten militärischen Auseinandersetzung. Sämtliche nachstehend wiedergegebenen Werte stammen aus dem Jahre 1909, also aus der Zeit vor Beginn des Ersten Weltkrieges.

Der allgemeine Entwicklungsstand und der volkswirtschaftliche Reichtum waren in den genannten Staaten sehr unter-

| | Bevölkerungszahl | Steueraufkommen in Pfund Sterling |
|---|---|---|
| Großbritannien | 45 469 000 | 151 955 000 |
| Frankreich | 39 252 000 | 111 686 082 |
| Österreich-Ungarn | 51 251 000 | 95 055 544 |
| USA | 88 926 000 | 109 384 916 |
| Deutsches Reich | 63 879 000 | 88 055 333 |
| Rußland | 160 095 000 | 72 853 500 |
| Italien | 34 270 000 | 50 577 962 |
| Japan | 53 273 000 | 32 831 510 |

schiedlich. Trotzdem bleibt die Tatsache, daß die steuerliche Belastung in Großbritannien am massivsten war; einen schlechten zweiten Platz hinter den Briten nahmen die Franzosen ein, an einem verhältnismäßig guten dritten Platz hinter den Franzosen standen die Einwohner der österreichisch-ungarischen Monarchie. Diese drei Länder waren es dann aber auch, die im Gefolge des Ersten Weltkrieges wohl am entscheidendsten an Macht und internationalem Einfluß verloren haben, während das internationale Ansehen jener beiden Staaten, welche ihre Bürger mit der verhältnismäßig geringsten Steuerlast belegten, am stärksten zunahm.

Im Jahre 1938 war die Reihenfolge der am stärksten besteuerten Länder eine andere: Deutschland, Großbritannien und Frankreich. Also wieder die Staaten, welche im Gefolge des Zweiten Weltkrieges am entscheidendsten an Einfluß verlieren sollten. Obwohl sicherlich auch andere Faktoren eine Rolle spielen, so zeigt sich doch, daß eben ein Land wie die USA, das im Jahre 1938 Reichtum der Volkswirtschaft mit geringer Steuerlast vereinte, doch wesentlich stärker war als ein Land, das schon hoch besteuert wurde, bevor der Krieg überhaupt begann. Der Kontrast zwischen potentiell hoher steuerlicher Leistungskraft und aktuell geringer Steuerlast ist ein sicheres Zeichen latenter Stärke. Trotzdem findet sich diese Kombination nur recht selten in der Welt.

Andererseits wird es der Aufmerksamkeit potentieller »Feindstaaten« mit Sicherheit nicht entgehen, daß in der Gegenwart die steuerliche Belastung in Großbritannien und in Frankreich besonders hoch ist: Aus diesem Umstand läßt sich mit Sicherheit schließen, daß beide Staaten in Zukunft nie wieder kämpfen werden, außer wenn es um die Verteidigung ihrer Grenzen geht.

Auch in internationalen Angelegenheiten wird der Einfluß eines solchen, seiner sichtbaren Stärke beraubten Landes schwinden. Niemand wird glauben, ein Staat, der seine Zähne nicht mehr zeigen kann, würde etwas unternehmen, um seine weiteren Interessen zu erhalten oder gar auszubauen. Natürlich kann ein solcher Staat auch keine maßgebliche Rolle im Bemühen zur Erhaltung des Weltfriedens spielen. Man wird ihn in der Regel ignorieren dürfen.

Die erste Folge einer hohen steuerlichen Belastung in Friedenszeiten ist also die Abnahme an internationalem Einfluß des betreffenden Staates. Die zweite Folge ist eine Einbuße an persönlicher Freiheit. In diesem Zusammenhang können die Worte des amerikanischen Präsidenten Thomas Jefferson wohl nicht oft genug wiederholt werden:

»Meiner Ansicht nach ist die Sparsamkeit eine der ersten und bedeutendsten Tugenden, die öffentliche Verschuldung dagegen sollte man als die wohl größte aller Gefahren fürchten ... Wenn wir unsere Unabhängigkeit bewahren wollen, dürfen wir unseren Führern niemals gestatten, daß sie uns mit öffentlichen Schulden belasten ... Wir müssen uns entscheiden für Sparsamkeit und Freiheit einerseits oder für Luxus und Knechtschaft auf der anderen Seite ... Sollten wir aber wirklich einmal in Schulden geraten sein, dann soll man uns besteuern an Speis und Trank, an den Notwendigkeiten und Bequemlichkeiten, an unserer Arbeit und an unserem Vergnügen ... Wenn wir die Regierenden davon abhalten können, die Arbeitskraft der Menschen unter dem bloßen Vorwande, daß man doch für sie sorge, zu verschwenden, werden sie glücklich sein.«

Was für prophetische Worte! Die Arbeitskraft der Menschen verschwenden, »unter dem Vorwand, daß man doch für sie sorge« – das ist genau das, was unsere Regierung praktiziert. Freiheit gibt es jedoch nur dort, wo es Privateigentum gibt. Dazu gehört auch die Möglichkeit der Selbstverwirklichung in Architektur und Kunst. Wo einer herrschenden Klasse alles gehört, kann es keine Freiheit geben, auch wenn gelegentlich ein paar Pfründen und Lehen an einige begünstigte Untertanen verteilt werden. Aber heutzutage ist man ja bereits auf dem Standpunkt angelangt, frei verfügbares Vermögen sei geradezu als Geschenk der Obrigkeit anzusehen.

Es gibt Steuern, die einfach mit dem Prinzip der persönlichen Freiheit unvereinbar sind. Das sind Steuern, die auf eine künstliche Gleichmacherei hinauslaufen, Steuern, welche ihrem Ausmaß nach über den Bedürfnissen der Öffentlichkeit liegen, und schließlich Steuern, welche die Bildung von Kapital in privater Hand ausschließen sollen. Wenn der Staat erst allmählich alles besitzt, ist der einzelne ihm machtlos preisgegeben: Weder hat er die Mittel, sich zur Wehr zu setzen, noch hat er etwas zu verteidigen. Die Selbstverwirklichung eines ganz normalen Menschen, der weder kreativer Künstler noch Wissenschaftler ist, besteht darin, Räume zum Einrichten, Gärtchen zum Pflegen, Bäume zum Pflanzen und Kinder zum Aufziehen zu haben. Gehen jedoch auch diese Ausdrucksmöglichkeiten verloren, so verlieren sich Individualität, Freiheit und Hoffnung gleichermaßen.

Der dritte Faktor, der in der negativen Wirkungsbilanz hoher Besteuerung auch in Friedenszeiten erscheint, ist schließlich der Verlust an Stabilität. Es gibt viele menschliche Errungenschaften – und nicht die geringsten –, welche zu ihrer Verwirklichung der Mühen mehr als bloß einer Generation bedürfen. Ein einzelner mag eine Symphonie komponieren oder ein Gemälde schaffen, er kann ein Geschäftshaus aufbauen oder den gestörten Bürgerfrieden wiederherstellen. Aber es gibt Aufgaben, welche ein einzelner einfach nicht bewältigen kann: Hat jemals ein Mann alleine eine Kathedrale gebaut? Hat einer alleine eine schattenspendende Eichenallee wachsen lassen?

Ebensowenig kann ein Individuum sich all jene besonderen Eigenschaften aneignen, welche ein Staatsmann in unserer hochentwickelten und überaus komplizierten Gesellschaft haben sollte. Was tatsächlich not tut, ist eine Kontinuität von

Anstrengungen über Generationen hinweg; genau die Kontinuität und Stabilität, wie sie Staatskabinetten meist vollständig verlorengeht. Gerade im demokratisch regierten Staat muß man sich damit abfinden: Wo das freie Spiel der politischen Kräfte herrscht, wo politische Fraktionen gleichermaßen koalieren und sich duellieren, kann es keine beständige und stabile Politik geben.

Eine Familie kann beispielsweise – biologisch gesehen – wesentlich stabiler sein als die moderne Legislative. Sucht man nach Stabilität in der Gesellschaft, wird man nach der Familie fragen müssen. Wie aber, so muß man sich fragen, soll denn die Familie funktionieren, wenn sie zu Lebzeiten gnadenlos von der Steuerbehörde ausgepreßt wird und der Staat bei jedem Sterbefall zu einer teilweisen Vermögenskonfiskation greift? Wie soll unter solchen Voraussetzungen eine Generation das Sprungbrett für die nächste aufbauen? Ohne ein solches Sprungbrett aber müssen alle jeweils von vorne anfangen, und niemand kann herausragen; und wo niemand herausragen kann, gibt es auch nichts Herausragendes. Ohne ununterbrochene Anstrengung aber, ohne Stabilität kann keine Zivilisation aut Dauer überleben.

Nach diesen Ausführungen überhaupt noch von Steuern und von ihrem noch akzeptablen Höchstausmaß zu sprechen ist nicht eben einfach. Immerhin kann man feststellen: Es gibt in bestimmter Reihenfolge gewisse Bedingungen, bei deren Eintritt nacheinander nachteilige Folgen für Wirtschaft und das allgemeine gesellschaftliche Wohl auftreten.

Sobald in Friedenszeiten das Steueraufkommen auf über 10 Prozent des Nationaleinkommens steigt, beginnt das Kapital abzufließen. Gelingt es auf gesetzgeberischem und exekutivem Wege, die Kapitalflucht wirksam zu verhindern, kann das Steueraufkommen bis auf etwa 20 Prozent des Nationaleinkommens steigen; dabei tritt jedoch ständig kräftiger werdender Widerstand der Steuersubjekte auf. Ein Widerstand, der sich in konsequenter Steuerhinterziehung und Steuerflucht manifestiert, wobei weder Mühen noch Aufwand gescheut werden, um den unerträglich gewordenen Steuerbütteln zu entgehen. Steigt die Steuerbelastung über 20 Prozent, so bringt jede weitere Erhöhung des Steuersatzes proportional weniger ein. Steigt die Steuerbelastung schließlich auf mehr als 25 Prozent, setzt eine kräftige Inflation ein, deren Auswirkungen den echten Wert der Steuereinnahmen schnell verringern. Sobald die steuerliche Belastung auf mehr als 30 Prozent ansteigt, wird der breiten Weltöffentlichkeit offenbar, was zuvor nur Finanzfachleute mit unbeeinflußbarer Voraussicht festgestellt haben mochten: Der internationale Einfluß des betreffenden Staates beginnt zu verfallen. Erreicht die Steuerlast 35 Prozent, nehmen Freiheit des einzelnen und Stabilität des Staates fühlbar ab. Bei 36 Prozent tritt schließlich endgültig und unwiderruflich eine Katastrophe ein, deren Auswirkungen allerdings nicht in allen Fällen unverzüglich sichtbar werden. Steigt die Steuerlast am Ende noch über diesen Katastrophenpunkt hinaus, sind die Konsequenzen absolut tödlich, wobei einschränkend festzustellen ist, daß diese Regel nur für Friedenszeiten Geltung hat, während dermaßen hohe steuerliche Belastungen im Krieg nicht ungewöhnlich und durchaus tragbar sind. Dennoch darf man jedenfalls behaupten: Bei einer steuerlichen Belastung von 36 Prozent steht im allgemeinen jede Volkswirtschaft bereits schwankend und schwindelnd am Steuerabgrund, dessen gähnende Tiefen das absolute Ende verheißen.

Man muß allerdings zugeben, das Bild vom dräuenden Abgrund hat seine Schwächen; denn der Absturz einer ganzen Nation vollzieht sich meist weitaus weniger dramatisch als der Absturz eines einzelnen Menschen oder etwa eines Fahrzeuges. Sie kann eine ganze Weile vom Borgen und vom Kapital leben. Man weiß, die Alten gehen einfach weiter zur Arbeit, weil dies ihrer Gewohnheit entspricht – auch dann noch, wenn die Jungen gesehen haben, daß es sinnlos geworden ist. Und man wird auch weiterhin sparen, aus Gewohnheit, auch wenn man sieht, daß die früheren Ersparnisse zu nichts zusammengeschmolzen sind. Die Menschen werden ihren Berufsstolz noch Jahre weiterbehalten, auch wenn sie längst nur noch einen Bruchteil ihrer Lohnsteuer verdienen. Es ist einfach so, der Motor läuft nach dem Abschalten noch eine Zeitlang weiter. Zunächst mag man das gar nicht richtig merken: Alles läuft reibungslos und wie auf vollen Touren; dann wird aus dem emsigen Schnurren der Maschine ein langsameres und etwas geräuschvolleres Mahlen, immer mühsamer und reibender. Dann ist das flinke Schwungrad plötzlich keine flimmernde und gleißende Scheibe mehr, sondern bloß noch ein Rad mit Speichen; und diese Speichen werden immer deutlicher sichtbar, weil der Umlauf des Rades immer langsamer wird. Und endlich beginnt der ganze Mechanismus zu ächzen, er läuft nicht mehr, sondern er schleppt sich gleichsam mühsam dahin, bis alles plötzlich vorbei ist: ein letztes wehes Ächzen – dann Stille. Es ist das Ende einer Reise – oder besser: Der Zug steht.

Zugegeben, diese Darstellung war bildhaft – und stark vereinfacht noch dazu. Eine schlimme Vision zur Frage: »Was könnte geschehen, wenn man die Zeichen am Wege nicht richtig erkennt und deutet?« Leider läßt sich daraus auch keine einzige klare und eindeutige Regel herleiten, wie hoch nun die steuerliche Belastung im idealen Fall sein dürfte. Es hilft uns auch die Tatsache nicht weiter, daß bestimmte staatliche Dienstleistungen – etwa das Erziehungs- und Gesundheitswesen sowie das System der sozialen Sicherheit – genausogut vom einzelnen Staatsbürger selber und in Eigenverantwortung zu besorgen wären. Vergleiche der Steuerbelastungen in verschiedenen Ländern gestalten sich schwierig, weil das Ausmaß der Dienstleistungen unübersichtlich und unterschiedlich ist. Fest steht nur, daß die fortschreitende Verlagerung von Verantwortung vom einzelnen auf den Staat das Individuum schwächt.

Irgendwo müßte daher eine klare Grenze gesetzt werden. Die traditionelle steuerliche Belastungsgrenze von 10 Prozent hat sich in der Regel bewährt, aber es mag Gründe geben, sie zu überschreiten. Sind solche Gründe tatsächlich vorhanden, mag eine stärkere steuerliche Belastung bis zu etwa 20 Prozent – akzeptabel sein, dies jedoch nur unter der Bedingung, daß der Steuersatz nicht progressiv zunimmt und kein Einkommen durch direkte Steuern um mehr als 25 Prozent verringert wird. An Staaten, in welchen in jüngster Zeit diese Sicherheitsgrenze überschritten wurde, sind (in der Reihenfolge der Schwere ihrer steuerlichen Exzesse) zu nennen: das Vereinigte Königreich, Frankreich, Neuseeland, Japan und die Vereinigten Staaten.

Es soll nicht bestritten werden, daß man sich in einigen der genannten Staaten gegenwärtig durchaus ernsthaft um die Rückgewinnung der finanziellen Stabilität bemüht. Allerdings ist die Zeit knapp geworden, und Bemühungen dieser Art waren längst überfällig. Es geht dabei in erster Linie nicht darum, nach Möglichkeiten zur Reduzierung des Sozial- oder Verteidigungsbudgets zu suchen, sondern in erster Linie wohl darum, daß alle Energie und aller Einfallsreichtum, welche heute die einen zur Eintreibung von Steuern und die anderen zur Steuerhinterziehung verwenden, endlich wieder in nützlichere und positive Kanäle gelenkt werden.

# 6. Die Steuerhinterziehung oder Wie man der Steuer entgeht

Wer sich die Mühe macht, die Geschichte des Steuerwesens wirklich gründlich zu studieren, wird sich am Ende ganz gewiß darüber wundern, wie die menschliche Zivilisation das alles überleben konnte. Daß die einzelnen Nationen sich einen gewissen Wohlstand bewahrt oder ihn unter Umständen auch wiedergewonnen haben, ist tatsächlich mehr als überraschend. Man muß in diesem Zusammenhang allerdings bedenken: In den bisher aufgezählten Beispielen aus der Geschichte sind die Auswirkungen eines allzustarken Steuerdrucks nicht unmittelbar sichtbar geworden – ein Umstand, der darauf zurückzuführen ist, daß von ihrer eigenen Steuer- und Finanzverwaltung strangulierte Staaten, ja selbst Weltreiche, nicht notwendigerweise sofort kollabieren. Ein solcher Prozeß braucht seine Zeit und ist nicht auf den ersten Blick zu erkennen.

Man kann dergleichen auch im Privatwirtschaftsleben beobachten. Viele Industrie- und Handelsunternehmen bestehen noch lange Zeit – oft an die fünfzig Jahre – weiter, nachdem die Geschäftsführung schon längst jeden kaufmännischen Schwung und allen Unternehmungsgeist verloren hat. In der Staatenwelt ist es ganz ähnlich: Es gibt Nationen, welche sich nur noch im Glanze des Ruhmes früherer Weltgeltung sonnen und im übrigen von ihren Kapitalreserven leben. Es bedarf schon einer völlig neuen Generation, einer, die schon von Kindesbeinen an gelernt hat, daß sie zu einer Nation von Versagern gehört. Weitere Zeit wird vergehen, bis diese neue Generation in die verantwortlichen Positionen hineingewachsen ist. Und auch dann werden die Erinnerungen an den früheren Glanz noch eine ganze Weile weiterleben: Erinnerungen an frühere Taten und Unternehmen, welche nicht nur legal, sondern sogar in jeder Beziehung verdienstvoll waren, die noch öffentliche Anerkennung und nicht bloß Steuerstrafbescheide einbrachten.

Der Mensch wird auch dann noch zuversichtlich in die Zukunft blicken, wenn diese Zukunft schon längst verpfändet ist. Man braucht Zeit, um auch die letzte Hoffnung endgültig zu begraben.

Lange aber vor diesem tristen Endstadium wird die Gesellschaft dank des vereinten Einsatzes von Einkommens- und Erbschaftssteuer auf eine trostlose Stufe finanzieller Mittelmäßigkeit zurückgefallen sein. Und aller Wahrscheinlichkeit nach wird dann jeder in einem kleinen Reihenhäuschen mit kleinem Vorgärtchen leben, ein kleines niedliches Einkommen beziehen und dasselbe an jedem Ultimo seiner kleinen und niedlichen Ehefrau nach Hause bringen. In Teilen Australiens beispielsweise ist dies bereits Wirklichkeit geworden, und es gibt auch andere Länder, in denen man mit diesem Lebensstil zunehmend vertraut wird.

Aber noch gibt es Gründe zur Annahme, daß sich anderswo Theorie und Praxis ganz wesentlich voneinander unterscheiden. Dort überholen immer noch Bentley und Rolls-Royce scheinbar mühelos auf den Landstraßen die Durchschnitts-Blechkarossen. Man schickt seine Söhne immer noch nach Eton oder Exeter, nach Groton oder Rugby. Auch heute noch sind die teuersten Luxusstrände dieser Welt nicht menschenleer, und immer noch spiegeln sich die blendend weißen Segel sündhaft teurer Jachten in den ewig blauen Wellen des Mittelmeeres. Die Tage der finanziellen Privilegien und ihrer Nutznießer mögen gezählt sein, aber sie sind ganz sicher noch nicht vorbei.

Natürlich erregt der feudale Luxus einer kleinen Schicht den Neid der Minderprivilegierten. In England wird diese Neidgenossenschaft vor allem durch die sogenannten »zornigen jungen Männer« repräsentiert, welche so wütend sind, daß ihr Zorn vermutlich bis ins hohe Alter anhalten wird. Diese zornigen jungen Männer gehören einer neuartigen Gesellschaftsschicht an, einer Gruppe von Menschen, deren auf Staatskosten finanzierte Schul- und Universitätsausbildung sie offenbar auf nichts anderes vorbereitet hat als auf lebenslängliche Frustration.

Einerseits ist es eine feststehende Tatsache, daß die Labour-Party selber mit den von ihr ausgebrüteten Intellektuellen nichts anzufangen weiß – und am wenigsten wohl mit jenen, deren Ausbildung so eine gesamtgesellschaftliche Kooperative bezahlt hat. Andererseits aber bleiben die Pforten der Privilegien auch heute noch hartnäckig für jene verschlossen, deren intellektuelle Wiege in Wiggleworth oder Redbrick gestanden haben mag. Diejenigen, denen man in ihrer Jugend versichert hatte, daß man den Adel schon wegsteuern werde und daß eine demokratische Gesellschaft keinen Platz für Eton-Schüler habe, sehen sich heute selbst als Außenseiter, für die kein Platz in der Gesellschaft ist. Nebst literarischen Erzeugnissen verbalisieren sie ihre Frustration in einer erbitterten Anklage der »Steuerschwindler« und deren so unerschütterlichen wie mysteriösen und unwillkommenen Wohlhabenheit.

Die sarkastische Kritik an den »Steuerschwindlern« verrät letzten Endes doch nur, daß sie selber von der ganzen Angelegenheit überhaupt nichts verstehen. Man kann sich um Steuern nicht herumschwindeln. Man kann sie von vornherein vermeiden oder ihnen zu entkommen trachten, je nachdem, ob die genutzte Methode legal ist oder nicht. Beide Methoden sind, wie wir gesehen haben, ebenso alt wie das Steuersystem selber. Die aufwendige und überaus diffizile Arbeit eines Steuerberaters geht zumindest auf das Jahr 1852 zurück. Zum Thema der Steuerunlust und der daraus resultierenden Versuche, sich der Abgabenpflicht zu entziehen, könnte man ein Buch schreiben, bei dem hier vorliegenden handelt es sich jedoch nicht um ein solches. Man muß überhaupt bedenken, daß der mögliche Umfang eines Buches zu diesem Thema über seinen tatsächlichen praktischen Nutzwert weit hinausgehen würde.

Seien wir ehrlich: Wenn wir in einer Buchhandlung einen schmalen Band mit dem vielversprechenden Titel: »So schreiben Sie einen Bestseller!« entdecken, so würden wir uns doch unwillkürlich fragen, warum einer, der weiß, wie man Bestseller schreibt, dies nicht auch selbst tut, statt kluge Ratschläge zu geben.

Ebenso würde natürlich ein wirklich in Steuersachen versierter Autor die Praxis des »Sich-der-Steuer-Entziehens« wesentlich einträglicher finden als die Verkündung der bloßen Theorie. Unter diesen Umständen wird man sich also vermutlich damit abfinden müssen, daß es auch in aller Zukunft ein Buch zum Thema der zuverlässigen Steuerverhütung nicht geben wird. Überdies muß man auch die rechtliche Problematik der Angelegenheit bedenken: Möglicherweise wäre es sogar strafbar, einen Leitfaden zur Umgehung der Steuergesetze zu publizieren.

In dem hier vorliegenden Buch findet sich also nicht die Spur einer Gesetzeswidrigkeit, schon gar nicht in diesem Kapitel. Aber so ein Thema hat gewissermaßen seine inneren Grenzen, für die man Verständnis haben muß. Ein Mann, dem es gelungen ist, jene Gesetzeslücke zu finden, durch welche er seinen blattgoldenen Cadillac eben durchzusteuern vermag, wird zweifellos seine außergewöhnlichen Kenntnisse sorgsam hüten und sie an niemanden weitergeben. Wenn einmal ein einzelner durch die Netze der Finanz zu schlüpfen versteht, mag dieses geschickte Manöver unbemerkt und daher ohne Sanktion bleiben; sollte aber eine ganze Herde von Steuerunlustigen durch das Loch im Zaun brechen, müßte das gewiß auffallen und unverzüglich und mit gänzlich unparlamentarischer Hast gefaßte legislative Maßnahmen nach sich ziehen. In einem Beitrag zu einem derart delikaten Thema wie dem vorliegenden darf der Leser daher bloß eine allgemeine Diskussion der Prinzipien, einen historischen Abriß und schließlich einen Überblick über eine Reihe von Steuerverhütungsmethoden, deren sanktionslose Anwendung gewährleistet erscheint, erwarten.

Zuallererst muß gesagt werden: Auch heute noch stellt ebenso wie in der Vergangenheit eine Verlegung des Wohnsitzes ins Ausland die sicherste Entzugsmethode dar. Es ist durchaus kein Zufall, daß viele wohlhabende und ehrenhafte Untertanen Ihrer Britischen Majestät ihren Wohnsitz auf Jersey, in Tanger, Kenia, auf den Bermudas, auf Tahiti oder auf den Seychellen aufgeschlagen haben. Als natürliche Zufluchtsstätten für Steuermüde bieten sich Länder mit fühlbar geringerer steuerlicher

Belastung an – und selbstverständlich Gebiete, wo sich Investitionen noch lohnen oder doch ordentliche Gehälter bezahlt werden. Interessant wird die Sache natürlich erst dann, wenn zwischen dem jeweiligen Gastland einerseits und dem Vaterland andererseits Abkommen zur Vermeidung der Doppelbesteuerung bestehen. Es gibt bedauerlicherweise nicht viele Staaten, welche diesen Anforderungen entsprechen, und von ihnen haben wiederum die meisten so ihre eigenen Schattenseiten, z. B. Erdbeben, Kommunisten, Kakerlaken, Kolonialverwaltungsbeamte, Hundertfüßler, tropisches Fieber, Soziologen oder Schlangen, um nur einige mögliche Plagen zu nennen.

Überdies pflegen gerade überaus idyllisch gelegene Eilande als Zielpunkt missionarischer Eiferer oder interkontinentaler Raketenversuche zu dienen. Trotz allem steht diese Möglichkeit der Steuerhinterziehung selbstverständlich allen, auch ganzen Firmen offen; natürlich um den Preis des Exils. Vieles jedenfalls, was eigentlich unter der Flagge der britischen Handelsmarine segeln sollte, tut dies heute für griechische Eigner oder hat die sturmzerfetzten und ruhmbedeckten liberianischen oder panamaischen Farben an den Masten wehen.

Nicht so einfach ist es für die, die aus Gründen des Geschäfts, der Zinsen, des Geschmacks oder der Gesundheit in Manchester, Wellington oder in Montreal bleiben müssen. Man übertreibt bestimmt nicht, wenn man sagt, daß ihre Steuersituation insgesamt komplex, unsicher, unklar und verworren ist.

Inmitten dieses Meeres von Ungewißheit steht, einem mächtigen Fels zu vergleichen, mit unerschütterlicher Festigkeit ein fundamentales Prinzip, nämlich das der Scheidung zwischen Kapital und Einkommen. Mag sich der Unterschied zwischen diesen beiden Begriffen in den meisten Amtsstuben verwischen – im Steuerressort kennt man die Scheidung dieser Begriffe sehr gut und legt den größten Wert darauf. Die fiskalische Trennung findet ihre Begründung darin, daß jedes Einkommen steuerpflichtig ist, während Kapital nur der Erbschaftssteuer unterliegt. Es liegt daher im Interesse jedes Steuerzahlers – oder besser: Ungern-Steuerzahlers –, zu Lebzeiten möglichst viel Kapital und kein Einkommen zu haben. Naht dagegen die Sterbestunde, empfiehlt es sich, noch auf dem Totenbett vom Einkommen geradezu überschüttet zu werden, jedoch ohne jeden Kapitalbesitz in die Ewigkeit einzugehen. Für Steuereintreiber stellt sich die Situation dagegen vollständig umgekehrt dar: Zu Lebzeiten hat das Opfer nur Einkommen; bleibt nur das Kapital. Diese divergierenden Ansichten im Rahmen der Gesetzeslage unter einen gemeinsamen Hut zu bringen ist schwierig und bedarf des Rates von Experten.*

Zu den ohnehin bestehenden grundsätzlichen Schwierigkeiten treten solche technischer Natur, weil die gesetzlichen Bestimmungen vage sind und die zu ihrer Vollziehung obrigkeitlich Berufenen um nichts klarer zu agieren pflegen. Auf der einen Seite des juristischen Schlachtfeldes stehen die Feldbatterien der gesetzlichen Vorschriften, die juristische Artillerie: Ihr Trommelfeuer ist ohrenbetäubend, aber die Zielgenauigkeit ihrer Salven ist gering. Auf der anderen Seite aber stehen in sorgfältig verborgener Stellung weit gefährlichere Waffen, nämlich halbvergessene Gerichtsurteile, welche ihr Ziel beinahe lautlos, jedoch mit wahrhaft tödlicher Präzision treffen.

Diesem aus zwei Richtungen gleichzeitig niedergehenden Feuerhagel ungeschoren zu entgehen ist selbst für Kenner der Materie schwierig, Laien bleiben mit Sicherheit auf der Strekke.

Ganz wesentlich für den Fortgang unserer Betrachtungen ist die Tatsache, daß Kapital wesentlich leichter zu bewahren ist als Einkommen. Vielleicht ist die englische Aristokratie gerade aus diesem Grunde heute exklusiver geworden als jemals zuvor. Heutzutage sozusagen eine landadelige Familie zu gründen, mit allem, was dazugehört, Grundbesitz, Schloß, Dienerschaft und

* Im angelsächsischen Rechtsbereich gilt das dem römisch-rechtlichen Prinzip des »stare decisis« nachgebildete »case law system«. Dies bedeutet, daß im angelsächsischen Raum – anders als beispielsweise im deutschen Rechtsbereich – einer einmal getroffenen rechtskräftigen gerichtlichen Entscheidung allgemeine Verbindlichkeit zukommt. Während also im deutschen Rechtsbereich ein Gerichtsurteil grundsätzlich nur Recht zwischen den jeweiligen Streitparteien schafft, kommt dem Urteil im angelsächsischen Rechtsbereich indirekt allgemein verbindlicher, also Gesetzescharakter zu (Anmerkung des Übersetzers).

Park, ist praktisch unmöglich. So einen ererbten Status zu erhalten mag heutzutage überaus schwierig sein, aber es bedeutet immerhin die Bewahrung von Werten, welche in der Gegenwart niemand mehr neu erwerben könnte. Sehr zum Mißvergnügen der zornigen jungen Männer ist in der Gegenwart der gesellschaftliche Stellenwert des Adels im ständigen Steigen begriffen, und selbst die Haltung eines großen Hauses ist daher eher ein Vorteil als eine Belastung. Die großen alten Familien sind in jeder Beziehung fester verankert als die bloß neureichen, genauso wie ältere Menschen im allgemeinen einen festeren Platz in der Gesellschaft besitzen als junge Leute. Die älteren Direktoren und Chirurgen, Autoren und Manager, Dramatiker und bildenden Künstler haben in den meisten Fällen den Vorteil für sich, ihr Geld bereits vor dem Jahre 1939 »gemacht« zu haben, in einigen Ausnahmefällen sogar noch vor dem Jahre 1909. Sie hatten ihr Kapital bereits in der Tasche, als die Besteuerung anfing, so ruinöse Formen anzunehmen. Daraus ergibt sich die bedauerliche Tatsache, daß jüngere Männer gleichsam dafür Strafe zahlen müssen, weil sie zu spät in unser Jahrhundert hineingeboren wurden.

Gewiß stehen auch Kapitalisten vor bestimmten Problemen, aber diese lassen sich lösen. Wer sein Kapital dem Zugriff durch den Staat entziehen will, braucht nur dafür Sorge zu tragen, daß all seine finanziellen Mittel rechtzeitig an seine Erben kommen. Rechtzeitig, das bedeutet: durch Schenkung, also durch ein Rechtsgeschäft unter Lebenden – und zu einem Zeitpunkt, welchen der Schenker noch um mindestens fünf Jahre überleben muß. Gerade in der letztgenannten Bedingung liegt die eigentliche Schwierigkeit; denn der Tod gehört zu jenen Ereignissen im Menschenleben, deren genauer zeitlicher Eintritt sich kaum jemals mit verläßlicher Sicherheit prognostizieren läßt. Ein ungeduldiger Erbe mag der Ansicht sein, nach vollendetem 55. Lebensjahr des potentiellen Erblassers bestehe kein Anlaß mehr, die Ausfertigung der Schenkungsurkunden noch länger aufzuschieben; ein darob irritierter Vater mag meinen, daß es damit wohl noch bis zu seinem 70. Geburtstag Zeit habe. Wie es nicht anders sein kann, stirbt dann eben solch ein Vater in seinem 74. Lebensjahr, worauf seinen zu Recht in jeder Beziehung erschütterten Sohn und Erben allzuleicht selbst der Schlag trifft – was natürlich die zweite Nachlaßsteuer nach sich zieht, ehe noch die erste in den Büchern erscheint.

Wer gewohnt ist, in Kreisen der »besseren Gesellschaft« Englands zu verkehren, wird oft zu hören bekommen, der alte Herzog sei gerade bettlägerig und die Marquise säße in jenem Ruhestuhl, welchen man auf der weiter entfernt liegenden Terrasse erkenne. Es ist ganz korrekt, wenn der Besucher daraus den Schluß zieht – was er übrigens auch tut –, daß die Marquise längst gestorben ist und im Liegestuhl eine Schaufensterpuppe liegt. Und der angeblich erkrankte Hausherr befindet sich natürlich in der Tiefkühltruhe (preisgünstiges Familienmodell), in welcher er so lange zu verbleiben hat, bis sein Tod gefahrlos (in bezug auf die Steuer natürlich) verkündet werden kann. Die Gefahr, daß das gutgehütete Familiengeheimnis aufgedeckt wird, ist sicher sehr gering. Die Nachteile dieser Methode von Steuerhinterziehung jedoch sind unverkennbar. Auf den eigentlichen Gebrauch der Tiefkühltruhe wird man, auf Dauer gesehen, sicherlich nicht verzichten wollen. Aus diesem Grunde ziehen viele eine alternative Methode vor: die Bildung einer privaten Kapitalgesellschaft, welche als juristische Person an sich ja unsterblich ist.

Für Leute mit Kapitalbesitz gibt es die verschiedensten Möglichkeiten zur Verschleierung von Einkommensbezügen. All diese Methoden bauen darauf auf, daß Einnahmen, welche oberflächlich betrachtet als Einkommen erscheinen, tatsächlich bloß Kapitalzuwachs sind. Eine früher recht beliebte Methode bestand darin, Aktien andauernd nach einem ausgeklügelten System zu kaufen und zu verkaufen, so daß man der jeweiligen Dividendenausschüttung – und damit einem zu versteuernden Einkommen – entgehen konnte. Da Aktien meist vor der Dividendenauszahlung im Wert zu steigen pflegen und nach Ausschüttung der Dividende der Kurswert der Papiere regelmäßig wieder fällt, brauchten ihre Besitzer sie bloß vor der Dividendenfälligkeit teuer zu verkaufen und sie anschließend – selbstverständlich dann zum geringeren Börsenkurs – wieder zurückzukaufen. Diese Methode ist allerdings heute nicht mehr praktikabel, da der Transfer von Wertpapieren inzwischen selbst besteuert wird. Damit mußte man sich etwas mehr einfallen lassen, als dieselben Wertpapiere im ständigen Wechsel zu kaufen und zu verkaufen.

Wenn man einigermaßen fachkundig beraten wird, ist der Handel mit Investmentgütern ohne besonderes Risiko. Es gibt bestimmte Sachwerte, welche von Jahr zu Jahr beständig im Wert steigen; ein gutes Beispiel dafür sind etwa Stadtgrundstücke. Selbstverständlich muß man bei jeder Spekulation allerdings auch beachten, daß große Gewinne bedeutende Risiken in sich bergen; wer sich dagegen für eine Politik der langsamen, aber beständigen Kapitalvermehrung entscheidet, wird ganz gut zurechtkommen.

Während sich steuerpflichtiges, nichterwerbsmäßiges Einkommen auf diese Weise minimalisieren läßt, wäre es geradezu unklug, jedwedes Einkommen gänzlich zu leugnen. Irgendein Einkommen muß es immer geben, aber man sollte es ständig unter Kontrolle halten. Zu diesem Zweck bietet sich die Gründung – oder besser noch: der Erwerb – einer Gesellschaft mit beschränkter Haftung an. Eine Gesellschaft, welche ausschließlich aus Gründen der Steuerhinterziehung ins Leben gerufen wird, ist in der Regel von Agrarcharakter und hat etwas mit außergewöhnlich unfruchtbarem Land zu tun. Mögliche Gewinne, welche die Gesellschaft aus irgendwelchen Nebentätigkeiten ziehen könnte, werden durch die getreulich belegten Verluste aus dem Landwirtschaftsbetrieb verläßlich restlos aufgezehrt. Diese nachweisbaren Verluste sind auf zweierlei Ursachen zurückzuführen.

Erstens sollte jede Verlustgesellschaft regelmäßig über zuviel Personal und materielle Überausstattung verfügen. Köchin und Gouvernante figurieren als Milchmädchen, der Stadtwagen und der Landrover werden zu landwirtschaftlichen Maschinen, und den dazugehörigen Benzinverbrauch schiebt man dem Traktor in die Schuhe, der praktisch unbenutzt in einer Ecke steht. Und zweitens bleibt die verkäufliche landwirtschaftliche Produktion, was Geflügel, Eier, Milch und Obst betrifft, zum großen

Leidwesen der Betroffenen immer weit hinter den Erwartungen zurück. Sofern sich aus diesem Betriebschaos noch irgendwelche minimale Gewinne schöpfen lassen sollten, werden sie selbstverständlich völlig vom Gehalt für den »Direktor« verschlungen. So unterliegen sie zugegebenermaßen der Einkommenssteuer, aber eben nur als erwerbsmäßiges Einkommen, das zudem noch überwiegend in die Taschen der nahverwandten übrigen Gesellschaft fließt.

Eine nicht erst zu Verlustzwecken gegründete, sondern zum gleichen Zweck übernommene, bereits zuvor bestehende Gesellschaft funktioniert nach anderen Grundsätzen. Bei der Besteuerung einer solchen Gesellschaft richten sich die Finanzbeamten nach dem Durchschnittsgewinn der letzten Jahre, so daß der Gewinn eines Jahres mit dem Verlust eines anderen ausgeglichen werden kann. Daraus ergibt sich ganz zwanglos, daß eine Gesellschaft, welche jahrelang von einem katastrophalen Verlustgeschäft ins nächste taumelte und für ihre Besitzer entsprechend wertlos ist, für einen Außenstehenden – den buchstäblich lachenden Dritten – geschäftlich überaus nützlich sein kann. Die Verlustbilanzen werden als Kaufvorteil angepriesen, als etwas, das Gewinne verspricht, was ja dann auch oft der Fall ist.

Geschäfte dieser Art können allerdings auch riskant werden, und zwar dann, wenn sich herausstellt, daß zu den garantierten Verlusten auch noch ausstehende, nicht abgeschlossene Verbindlichkeiten gehören. Es wäre interessant zu wissen, ob auch zu diesem Zwecke eigens Gesellschaften gegründet werden.

Man weiß, daß die Regierungen tropischer Länder gelegentlich Prämien für die Vernichtung von Giftschlangen aussetzen, wobei sich die Höhe dieses »Kopfgeldes« nach der Länge der jeweils erlegten Schlange richtet. Das hatte alsbald mancherorts eine gewerbsmäßige Aufzucht von Giftschlangen zur Folge. Es gibt daher vielleicht berechtigten Anlaß zur Annahme, erfolglose Geschäfte würden aus ähnlichen Überlegungen regelmäßig antike Möbel und klapprige Autoveteranen herstellen. Läßt sich also beispielsweise eine Gesellschaft ins Handelsregister eintragen, deren erklärter Betriebsgegenstand der Vertrieb von wollener Unterbekleidung in Äquatorialafrika ist, wird man zu Recht Verdacht schöpfen dürfen, daß hier Verlustgesellschaftsarchitekten am Werk sind. Sinngemäß das gleiche müßte auch für ein Unternehmen gelten, das sich den Verkauf von Speiseeis in Lappland in den Kopf gesetzt hat.

Wir gelangen nun zur zweiten großen Gruppe von Steuerpflichtigen, nämlich zu jenen ohne Kapitalbesitz. Ihre Ausgangsstellung im Kampf gegen den Fiskus ist wesentlich schlechter. Nur sehr wenige sind dazu berufen, aus den Reihen der einfachen Gehaltsempfänger unter Einsatz legaler Mittel bis zur Gruppe der sozial Privilegierten aufzusteigen, Heiraten ausgeschlossen. Um aus Arbeitseinkommen Kapital im nennenswerten Umfang bilden zu können, bedarf es eines gewaltigen Überschusses an Einkommen den Ausgaben gegenüber – und gerade dies will das ganze Steuersystem verhindern. In vielen Berufen verdienen gerade junge Männer sehr wenig. Die besseren Gehälter werden als eine Art von Pfründen an jene verteilt, welche es bis in ihre sogenannten »besten Jahre« in der Firma ausgehalten haben. Der Fiskus honoriert die lange »Lehrlingszeit« in keiner Weise; kaum ist das Gehalt ansehnlich geworden, schlägt die Steuer voll zu. Wenn beispielsweise ein mittelmäßig erfolgreicher Rechtsanwalt für seine Kinder und seinen eigenen Lebensabend finanziell ausreichend vorgesorgt hat, kann er sich glücklich schätzen, wenn ihm überhaupt noch etwas übriggeblieben ist. In dieser Hinsicht gibt es nur einen privilegierten Stand im Staate: den der Beamten. Keine andere Berufslaufbahn kann vergleichbare Vorteile bieten: verhältnismäßig hohes Einkommen bereits in jungen Jahren, Ehren, eine Pension – und dabei nichts zu verlieren.

Obwohl, wie bereits beschrieben, die Schwierigkeiten, auf legale Weise zu finanzieller Unabhängigkeit zu gelangen, überwältigend groß sind, muß doch eingeräumt werden, daß es gelegentlich manchen Menschen gelingt. Bevor wir uns mit diesem Thema noch eingehender beschäftigen, müssen wir zunächst eine Gruppe von Personen ausklammern, nämlich jene der Toto- und Lotteriemillionäre. Es soll nicht bestritten werden, daß diese Leute insgesamt gesehen eine wichtige neue Klasse innerhalb unserer klassenlosen Gesellschaft darstellen, doch wäre es wenig hilfreich, dem Leser anzuraten, sich dieser Personengruppe hinzuzugesellen. Einem, der finanziellen Rat sucht, zu empfehlen: »Tja, also zunächst ziehen Sie nun mal ganz einfach das Große Los!«, ist etwa ebenso nutzlos wie der Tip: »Sie brauchen bloß als Erbe des 16. Earl of Barsethshire und Blandings auf die Welt zu kommen!«.

Nicht immer ist, was wünschenswert wäre, auch zu erreichen. Wir können uns bei den hier vorliegenden Untersuchungen nur auf das tatsächlich Machbare beschränken, und aus diesem Grunde müssen wir uns zunächst mit einigen Grundregeln vertraut machen. Gegenstand unserer Betrachtungen kann nur das Geldeinkommen sein, und wie wir bereits festgestellt haben, ist diese Art von Einkommen unumgänglich der Steuerpflicht unterworfen. Das Problem liegt also darin, wie man ohne Einkommen auf legalem Wege so wohlhabend wird, daß sich die Möglichkeit zur Akkumulation von überschüssigem Geld in so nennenswertem Maße ergibt, um es eines Tages tatsächlich als Kapital bezeichnen zu können.

Bei einigem Nachdenken stellt sich schnell heraus, daß sich zur Erreichung des angestrebten Zieles zwei Möglichkeiten anbieten, welche man zur möglichst schnellen Verwirklichung der Wünsche am besten kombiniert anwendet.

Erstens sollte jedes Einkommen zu einem möglichst großen Teil aus Sachleistungen bestehen, und zweitens müssen jenen Einkommensteilen, welche in bar bezogen werden, äquivalente, legale Verluste entgegengesetzt werden.

Einer der klassischen »Nulleinkommensbezieher« ist – zumindest in der Theorie, gelegentlich aber auch in der Praxis – der Kleinlandwirt. Was er verdient, ist kaum jemals festzustellen; welche Verluste er hinnehmen muß, ist dagegen bald seiner ganzen Umgebung genauestens bekannt, weil der Minifarmer tagein, tagaus von nichts anderem spricht. Was aber einem wahrhaft schollenverbundenen Mann verhältnismäßig leichtfallen wird, mag Angehörige anderer Berufs- und Gesellschaftsgruppen vor ernstliche Schwierigkeiten stellen. Bei pensionierten Offizieren beispielsweise wird man davon ausgehen müssen, daß ihre finanziellen Verluste echt, die jeweiligen Einkommen jedoch nicht nur bloß theoretisch, sondern auch praktisch negativ sind. Man läßt daher die Landwirtschaft besser bleiben und beschäftigt sich statt dessen besser mit dem Handel.

Ein Kaufmann kann sich immer helfen; er unternimmt keine Vergnügungs-, sondern ausschließlich Geschäftsreisen; was er in Gesellschaft guter Freunde ausgibt, sein Wagen und seine Wohnung, seine Frau und seine Tochter – einfach alles ist für die Firma, und so werden alle Ausgabeposten wie von selbst zu steuerlichen Absetzbeträgen. Wenn es um die Gefahren der Besteuerung geht, ist das einzige Familienauto selbstverständlich ein Lieferwagen, die Wohnung ist ein Büro, das Eheweib eine Sekretärin und die Tochter eine Stenotypistin. Wenn verreist wird, dann nur aus geschäftlichen Gründen, und wenn schon von Zeit zu Zeit in einem Restaurant gegessen werden muß, dann letzten Endes doch bloß, um einen Kunden zu gewinnen – die Konkurrenz ist hart, und man muß sich anstrengen! Diese Freigebigkeit nützt jenem, der sie in Anspruch nimmt, ebenso wie dem Unternehmen, welches diesen Mann beschäftigt, denn alles läuft darauf hinaus, die auf den Gewinn angesetzten Steuern zu verringern.

Wem es gelingt, sein steuerpflichtiges Einkommen auf diese Weise drastisch zu verringern, der sollte sich zu dem nächsten Schritt entschließen, der auch den noch verbleibenden Einkommensrest dahinschwinden läßt: Lebensversicherungsprämien, Kreditzinsen und sonstige wiederkehrende finanzielle Belastungen jeder Art. Mit durchschnittlicher Begabung kann man so jedes Einkommen spurlos zum Verschwinden bringen. Was bleibt, ist ein selbstzufriedenes und völlig steuerfreies Grinsen – nicht zuletzt wohl deshalb, weil auch ein verstecktes Einkommen recht gut als Grundlage der angestrebten Kapitalbildung dienen kann. Man muß sich in diesem Zusammenhang allerdings unbedingt ins Gedächtnis rufen, daß gerade der erfolgreiche Steuerhinterzieher sehr sorgfältig mit seinem Geschäft umgehen muß, seine wirklichen Ausgaben also möglichst gering zu halten hat. Er hat immer zu beachten, daß er seinen Reichtum zu gleichen Teilen seiner Sparsamkeit wie seiner Fähigkeit zur

Steuerabstinenz verdankt. Der verläßlichste Weg zur Kapitalbildung – Heirat und Glücksspiel einmal ausgenommen – führt über die Einkommensmaximierung bei gleichzeitiger möglichst weitgehender Drosselung aller Ausgaben. Zur Erreichung dieses Zieles ist eine meisterlich geführte Politik der Steuerverhütung wichtig und hilfreich. Sie ist aber nicht der alleinige Schlüssel zum Erfolg.

Es muß in diesem Zusammenhang übrigens noch vor etwas anderem gewarnt werden: Es ist zwar richtig, daß alle erwähnten Methoden der Steuerhinterziehung theoretisch legal sind, in der Praxis kann sich das möglicherweise ändern. So mag es beispielsweise mehr oder weniger richtig sein, daß das Kraftfahrzeug für das Geschäft unentbehrlich ist, doch über das Ausmaß seiner privaten Nutzung läßt sich streiten. Dies gilt ebenso für die Dienstreisekosten der Sekretärin oder für die Mietkosten einer Wohnung. Hat die Steuerbehörde erst einmal Verdacht geschöpft, ist der Rest eine Sache des Glücks. Es empfiehlt sich aus diesem Grunde, stets größere Geldbeträge in Reserve zu halten, um auch für den schlechtesten aller Fälle gerüstet zu sein. Nichts ist schlimmer, als beim Finanzamt in der Kreide zu stehen. Gesteht man dieser Behörde einmal seine Zahlungsunfähigkeit ein, gelangt man nie wieder aus den Schulden heraus. Bringt man das Geld tatsächlich auf, wird man unweigerlich gefragt werden, woher es stammt. Hat man es verdient – man kann ja wohl nicht gut behaupten, man habe es gestohlen –, so muß die Summe ihrerseits als Einkommen versteuert werden.

Nach Begleichung der Erstschuld wird daher wahrscheinlich eine Zweitschuld bleiben; und um diese zu tilgen, muß neuerlich Geld beschafft, also Einkommen bezogen werden, das wiederum steuerpflichtig ist. So entsteht eine sich endlos fortsetzende Kette von immer neuen Steuerverbindlichkeiten, welche wohl nicht wenige Steuersünder bereits wirtschaftlich völlig ruiniert haben mag. Und das Los der Steuerschuldner ist hart: Einmal ist es ein Schauspieler, der wegen gigantischer Steuerschulden den Fuß nicht mehr auf den Boden seines amerikanischen Mutterlandes zu setzen wagt, ein andermal ein Romancier, dem die britische Finanzbehörde die Rückkehr ins

Heimatland unmöglich macht – kurzum, es gibt eine Menge Leute, welche nur deshalb mit dunkler Brille und falschem Bart herumlaufen, um der rächenden Wut des Fiskus zu entgehen. Daß manche Leute zu diesem Zweck sogar echte Bärte tragen, ist ein Detail am Rande, welches in diesem Zusammenhang nicht ins Gewicht fällt. Selbst durchaus ehrenwerte Menschen sehen sich durch das Wüten der Finanzbehörden gelegentlich so in die Enge getrieben, wodurch ihnen als einziger Ausweg der Konkurs oder der Selbstmord erscheint. Dergleichen düstere Ereignisse sollten dem aufmerksamen Leser genügen: Die Steuerhinterziehung ist im allgemeinen ein sehr riskantes Unternehmen, dessen glückliche Durchführung höchster kaufmännischer Begabung und höchsten Raffinements bedarf.

Schlauheit und Beredsamkeit gehören unbedingt zum Inventar des erfolgreichen Steuerhinterziehers. Man muß nur bedenken, daß viele reiche Erben eben über diese Fähigkeiten nur in völlig unzureichendem Maße verfügen mögen. Wir denken in diesem Zusammenhang an Witwen und Waisen, pensionierte Brigadegenerale und Geschwaderkommodores, Pferdeliebhaber, Hundezüchter, Poeten und Gelehrte. Menschen dieser Art fehlt es oft an jenem Geschäftssinn, der allein sie retten könnte. Darüber braucht man sich nicht besonders zu verwundern: In unserer steuergeplagten und hochkomplizierten Geldgesellschaft wären Menschen nach der Art klassischer Gelehrter oder pingeliger Botaniker glattweg verloren, und wer überleben will, muß sich schleunigst umstellen, muß Fibel und Saatenkatalog so schnell wie möglich weglegen und an deren Stelle Preislisten und Finanzvorschriften studieren.

Obwohl selbst grundsätzliche Umstellungen der gesamten Wesens- und Denkart im Prinzip unter überraschend geringen Schwierigkeiten vollzogen werden können, erhebt sich doch die Frage, ob sich derartiges überhaupt lohnt. Ein Botaniker mag zum Finanzgenie werden, um seinen geliebten Rosengarten den Klauen des Fiskus zu entreißen – aber jener eben zuvor noch etwas weltfremde Gelehrte wird sich nach siegreicher Beendigung seiner Auseinandersetzung mit der Staatsfinanz vielleicht betroffen fragen müssen, ob der Rosengarten noch das geblieben ist, was er einst dem liebenswerten Botaniker bedeutet hatte. Theoretisch kann ein etwas weltfremder Philologe seine Finanzgeschäfte natürlich auch einem Fachmann übertragen. In der Praxis ist allerdings zu befürchten, daß der geistige Gewinn in höheren Sphären zu überproportionalen Verlusten in den so trivialen Einkommens- und Finanzbereichen führen muß. Geschäftsleute haben es leichter; ein Geschäftsmann hilft dem anderen mit Preisnachlässen und erzielt damit dennoch schöne Gewinne, welche er niemals zu versteuern braucht. Aber ein Gelehrter, der ein Gleiches tut, bezahlt dafür einen ungleich höheren Preis: Mag das Geschäft auch erfolgreich verlaufen – der Gewinner hörte doch jedenfalls auf, ein weltfremder Gelehrter zu sein! Er mag seine weltlichen Güter errettet haben, aber er wird dabei seine eigentliche Daseinsberechtigung verloren haben.

Vor die Wahl gestellt, mögen es daher auch viele Menschen vorziehen, ihr ganzes Leben in finanzieller Unfreiheit und Abhängigkeit zu verbringen, wenn sie um diesen Preis nur sie selber bleiben dürfen und ihre persönliche Freiheit bewahren.

Steuern kann man nicht verhindern, aber man kann ihnen gelegentlich erfolgreich entkommen. Es soll nochmals betont werden, daß das vorliegende Kapitel nicht als Leitfaden oder als nützlicher Kommentar für Steuerhinterzieher gemeint ist, aber es soll doch dem Leser an dieser Stelle nicht verhehlt werden, wie Steuern hinterzogen zu werden pflegen, und dies nicht eben in geringem Maße. Gesetzestreue und rechtschaffene Menschen, Leute, die sich im Falle der Gefährdung des Bürgerfriedens, ohne eine Minute zu zögern, auf die Seite der Polizei stellen würden und die ihrem Lande im Frieden wie im Kriege nach besten Kräften gedient haben – all diese Stützen der Gesellschaft würden, ohne auch nur mit der Wimper zu zucken, eine verfälschte Steuererklärung abgeben, wenn sie sicher sein könnten, daß ihnen niemand auf die Schliche kommt. Das liegt einfach daran, weil das gesunde Rechtsgefühl jedermann sagt, dem Volk würden geradezu kriminell hohe Steuersätze einfach von Leuten verordnet, die selbst nur geringfügig zur Kasse gebeten werden. Steuerhinterziehung – so folgern sie – ist also nicht nur profitabel, sondern auch rechtens. Das ist ein gefährlicher Glaube, kann er doch nach und nach aus einem gesetzestreuen Bürger einen Rebellen machen. Wer einmal gegen die Steuergesetze verstößt, wer einmal im Polizisten nicht mehr den Freund und Helfer, sondern den gefährlichen Arm der Gerechtigkeit zu sehen vermag, der wird bald grundsätzlich keinen Respekt mehr vor dem Gesetz haben.

Im Amerika der Prohibitionszeit begann der Verbrecher seine schädliche Laufbahn als illegaler Schnapsbrenner und beendete sie als Mörder: Zunächst brach er ein Gesetz, dessen Sinnlosigkeit auf der Hand lag, und am Ende brach er jedes beliebige Gesetz, sofern es ihm störend im Wege stand. Man sollte nicht übersehen, wie auch Steuergesetze einen vergleichbaren Effekt haben können.

Daß brave Bürger zur Verletzung der Steuergesetze disponiert sind, steht unstreitbar fest; doch wäre die Zahl der Rechtsbrecher geringer, wenn das Delikt nicht so lohnend wäre. Wenn die steuerliche Belastung nicht über 10 Prozent liegt, rentiert es sich im allgemeinen nicht, weil die Kosten der Steuervermeidung oder -hinterziehung noch über den Steuerbeträgen selber liegen. Selbst wenn die Steuerlast auf 20 Prozent steigt, bleiben manche noch ehrlich, weil die Mühen und Risiken der Steuerhinterziehung so groß sind, daß sich mit vergleichbarem Einsatz eine so entscheidende Einkommensvergrößerung erreichen läßt, die die steuerliche Belastung noch kompensieren kann. Überhaupt würde jeder ordentliche Bürger, wenn man ihm eine gerechte Chance gäbe, sein Geld immer noch eher dem Staat abliefern, als es auf eine Meute von Advokaten, Beratern und Experten zu setzen. Einerseits erspart es Ärger, und andererseits lehnen ja die Bürger ihren Staat meist nicht grundsätzlich ab, sondern identifizieren sich zu einem Gutteil mit seinen Zielen. Die Versuchung, welche jedoch auch ordentliche Bürger schließlich auf die schiefe Bahn geraten läßt, liegt in der Tatsache, daß bei fortschreitender steuerlicher Belastung die Steuerkosten schließlich jene der Steuerhinterziehung immer fühlbarer übersteigen.

In manchen Gegenden von Großbritannien überschätzen die

Menschen die Macht der Gesetze recht deutlich. Man hält Recht und Ordnung für unüberwindlich und ist sicher, die dunklen Mächte des Verbrechens und der Subversion müßten an den Bollwerken der Zivilisation am Ende scheitern. Menschen, die beispielsweise eine Zeitlang in Liverpool gelebt haben mögen, machen sich weniger Illusionen. Aus Erfahrung wissen sie, daß es bei Einbruch der Dunkelheit mit so mancher unserer zivilisatorischen Errungenschaften dahin ist. Und im Gegensatz zu anderen wissen solch erfahrene Leute recht genau, daß die Schlacht zwischen Recht und Verbrechen in Wirklichkeit stets auf des Messers Schneide steht und ihr Ausgang so ungewiß ist, daß man auch schwankende Bundesgenossen nicht ohne weiteres ins gegnerische Lager überlaufen lassen sollte.

Wenngleich gewiß feststeht, wie sehr der gesamte Fragenkomplex von Gesetzestreue einerseits und Gesetzesverletzung andererseits in Steuersachen vor allem eine Angelegenheit der finanziellen Kosten- und Nutzenabwägung ist, soll doch nicht übersehen werden, daß in diesem Zusammenhang auch andere Faktoren von gewisser Bedeutung sind. Es ist durchaus kein Zufall, wenn sich in den letzten Jahren die allgemeine Steuerunlust immer deutlicher bemerkbar macht. Es ist einfach deswegen, weil immer mehr Steuerzahler zur Ansicht gelangen, die von ihnen aufgebrachten Mittel würden am Ende doch bloß vergeudet. Früher einmal war das anders. Es soll damit nicht behauptet werden, die Feudalherren vergangener Jahrhunderte hätten sich niemals persönlicher Ausschweifungen schuldig gemacht, aber das läßt sich ganz und gar nicht mit der massiven Vergeudung von öffentlichen Mitteln, wie sie heute üblich geworden ist, vergleichen.

Wenn man an Palästen baut oder sich an Lustgärten, an teuren Hofroben, Hofballetten, Mätressen oder an erlesenen Speisen und teuren Weinen erfreut – kann man in diesem Zusammenhang wirklich von Verschwendung in der eigentlichen Bedeutung dieses Wortes sprechen? Dergleichen Dinge und Köstlichkeiten konsumierte man eben, man verbrauchte sie, oder man wurde ihrer überdrüssig. Aber schließlich: Was hätte man mit ihnen auch anderes tun sollen? Wäre nicht erst recht Verschwendung betrieben worden, wenn man sie nicht konsumiert hätte? Letzten Endes aber sind Fragen nach dieser Art von Verschwendung in der Menschheitsgeschichte von bloß untergeordneter Bedeutung, und man kann darüber hinaus sicher sein, daß es die Untertanen feudaler Herrscher nicht einmal verstanden und gebilligt hätten, wenn man bei Hofe eben nicht Hof gehalten und Prunk, Macht und Reichtum demonstriert hätte. Auf ihre Art nahmen sie daran teil, wenn sie den Schilderungen darüber lauschen durften, und wohl nur wirklich neidische Zeitgenossen mögen sich an dem offenbar so selbstverständlichen und anscheinend durch keine Sorgen gestörten feudalen Leben bei Hofe nicht erfreut haben, sei es auch nur theoretisch und gleichsam stellvertretend.

Natürlich hätten die Herrscher bei der Hofhaltung sparen können, z. B. an den Kosten des Hofballetts; oft haben sie das auch getan. Aber andererseits steht unbestreitbar fest, daß geizige Herrscher im Volke niemals beliebt waren und selbst jene, die sich auf bloß »ordinären Luxus« beschränkten, in gewisser Weise verdächtig wirkten.

Derartigen grandiosen und gleichzeitig spielerisch unbeschwerten Luxus gibt es schon seit langer Zeit nicht mehr. Was davon übriggeblieben ist, fällt insgesamt so wenig ins Gewicht, weswegen sich – um ein Beispiel zu nennen – nicht einmal der berühmte englische Nationalökonom Adam Smith mit dem möglichen Effekt dieser Art von Verschwendung beschäftigte. In seinen Prinzipien der Besteuerung betont er die Gleichheit der Steuerlast, die Zuverlässigkeit des Steuersystems, die Angemessenheit der Steuerordnung und die notwendige Ökonomie in der Steuereintreibung. Weitaus weniger Gründe hatte er damals offenbar, zu fordern, die eingebrachten Steuern sollten nicht allzu offensichtlich verschleudert werden. Gerade dieses Problem ist jedoch für uns heute zu einem der wichtigsten geworden.

Früher einmal mußte das Volk die Kosten der Extravaganzen einiger weniger tragen, heute dagegen zahlen wir noch wesentlich mehr Steuern für Ausgaben, deren Unvernünftigkeit von Anfang an außer Zweifel steht. Die Verschwendungssucht der

Regierungen ist damit zum Hauptproblem der ganzen Situation geworden. Die Steuerzahler werden um ihre Verpflichtungen im großen und ganzen nicht herumkommen – aber es ist alles andere als gleichgültig, ob man für die Finanzierung von Angelegenheiten zur Kasse gebeten wird, an deren Sinn kein Zweifel besteht, oder ob man sein sauer verdientes Geld dem Staat für nutzlose, gefährliche oder sogar absurde Zwecke abliefern muß.

# 7.
# Die engere Wahl oder Prinzipien der Personalpolitik

Ein ständiges Problem der modernen Verwaltung, gleich ob beim Staat oder in der Industrie, ist die Auswahl des Personals. Das unerbittliche Arbeiten des Parkinsonschen Gesetzes bewirkt, daß unentwegt neue Leute eingestellt werden müssen, was immer wieder die Frage aufwirft, wie man den richtigen Kandidaten aus einer Schar von Bewerbern herausfischt. Um die Prinzipien, nach denen eine solche Auslese stattfinden soll, zu ermitteln, wird es am besten sein, nacheinander die alten und die modernen Methoden zu studieren.

Die alten Methoden, die allerdings mancherorts noch genutzt werden, zerfallen in zwei Kategorien: die britische und die chinesische. Beide sind eingehender Betrachtung wert, sind sie doch offensichtlich erfolgreicher gewesen als so manch neumodisches Verfahren. Die britische Methode (alter Art) bestand aus einem Gespräch, in dessen Verlauf der Anwärter nachweisen mußte, wer er ist. Dabei wurde der junge Mann einer Reihe älterer Herren vorgestellt, die an einem Mahagonitisch saßen und ihn zuerst nach seinem Namen fragten. Wir wollen annehmen, der Bewerber entgegnete darauf, er hieße John Seymour. Sofort wird ihn einer der Herren gefragt haben: »Irgendwie verwandt mit dem Herzog von Somerset?« Es ist wahrscheinlich, daß der Bewerber hierauf mit einem »Nein, mein Herr!« antwortete. Gleich erfolgte die nächste Frage eines anderen der Herren: »Vielleicht verwandt mit dem Bischof von Watminster?« Sagte er auch darauf: »Nein, mein Herr!«, dann wird sich ein dritter, etwas verzweifelt, an ihn gewendet haben: »Mit wem sind Sie denn überhaupt verwandt?« Erwiderte der Bewerber darauf: »Mein Vater ist der Fischhändler von Cheapside!« – dann war das Gespräch beendet. Die Mitglieder des Prüfungsausschusses werden sich ein paar bezeichnende Blicke zugeworfen haben, einer wird auf die Glocke gedrückt haben, ein anderer mochte zu dem herbeieilenden Diener sagen: »Werfen Sie diese Person hinaus!« Ein Name konnte von der Bewerberliste gestrichen werden, ohne daß weitere Diskussionen erforderlich waren.

Nehmen wir an, der nächste Bewerber hieße Henry Molyneux und sei ein Neffe des Grafen von Sefton, dann konnte man seine Aussichten so lange als gut bezeichnen, bis George Howard vorgestellt wurde, der Enkel des Herzogs von Norfolk. Schwierigkeiten erwuchsen dabei für den Prüfungsausschuß nur, wenn es galt, die Ansprüche des dritten Sohnes eines Barons mit denen des zweiten, allerdings illegitimen Sohnes eines Grafen zu vergleichen. Doch auch dann hatte man noch die Möglichkeit, das Adelsregister zu Rate zu ziehen. So wurde die Auswahl getroffen – und oft mit dem besten Erfolg.

Eine bei der Marine gebräuchliche Version dieser britischen Methode (alter Art) unterschied sich von der beschriebenen nur durch den noch beschränkteren Spielraum der Prüfer. Die zum Aufnahmeexamen versammelten Admirale zeigten sich im allgemeinen weniger stark beeindruckt von Titeln. Was sie suchten, war Beziehung des Aspiranten zum Militär. Der ideale Kandidat würde auf die zweite Frage geantwortet haben: »Ja, Admiral Parker ist mein Onkel. Mein Vater ist Kapitän Foley, mein Großvater Commodore Foley. Der Vater meiner Mutter war der verstorbene Admiral Hardy. Der Kommandant Hardy ist ein Onkel von mir. Mein ältester Bruder dient als Leutnant bei der königlichen Marine, mein zweitältester Bruder ist Kadett in Dartmouth und mein jüngster Bruder trägt einen Matrosenanzug.« – »Ah«, hätte in diesem Fall der älteste der anwesenden Admirale gefragt, »und warum wollen Sie eigentlich zur Marine?« Doch die Antwort wäre jetzt schon nicht mehr ins Gewicht gefallen, da der Sekretär den Namen des Bewerbers bereits aufgeschrieben hätte. Sollten auch hier zwei gleichwertige Aspiranten aufeinandergestoßen sein, beide durch die Verwandtschaft mit der Marine gleichermaßen ausgezeichnet, dann würde einer der Admirale unvermutet gefragt haben: »Welche Nummer hatte das Taxi, in dem Sie hergekommen sind?« Ein Bewerber, der darauf antwortete: »Ich bin mit dem Bus gekommen«, wäre hinausgeworfen worden. Auch der Kandidat, der wahrheitsgemäß antwortete: »Ich weiß nicht«, hätte nur wenig Chancen gehabt, während man dem Jungen, der fröhlich log: »Nr. 2351!«, sofort als einem Bewerber mit Initiative den Posten gegeben hätte! Diese Methode hat oft hervorragende Ergebnisse gezeitigt.

Die britische Methode (neuerer Art) wurde gegen Ende des 19. Jahrhunderts entwickelt, um das Prüfungsverfahren den Verhältnissen eines demokratischen Landes etwas besser anzupassen. Das Prüfungskomitee fragt in diesem Falle knapp: »Auf welcher Schule waren Sie?« und erhält als Antwort: »Harrow, Haileybury oder Rugby«, wie es gerade kommt. Die nächste Frage lautet unweigerlich: »Was spielen Sie?« – worauf ein hoffnungsvoller Bewerber antworten muß: »Tennis für England, Kricket für Yorkshire, Rugby für die Harlequins und Korbball für Winchester.« Die folgende Frage, »Spielen Sie Polo?«, wird nur gestellt, damit sich der Bewerber nicht zu wichtig nimmt. Denn auch wenn er nicht Polo spielt, ist er ein Kandidat der engeren Wahl. Weniger Zeit würde dagegen für einen Mann verwendet werden, der zugeben muß, daß er seine Schulzeit in Wiggleworth verbracht hat. »Wo?« wird in diesem Fall der Vorsitzende des Prüfungsausschusses erstaunt fragen – und: »Wo liegt das?« nach der Wiederholung des Namens. »Ach, in Lancashire!« würde er schließlich sagen, und eines der Mitglieder würde sich, nur um der Form zu genügen, nach der sportlichen Betätigung erkundigen. Doch die Antwort: »Tischtennis für Wigan, Radfahren für Blackpool und Billard für Wiggleworth« trägt in diesem Fall nur noch dazu bei, den Namen so schnell wie möglich von der Liste verschwinden zu lassen. Möglicherweise bekommt er sogar noch ein paar unfreundliche Worte über »Leute, die unnötig die Zeit des Ausschusses in Anspruch nehmen«, zu hören. Auch dies ist ein Verfahren, das gute Resultate zeitigte.

Die chinesische Methode (alter Art) wurde zeitweise von anderen Nationen so ausgiebig nachgeahmt, daß heute nur noch wenige ihren eigentlichen Ursprung kennen. Es ist die Methode der schriftlichen Prüfung. In dem China der Ming-Dynastie mußten sich die hoffnungsvolleren Studenten alle drei Jahre einer Prüfung in ihrer Provinz unterziehen. Das Examen erfolgte in drei Abschnitten, von denen jeder wiederum drei Tage dauerte. Während des ersten Abschnittes mußte der Kandidat drei Aufsätze sowie ein Gedicht von acht Doppelversen schreiben. Während des zweiten Abschnitts fünf Essays über ein klassisches Thema. Im dritten Prüfungsabschnitt schließlich verfaßte er fünf Aufsätze über die Kunst des Regierens. Erfolgreiche Kandidaten (etwa 2 Prozent) mußten sich in der kaiserlichen Hauptstadt einem Schlußexamen unterziehen. Dieses bestand aus einer einzigen Sitzung, in welcher der Aspirant einen Aufsatz über ein politisches Tagesproblem verfaßte. Die Mehrzahl der Kandidaten, die auch dieses Examen bestanden hatten, wurde in den Staatsdienst aufgenommen, wobei man dem Jungen mit den besten Noten auch den höchsten Posten gab. Das System bewährte sich einigermaßen.

Das chinesische Verfahren wurde von den Europäern erstmals zwischen 1815 und 1830 studiert und im Jahre 1832 von der East India Company übernommen. Die Wirksamkeit der Methode wurde später von einem Ausschuß (1854) erneut untersucht. Das Resultat war die Einführung des schriftlichen Prüfungswettbewerbs (1855) für den britischen Staatsdienst. Wesentlich an der chinesischen Methode war der literarische Charakter der Prüfung. Gefragt waren die Kenntnis klassischer Literatur, die Fähigkeit, elegant zu schreiben (sowohl Poesie als auch Prosa), und genügend Ausdauer, um sämtliche Prüfungen zu bestehen. Alle diese Züge wurden getreulich im Trevelyan-North-cote-Bericht festgehalten und gelangten von dort in das Prüfungssystem, das aus dem Bericht hervorging. Man stellte sich auf den Standpunkt, daß Kenntnis der Antike und literarische Begabung einen Kandidaten für jeden Verwaltungsposten geeignet erscheinen ließen. Man vertrat ferner den Standpunkt (zweifellos mit Recht), wissenschaftliche Ausbildung befähige zu gar nichts – es sei denn, möglicherweise, zur Wissenschaft. Und schließlich stellte man ausdrücklich fest, daß es ein Ding der Unmöglichkeit sei, irgendeine Rangordnung zwischen Kandidaten zu schaffen, die in verschiedenen Fächern geprüft würden. Denn da man praktisch nicht entscheiden kann, ob ein Junge mehr von Geologie versteht als sein Nachbar von Physik, erschien es am besten, solche Prüfungsfächer gar nicht erst zuzulassen. Erhalten dagegen alle Prüflinge gemeinsam die Aufgabe, griechische oder lateinische Verse zu verfassen, dann kann man relativ leicht herausfinden, wer die besten Verse schreibt. Diese besten Kandidaten, ausgesucht nach ihrer klassischen Bildung, schickte man dann über See, damit sie Indien regierten. Die etwas weniger guten behielt man zu Hause für die Regierung Englands. Die noch schlechteren wurden abgewiesen oder in die Kolonien geschickt.

Obwohl es ungerecht wäre, dieses System als Fehlschlag zu bezeichnen, kann auch niemand behaupten, ihm wären die Erfolge der älteren Systeme beschieden gewesen. Zunächst einmal gab das System keine Garantie dafür, daß der Mann mit der besten Note nicht in Wirklichkeit verrückt war, was sich gelegentlich später herausstellte. Auch konnte das Schreiben griechischer Verse möglicherweise die einzige Fähigkeit sein, die der Mann jemals hatte oder haben würde. Hin und wieder mag es vorgekommen sein, daß ein Prüfling einen Ersatzmann ins Examen geschickt hatte und infolgedessen später, bei passender Gelegenheit, nicht einmal griechische Verse schreiben konnte. Aus diesem Grund kann der Begabtenauslese nach dem Prinzip des schriftlichen Wettbewerbs nur ein bescheidener Erfolg zugestanden werden.

Was auch die Fehler dieser Methode gewesen sein mögen, sie brachte immer noch bessere Resultate als alle Prüfungsmethoden, die man seitdem ausprobiert hat. Moderne Prüfer richten ihr Hauptaugenmerk auf den Intelligenztest und das psychologische Interview. Der Fehler des Intelligenztests ist, daß die mit einem hohen Quotienten sich nach und nach als ungebildet erweisen. Der Prüfling hat soviel Zeit darauf verwenden müssen, um die Kunst, wie man sich testen läßt, zu erlernen, wodurch ihm keine Zeit für andere Lehrstoffe blieb. Das psychologische Interview aber hat sich zu dem entwickelt, was man gerne als Gottesurteil bezeichnet. Die Kandidaten verbringen ein angenehmes Wochenende unter den Augen der Experten. Wenn einer der Bewerber über den Türvorleger stolpert und »Mist« murmelt, zücken die Fachleute im Hintergrund sofort ihre Notizbücher und notieren »geringe motorische Koordination« oder »Mangel an Selbstbeherrschung«. Man braucht dieses Verfahren nicht genauer zu beschreiben; seine Produkte laufen überall herum und sind mehr als bedauernswert. Personen, die den Vorstellungen eines Psychologen am meisten entsprechen, sind gewöhnlich von vorsichtiger, mißtrauischer Gemütsart, Pedanten und Spießer, die wenig sagen und noch seltener etwas tun. Es ereignet sich alle Tage, daß ein Mann, der nach dieser Methode aus fünfhundert Anwärtern herausgesucht wird, kurze Zeit später fristlos entlassen werden muß, weil seine Nutzlosigkeit sogar noch unterhalb des Standards seiner Abteilung liegt. Von den zahlreichen Verfahren der Begabtenauslese ist dieses letztere zweifellos am schlechtesten.

Was für eine Methode sollte also künftig angewendet werden? Einen Hinweis darauf, wie man es machen könnte, findet man in einem wenig bekannten Aspekt einer modernen Selektionstechnik. Es geschieht nicht eben oft, daß ein chinesischer Dolmetscher für das Auswärtige Amt gesucht wird; infolgedessen blieb die Methode bisher praktisch geheim. Der Dolmetscherposten ist ausgeschrieben, und die Bewerbungen gehen, wie wir annehmen wollen, zu einem Fünferausschuß. Drei der Prüfer sind Verwaltungsbeamte, zwei bedeutende chinesische Gelehrte. Ausgebreitet auf einem Tisch vor den Ausschußmitgliedern, liegen 483 Anträge mit angehefteten Zeugnissen. Alle Bewerber sind Chinesen, alle haben ein Diplom aus Peking oder Amoy, alle den Doktorgrad von Cornell oder John Hopkins. Die Mehrzahl der Bewerber war obendrein bei dieser oder jener Gelegenheit einmal Minister in Taiwan. Einige haben Paßfotos beigelegt, andere (weise) darauf verzichtet. Der Vorsitzende des Ausschusses wendet sich an den führenden chinesischen Experten und sagt: »Vielleicht kann Dr. Wu uns sagen, welchen der Bewerber wir in die engere Wahl ziehen sollten?« Dr. Wu lächelt rätselhaft und deutet auf den Papierstapel. »Keiner von ihnen ist gut!« sagt er kurz. »Aber warum – ich meine, warum nicht?« fragt der überraschte Vorsitzende. »Weil kein Guter sich überhaupt bewerben würde; denn er müßte fürchten, er verliert sein Gesicht, wenn er abgewiesen wird.« – »Aber was sollen wir dann tun?« fragt der Vorsitzende. »Ich denke«, sagt Dr. Wu, »wir können Dr. Lim überreden, den Posten anzunehmen. Was denken Sie, Dr. Lee?« – »Ja, ich denke auch«, erwidert Lee, »aber wir können uns nicht an ihn direkt wenden. Wir können uns an Dr. Tan wenden und fragen, ob er denkt, daß Dr. Lim interessiert ist.« – »Ich kenne Dr. Tan nicht«, sagt Dr. Wu, »aber ich kenne seinen Freund, Dr. Wong.« Inzwischen ist der Vorsitzende viel zu verwirrt, um noch zu begreifen, wer sich an wen wenden soll. Aber das Großartige an dem Fall ist, sämtliche Bewerbungen wandern in den Papierkorb, nur ein Kandidat kommt in Betracht und daß ist ein Mann, der sich nicht beworben hat.

Wir sind weit davon entfernt, die weltweite Übernahme des chinesischen Verfahrens zu empfehlen; aber wir ziehen daraus den Schluß, daß der Fehler anderer Verfahren in der übergroßen Zahl der Bewerber liegt. Natürlich gibt es Mittel, durch die man die Gesamtzahl reduzieren kann. Die Formel »Streichen Sie alle Leute über fünfzig und unter zwanzig und alle irischer Abstammung« wird heute in der ganzen Welt angewendet. Sie verkürzt zweifellos die Liste – doch es bleiben trotzdem noch zu viele Namen übrig. Es ist einfach unmöglich, unter dreihundert Bewerbern zu wählen, die sämtlich qualifiziert und wärmstens empfohlen sind. Daher neigen wir immer mehr zu der Auffassung, der Grundfehler sei in der Ausschreibung der Stelle zu suchen. Der Text des Angebotes hat zu viele Bewerber angelockt. Dieser Nachteil ist heute noch so unbekannt, wodurch manche Chefs Stellenangebote herausgehen lassen, die buchstäblich Tausende von Bewerbern anlocken. Da heißt es dann, daß ein verantwortungsvoller Posten frei geworden ist, weil sein bisheriger Inhaber politische Verantwortung übernommen habe. Das Gehalt ist hoch, die Pension großzügig, die Pflichten stehen nur auf dem Papier, die Privilegien sind immens, die Spesen nicht zu verachten, Wohnhaus wird zur Verfügung gestellt, Dienstwagen und unbegrenzte Reisemöglichkeiten sind garantiert. Interessenten sollen sich bewerben, schnell, aber sorgfältig, und sie sollen Fotokopien (nicht Originale!) von nicht mehr als drei Zeugnissen aus den letzten Jahren beifügen. Was kommt bei einer solchen Anzeige heraus? Eine Flut von Bewerbungen, zahlreiche von Verrückten und ebenso viele von abgedankten Majoren der Armee, die (wie sie stets versichern) eine besondere Gabe »im Umgang mit Menschen« haben. Man kann nichts tun, als den ganzen Haufen zu verbrennen und noch einmal von vorne über den Fall nachzudenken. Es würde Zeit und Ärger erspart haben, wenn man zuerst nachgedacht hätte.

Denn nur ein bißchen Nachdenken ist erforderlich, um uns klarzumachen, daß die ideale Stellenausschreibung nur eine Bewerbung zur Folge haben darf, nämlich die des richtigen Mannes. Lassen Sie uns mit einem extremen Beispiel beginnen:

> *Gesucht:* Akrobat, der auf lockerem Drahtseil 60 m über glühenden Kohlen laufen kann. Auftritt zweimal nachts, samstags dreimal. Gehalt: 1000 DM wöchentlich. Keine Pensionsansprüche, keine Entschädigung im Schadensfalle. Bewerber stellen sich persönlich im Wildkatzen-Zirkus zwischen 9 und 10 Uhr morgens vor.

Der Wortlaut der Anzeige mag nicht vollkommen scheinen, aber ihr Ziel ist auf jeden Fall, die Verlockungen des Gehaltsangebots gegen die möglichen Gefahren so auszuwiegen, daß sich nur ein einziger Bewerber vorstellt. Nach Einzelheiten, wie Qualifikation oder Berufserfahrung, braucht nicht gefragt zu werden. Kein Mensch, der nicht auf dem lockeren Seil laufen kann, wird sich von dem Inserat verlockt fühlen. Man braucht auch nicht extra zu inserieren, daß der Bewerber körperlich leistungsfähig, nüchtern und frei von Gleichgewichtsstörungen sein muß – das wissen alle, die es angeht, sowieso –, oder zu schreiben, es sei zwecklos, sich zu bewerben, wenn man nicht schwindelfrei ist. Solche werden sich nicht melden. Die Geschicklichkeit des Bewerbers zeigt sich in der Kunst, wie er

Gefahr und Gehalt gegeneinander abwägt. Ein Angebot von 2000 DM wöchentlich würde schon ein Dutzend Bewerber anlocken, ein Angebot von 100 DM möglicherweise gar keinen. Irgendwo zwischen diesen beiden Zahlen liegt der Wert, den man finden muß: das Mindestangebot für eine tüchtige Arbeitskraft. Melden sich mehr als ein Bewerber, dann wurde die Zahl ein wenig zu hoch angesetzt.

Ein weniger extremes Beispiel:

> *Gesucht:* Ein Archäologe von hoher akademischer Qualifikation, der bereit ist, fünfzehn Jahre lang Inka-Gräber im Höllental am Alligatorfluß auszugraben. Persönlicher Adel oder entsprechende Ehrung garantiert. Pension kann gezahlt werden, wurde aber bisher noch nie in Anspruch genommen. Gehalt: 36 000 DM jährlich. Alle Bewerbungen in dreifacher Ausfertigung an das Wühlburg-Institut, Krankental ...

Auch hier sind Licht- und Schattenseiten der Stellung geschickt ausbalanciert. Nicht nötig, besonders darauf hinzuweisen, daß Bewerber für diese Stellung geduldig, zäh, furchtlos und unverheiratet sein müssen. Die Ausdrucksweise des Inserats schließt alle, die es nicht sind, von vornherein aus. Überflüssig auch, zu verlangen, der Bewerber müsse ganz verrückt danach sein, Gräber auszugraben. Der Mann, der sich meldet, wird ganz sicher verrückt sein. Indem man auf diese Weise die Zahl der möglichen Bewerber auf drei drückte, bietet das Inserat gerade so wenig Gehalt, daß es zwei abschreckt, gerade so viel Ehren, daß sich der dritte angezogen fühlt. Wir dürfen mit Recht annehmen, das Angebot des Hosenbandordens würde zwei Bewerbungen zur Folge gehabt haben, die des Bundesverdienstkreuzes keine. Das Ergebnis dieser Anzeige ist ein Bewerber – und daß der Mann verrückt ist, spielt keine Rolle. Er ist der Mann, den wir brauchen.

Nun denkt mancher, auf der Welt gäbe es wenig Gelegenheit, solche Akrobaten oder Archäologen zu suchen, man würde allerdings öfters vor das Problem gestellt, Bewerber für weniger exotische Berufe zu finden. Das stimmt, doch die Prinzipien sind hier wie dort die gleichen. Nur ihre Anwendung erfordert größeres Geschick. Nehmen wir einmal an, der Mann, den wir suchen, sei ein Ministerpräsident. Die moderne Tendenz, auf verschiedene Auswahlverfahren zu vertrauen, führt unweigerlich zu katastrophalen Ergebnissen. Denken wir doch an die Märchen unserer Kinderzeit zurück, so werden wir bald feststellen, daß in den Zeiten, in denen sie spielen, wesentlich befriedigendere Methoden der Auslese in Gebrauch waren. Mußte ein König entscheiden, welcher Mann seine älteste oder einzige Tochter heiraten und damit das Königreich erben sollte, dann erfand er eine Art Hindernisrennen, aus dem nur der richtige Bräutigam erfolgreich hervorging; und oft überlebte von allen überhaupt nur der richtige Mann. Zur Durchführung solcher Tests waren die Könige jener historisch unbestimmten Epoche bestens mit Personal und Einrichtungen versorgt – wie mit Zauberern, Dämonen, Feen, Vampiren, Werwölfen, Riesen und Zwergen. Da gab es Zauberberge, Feuerströme, verborgene Schätze und verwunschene Wälder. Man mag einwenden, daß moderne Regierungen in dieser Beziehung weniger gut dran sind. Doch das ist durchaus nicht sicher. Ein Verwaltungsbeamter, der die Dienste von Psychologen, Psychiatern, Irrenärzten, Statistikern und Betriebswissenschaftlern in Anspruch nehmen kann, ist in keiner schlechteren (oder besseren) Lage als der König von damals, der auf die Hilfe häßlicher alter Weiber oder guter Feen angewiesen war. Eine Verwaltungsabteilung, gut ausgerüstet mit Filmkameras, Fernsehgeräten, Radios und Röntgenapparaten, kommt nicht schlechter weg als der Mann, der mit Zauberstäben, Kristallkugeln, Wunschbrunnen und Tarnkappen arbeitete. Die Erfolgsquoten sind durchaus vergleichbar. Und alles, was man tun muß, ist, die Technik des Märchens der modernen Welt anzupassen. In dieser Beziehung aber wird es keine besonderen Schwierigkeiten geben.

Unser erster Schritt auf diesem Weg ist, die Eigenschaften festzustellen, die ein Ministerpräsident haben sollte. Es muß sich nicht in jedem Falle um die gleichen Qualitäten handeln, doch muß man sie einmal auflisten und sich auf die wichtigsten einigen. Nehmen wir an, die erforderlichen Eigenschaften lauten: 1. Energie, 2. Mut, 3. Vaterlandsliebe, 4. Erfahrung, 5. Popularität und 6. Beredsamkeit. Nun wird man sofort bemerken, daß dies sehr allgemeine Begriffe sind; infolgedessen glaubt jeder Bewerber, genug davon zu haben, um sich zu qualifizieren. Da könnte man sich nur mit Einschränkungen behelfen, derart daß 4. Erfahrung in der Löwendressur oder 6. Beredsamkeit in der chinesischen Amtssprache gefordert würde. Doch so sehr wollen wir uns hier nicht einschränken. Wir suchen ja nicht die Eigenschaft in einer speziellen Ausprägung, sondern im überragenden Maß. Mit anderen Worten: Der erfolgreiche Kandidat muß der energischste, mutigste, patriotischste, erfahrenste, beliebteste und beredteste Mann seines Landes sein. Nur einer kann diese Forderung erfüllen; und dessen Bewerbung wollen wir erhalten. Die Ausschreibung des Postens muß deswegen so gehalten werden, daß die Bedingungen jeden anderen Kandidaten ausschließen. Wir sollten daher eine solche Annonce etwa folgendermaßen aufsetzen:

> *Gesucht:* Ministerpräsident von Ruritanien. Tägliche Arbeitszeit: 4 Uhr früh bis 23.59 Uhr abends. Bewerber für diesen Posten müssen sich bereithalten, drei Runden mit dem gegenwärtigen Schwergewichtsmeister zu boxen (Handschuhe vorgeschrieben). Der Kandidat wird durch schmerzlose Mittel für sein Vaterland sterben, wenn er sein Ruhestandsalter (65) erreicht hat. Er muß eine Prüfung in parlamentarischen Regeln ablegen, und er wird liquidiert, wenn er weniger als 95 Prozent der Fragen richtig beantwortet. Der Kandidat wird ebenfalls liquidiert, wenn er weniger als 75 Prozent der Stimmen bei einer Meinungsumfrage auf sich vereinigt. Schließlich hat der Kandidat sich einer Beredsamkeitsprobe zu unterwerfen; er wird hierfür zu einem Baptistenkongreß gehen müssen, dessen Mitglieder er zum Rock 'n' Roll überreden muß. Ebenfalls Liquidierung im Fall des Versagens. Alle Bewerber für den Posten stellen sich am 19. September, vormittags 11.15 Uhr, pünktlich am Seiteneingang des Sportklubs ein. Handschuhe werden gestellt; Sporthemd, Sporthose sowie Sportschuhe mit Gummisohlen sind mitzubringen.

Bemerkenswert an diesem Stellenangebot ist, daß es allen Ärger mit Bewerbungsformularen, Zeugnissen, Fotografien, Referenzen und Lebensläufen erspart. Wenn die Anzeige richtig formuliert wird, meldet sich nur ein Kandidat, der sofort seinen Dienst antreten kann oder wenigstens ziemlich bald. Was aber, wenn sich kein Anwärter meldet? Das wäre ein Zeichen dafür, daß unser Stellenangebot revidiert werden müßte. Offenbar haben wir nach einem Mann gefragt, den es gar nicht gibt. Also kann jetzt die gleiche Anzeige (die übrigens recht klein gehalten ist) in die Zeitungen gesetzt werden, jedoch mit geringfügigen Änderungen. Gefordert in der Prüfung sind jetzt nur noch 85 Prozent, in der Meinungsumfrage 65 Prozent und nur noch zwei Runden mit dem Schwergewichtsmeister. Die Bedingungen können weiter herabgesetzt werden, bis sich tatsächlich der erste Bewerber vorstellt.

Was aber, wenn sich auf einmal zwei oder gar drei Bewerber melden? Dann wissen wir sofort: Wir sind nicht wissenschaftlich genug vorgegangen. Mag sein, daß wir die Prozentsätze zu jäh gesenkt haben. 87 Prozent wären vielleicht richtiger gewesen – und 66 Prozent bei der Meinungsumfrage. Doch was auch die Ursache war, es ist nun einmal geschehen. Zwei oder drei Kandidaten warten im Vorzimmer. Wir müssen uns entscheiden, wir können nicht den ganzen Morgen vertrödeln. Eine Möglichkeit wäre, dem Gottesurteil seinen Lauf zu lassen und die Kandidaten, die am schlechtesten abschneiden, zu eliminieren. Doch es gibt noch einen kürzeren Weg. Angenommen, alle drei genügen vollauf den gestellten Forderungen; dann stellen wir doch einfach eine Zusatzbedingung auf und wenden den einfachsten Test an, der denkbar ist: Wir fragen das nächste junge Mädchen (Empfangsdame, Stenotypistin, was gerade zur Hand ist): »Wen ziehen Sie vor?« Sie wird ohne Zögern auf einen der drei deuten, und damit ist der Fall entschieden. Man hat eingewendet, daß ein solches Vorgehen gleichbedeutend sei mit dem Hochwerfen einer Münze oder ähnlichen Zufallsentscheidungen. Doch hier spielt der Zufall keine Rolle. Vielmehr ist es so, daß wir, wenn auch erst in letzter Minute, Wert auf eine weitere Eigenschaft legen, die wir bisher nicht berücksichtigten: den Sex-Appeal.

# 8.
# Der Stellvertreter oder Gipfel in Sicht

Im Leben jedes Mannes kommt eines Tages der Augenblick, in welchem der anzustrebende Gipfel des Berufslebens in scheinbar greifbare Nähe rückt. Da steht man in der Hierarchie an zweiter Stelle und soll nun bald der Erste sein. Aber wann? Man war es gewohnt, die zweite Geige zu spielen, nicht in so schwindelnder Höhe. Die Zeit sollte reif sein für den letzten entscheidenden Coup, für den großen Sprung, von dem die ganze Zukunft abhängt.

Wie ist man die perfekte »Nr. 2«? Diese Frage ist tatsächlich einer eingehenden Untersuchung wert. Wie immer stellt sich am Anfang die Frage der Terminologie. Mit welchem Titel soll man seine »Zweitrangigkeit« schmücken? Nichts ist verwirrender und in solch ständigem Fluß begriffen wie Statusbezeichnungen. Hinter ihrer Verschwommenheit stehen die nackten Fakten des Lebens. In jeder großen Organisation gibt es sie, die »Nr. 1«. Und genauso, ja gerade unvermeidlich, existiert da die »Nr. 2«.

Die »Nr. 2« ist immer da, es hat sie immer gegeben, und es wird sie vermutlich auch in aller Zukunft weiterhin geben. In sogenannten primitiven Gesellschaften steht an der Spitze des Familienverbandes der Vater oder der Großvater, der »Alte« (so nennt man übrigens auch heute noch die Kapitäne). Sein Stellvertreter und Nachfolger ist der älteste Sohn. Alle menschliche Autorität hat diese patriarchische Wurzel und beruht auf dem Wunder, der Zuneigung und der Furcht. Die Fertigkeiten des Vaters erfüllen das Kind mit einem Wunderglauben; es empfindet Zuneigung zum Vater als Beschützer, dem daran liegt, das Überleben des Kindes zu sichern; und es empfindet Furcht vor der Bestrafung, die er ihm als Lehrmeister auferlegen muß. Das Amt der »Nr. 2«, des ältesten (oder des tüchtigsten) Sohnes, ist also, wie wir sehen, bereits uralt.

Es erhebt sich allerdings die Frage, ob jede Organisation solchermaßen über eine anerkannte »Nr. 2« verfügt. Nein, denn da gibt es eine bedeutende Ausnahme: In Despotien und diktatorisch regierten Staaten gibt es keinen wirklichen Stellvertreter und keinen offiziell nominierten Nachfolger. Das liegt ganz einfach daran, daß die Stärke derartiger Regime ganz wesentlich auf der Annahme beruht, der eben an der Macht befindliche Diktator sei unersetzbar. Ein guter Stellvertreter rüttelt an dieser Unersetzbarkeit. Ein designierter Nachfolger macht die eigene Position recht unsicher. Es gehört zu den stets zu beobachtenden Praktiken jedes Diktators, den Thron neben seinem eigenen ganz bewußt leerstehen zu lassen. Statt der »Nr. 2« gibt es in diesen Systemen eine Handvoll miteinander konkurrierender Männer, die sich durch ihre Eifersucht gegenseitig in Grenzen halten.

Diktatoren sind übrigens auch in Wirtschaft und Industrie nicht unbekannt. Es hat Unternehmen gegeben, die genauso geführt wurden – und mit demselben Ergebnis: Sie haben ihren »Chef« nicht überlebt.

Die Präferenz der Menschen richtet sich in der Regel auf Institutionen von größerer Stabilität, auf Regierungen, die eine einzelne Pistolenkugel überleben, und auf Industrieimperien, die auch nach einem einzelnen Herzinfarkt noch weiterbestehen. So gesehen, sind also auch Industriediktatoren eher die Ausnahme.

Eine weitere Abweichung von der Norm zeigt sich dort, wo die »Nr. 2« in Wirklichkeit die »Nr. 1« ist. Da gibt es so Gerüchte, daß der, der wirklich Resultate haben will, zu einem Mann namens Lauerer gehen sollte und nicht zu Herrn Heinrich P. Opanz, dem eigentlichen Chef. Man kennt solche Situationen. Da gibt es Männer wie Lauerer, die hungern nach Macht und weniger nach Amt und Würden. Gelegentlich gehen sie eine Symbiose ein mit Männern wie P. Opanz, der Amt und Würden der Macht vorzieht.

So war es beispielsweise früher beim deutschen Militär üblich, den Generalstabschef mit peinlichster Sorgfalt auszuwählen, während man dessen Oberbefehlshaber (Vorgesetzten) eher beiläufig designierte. Solche Scheinhierarchien, welche den tatsächlichen Amts- und Machtbefugnissen in keiner Weise entsprechen, erweisen sich oft als recht nützlich, dies besonders in reinen Männergesellschaften. Wir brauchen in diesem Zusammenhang nur an die Hierarchie in der zölibatären Geistlichkeit zu denken. Auch beim Kardinal und seinem Beichtvater funktioniert dieses System recht gut.

Symbiosen solcher Art sind allerdings nur dann wirklich zufriedenstellend, wenn die jeweiligen Partner unverheiratet sind. Ist eine an sich als Persönlichkeit schwache und daher von seiner »Nr. 2« ohnehin bereits dominierte »Nr. 1« verheiratet, wird man mit Sicherheit annehmen dürfen, der große Chef steht auch daheim unter dem Pantoffel. Und man wird weiter annehmen müssen, daß die mißtrauische und ehrgeizige Ehefrau der »Nr. 1« ihren Gatten drängen wird, sich zu behaupten. Nun mag die Ehefrau der »Nr. 2« etwas unterwürfiger sein. Ihr ganzer Kummer wird allerdings in der Hochnäsigkeit der angetrauten Hälfte von »Nr. 1« liegen.

Der englische Schriftsteller Trollope hat einen Roman geschrieben, in dem die Geliebte eines Bischofs und dessen Beichtvater die um die Macht ringenden Schlüsselpersönlichkeiten sind. Am Ende setzt sich die Geliebte durch, nicht deshalb, weil sie stärker, klüger oder besser gewesen wäre als der Kaplan, sondern bloß aus dem trivialen Grund, weil der Bischof dem Einfluß seiner Geliebten stärker ausgesetzt war als dem seines Beichtvaters. So geht es nun einmal im Leben. Selbst dann aber, wenn beide Männer Junggesellen sind – ist damit auf Dauer etwas gewonnen? Wohl kaum, denn Gefahren lauern an allen Ecken und Enden. Solange eine einzige rothaarige und stupsnäsige Sekretärin eine betriebsinterne Revolution auslösen kann, ist die Situation notwendig unstabil. Eine Pyramide steht nun einmal besser auf ihrer Basis als auf ihrer Spitze.

Wenden wir uns lieber den Regelfällen zu, jenen vorzuziehenden Situationen also, in welchen die »Nr. 1« tatsächlich nicht nur dem Namen, sondern auch der tatsächlichen Funktion nach der Chef ist. Welche Position hat »Nr. 2« in diesem Normalfall?

Man könnte es sich leichtmachen und sich einfach darauf beschränken, daß die »Nr. 2« immer derselbe Typ Mensch sein wird. Das Bild von der idealen »Nr. 2« läßt sich so leicht malen: Der alte Tom, der alte Dick oder der alte Harry – sie sind so verläßlich still und emsig, immer da, wenn man sie braucht, taktvoll abwesend, wenn man sie nicht braucht; sie sind so liebenswürdig zu den Kollegen und »gute Onkels« von den Kindern der »Nr. 1«.

Aber diese ihre zufälligen Funktionen sollen uns nicht die Sicht vernebeln. Eine »Nr. 2« schlechthin gibt es nicht: Manche Chefstellvertreter sind zurückhaltend und unscheinbar, manche geheimnisvoll und verschwiegen. Manche unter ihnen sind gescheit bis zur Genialität, beschäftigen sich aber nicht gern mit Kleinigkeiten; andere wieder sind ausgesprochen negative und stumpfe Charaktere. Es gibt Chefstellvertreter, denen die positive Zusammenarbeit mit allen daran Interessierten geradezu ein Bedürfnis ist, denen aber die Möglichkeit dazu infolge der Engstirnigkeit der Unternehmensleitung niemals gegeben wird. Aber auch hier kann man keine allgemein gültigen Regeln aufstellen: Es gibt »Reservebosse«, die so stur und querköpfig sind, weswegen man ihren Widerstand nicht überwinden, sondern nur flankierend umgehen kann, indem man sich an höhere Instanzen wendet.

Obwohl sich aus dieser Beschreibung der Schluß ziehen läßt, daß nicht eine »Nr. 2« der anderen in Aussehen, Verhalten, Temperament und Charakter gleicht, lassen sich die Chefstellvertreter doch in zwei große Kategorien einteilen: in jene (Kategorie A), welche zufrieden sind, die »Nr. 2« zu sein, und in jene (Kategorie B), welche »Nr. 1« werden wollen. Die Abgrenzungen zwischen den beiden Kategorien sind unbestritten fließend, weil sich manche dieser Personen in einer Übergangsphase befinden; aber die Kategorien existieren, und die »Nr. 2«-Mehrzahl kann in die eine oder die andere eingeordnet werden.

Die unvermeidliche und sozusagen »ewige Nr. 2« erkennt man daran, daß ihr jeder Ehrgeiz fehlt. Kennzeichnend für diesen Typ sind seine stets leicht fluktuierenden Interessen: Er beschäftigt sich gelegentlich mit außerdienstlichen Dingen, widmet also nicht all seine Energie der Firma. Er plaudert über die Vereinigung der Ratenzahler, über den Golfklub, über Probleme der Lokalpolitik, über die Handelskammer oder irgendwelche Vereine. Zu Hause hat er ein sehr kultiviertes und gepflegtes Heim – er baut Spargel an und hat eine asphaltierte Auffahrt. Diese Typen arbeiten stets soviel wie immer, aber – wohlgemerkt – nie mehr. Sie sind – beinahe immer – pünktlich im Büro. Früher waren sie vielleicht einmal ehrgeizig, aber heute ist doch die Entwicklung der Kinder wichtiger geworden. Man ist stolz auf den Erfolg des Sohnes in Oxford und auf den ersten Sprößling der Tochter. Man wirkt gesetzt, lebt komfortabel; das charakterisiert einen mehr als jedes Wort. Aus purer Gewohnheit spricht man dann und dort noch vom Aufstieg, aber das eigene zufriedene Gesicht straft einen Lügen.

Es ist eine wahre Kunst, eine zufriedene »Nr. 2« zu sein, gleichgültig, ob man von Anfang an dazu bestimmt war oder ob einem diese Position aufgedrängt wurde. Die »Kunst« besteht im wesentlichen darin, sich mit einem Helden zu identifizieren. Und diese Identifizierung verläuft so wie beim Durchschnittsbürger im Fernsehen oder im Kino. Der vergißt, daß der Western im Studio gedreht wurde oder der Regisseur die erste Szene zehnmal neu spielen ließ. Der wundert sich nicht, daß der Geprügelte immer hinfällt, aber stets unverletzt aufsteht. Der sitzt nur da, die Fäuste am imaginären Colt, in völliger Identifizierung mit dem heldenhaften Cowboy.

Für die ideale »Nr. 2« ist die »Nr. 1« der Held, an dessen Schicksal er teilhat; ja, mehr noch, er macht es zu seinem eigenen. »Wir« haben eine Entscheidung getroffen, oder »wir« haben es dem Aufsichtsrat mit seinen absurden Vorstellungen aber wieder einmal tüchtig gegeben. »Der Chef weiß recht gut, was anliegt«, sagt die »Nr. 2« zwar, »den täuscht keiner, der weiß immer, was zu tun ist.« Aber der Tonfall, in welchem diese Laudatio vorgetragen wird, verrät deutlicher als alle Worte, daß er hier sein Selbstbild projiziert. Der Erfolg der »Nr. 1« ist auch sein Erfolg.

Die »Nr. 2« (A), also der Chefstellvertreter ohne weitere Aufstiegsambitionen, nimmt mit der Zeit immer mehr die Eigenarten der ihr vorgesetzten »Nr. 1« an: Sie denkt wie sie, sie schreibt wie sie, und am Ende glaubt jeder, Befehle und Anordnungen, welche die Unterschrift der »Nr. 1« tragen, stammen tatsächlich von ihr selber, weil die »Nr. 2« in Wirklichkeit Sprach- und Schriftstil des Vorgesetzten bereits so gut beherrscht, daß die Untergebenen keinerlei Unterschiede mehr feststellen können.

Wir gelangen nun zur – zahlenmäßig vermutlich bedeutenderen – Gruppe der »Nr. 2« (B), also zum ehrgeizigen Aufsteigertyp. Man kann diese Art der Chefstellvertreter in drei Unterkategorien (I, II und III) einteilen. Bei den Chefstellvertretern der Gruppe I handelt es sich um solche, welche nach der Machtübernahme ihrer jeweiligen »Nr. 1« in die Stellvertreterposition aufgerückt sind. Es sind meist junge, optimistische Männer, welche von ihrer »Nr. 1« selber auf den Stellvertreterstuhl gehoben worden sind und bei jeder Gelegenheit sagen, daß sie diese Beförderung nie erwartet hätten und sie noch nie ein derart hohes Amt bekleidet hätten. »Ach Gott«, hört man von den Männern der Kategorie I alle Tage, »das ist schon etwas Besonderes, wenn man unter einem Mann wie Wilhelm Wichtig arbeiten darf! Jeden Tag kann ich da etwas Neues lernen. Er ist schon ein großartiger Mann, versteht sein Geschäft. Ich kann Ihnen sagen, da habe ich eine Portion Glück gehabt!«

Der so spricht, ist Alfred Aufwärts, den man in wohlinformierten Kreisen für den kommenden Mann hält und der mit seiner Dankbarkeit dem verehrten Vorgesetzten gegenüber durchaus nicht hinter dem Berg hält, besonders dann nicht, wenn Herr Wichtig in Hörweite ist. An sich mag Herr Aufwärts tatsächlich noch nicht ganz begriffen haben, warum Wichtig ausgerechnet ihn aus einer Schar von ebenfalls ausgezeichnet qualifizierten Mitarbeitern zu seinem Stellvertreter auserkoren haben mag. Aber diese Entscheidung soll der Chef niemals zu bereuen haben, das hat sich Herr Aufwärts ganz fest vorgenommen. Wenn Wichtig einmal nicht im Büro ist, z. B. wegen einer Konferenz, glänzt Aufwärts mit seiner stellvertretenden Macht.

»Nein«, hört man ihn kritisch sagen, »ich glaube doch nicht, daß diese Lösung den Vorstellungen von Herrn Wichtig entspricht.« Und im Zweifelsfall wohl auch: »Was den letzten Punkt betrifft, denke ich, wir sollten mit einer Entscheidung doch wohl besser warten, bis Herr Wichtig zurück ist!« Oder auch: »Das wäre wohl ganz im Sinne von Herrn Wichtig.«

Wenn sich Wichtig ernsthaft mit dem Gedanken an den wohlverdienten Ruhestand zu tragen beginnt, ist es Aufwärts, der jene Mitarbeiterdelegation anführt, welche Herrn Wichtig von seiner Unersetzbarkeit pflichtgemäß zu überzeugen versucht. »Sie brauchen bestimmt nur einen Urlaub; wir brauchen Sie hier alle viel zu sehr, als daß Sie uns verlassen dürfen. Das dürfen Sie uns nicht antun, Herr Wichtig!« Da muß doch jeder zustimmen: Aufwärts ist einfach ein erstklassiger Mitarbeiter und Mensch, einer, dessen Stern im Aufsteigen begriffen ist.

Zur Gruppe II zählt man jene Chefstellvertreter, die schon auf ihren Posten saßen, bevor »Nr. 1« zu ihrer Position kam. Er war schon der zweite Mann des Vorgängers. Albin Abwärts ist ein geradezu klassisches Beispiel einer »Nr. 2« (Kategorie B II), ein ausgezeichneter Mann: tüchtig, kooperativ und beliebt bei der gesamten Belegschaft. Inoffiziell weiß man längst, daß sich der Aufsichtsrat anläßlich der Neubesetzung des Chefpostens letzten Endes nur deshalb zugunsten von Julius Jung entscheiden konnte, weil man die Abteilung unter der Betreuung von Abwärts ja in ausgezeichneten Händen wußte. Er war der ideale Mann, um dem damals noch unerfahrenen Jung zu helfen. Und jeder weiß inzwischen, daß man eine richtige Wahl getroffen hat: Abwärts, von den Jüngeren »Papa Abwärts« genannt, hat sich bewährt.

Obwohl er eigentlich nicht so viel älter ist als Jung, wirkt er doch im Vergleich wesentlich gesetzter. Er neigt ein bißchen zu übertriebener Geschäftigkeit, aber das nimmt man schon in Kauf: Schließlich – was wäre der Betrieb ohne Abwärts? Nichts, wirklich nichts! Wenn einer Bescheid weiß, so ist das

Abwärts: er kennt alle beim Namen und steht jedem mit Rat und Hilfe zur Seite. Er weiß, man hat eine Umorganisation, wie sie im Betrieb jetzt eben diskutiert wird, bereits einmal ausprobiert: Das war noch vor 1937. Wenn es ein schwieriges Problem zu lösen gibt, muß Abwärts heran – und er schafft es. Das weiß man im Aufsichtsrat; und daß die da oben das wissen, macht Abwärts ganz einfach stolz. An seiner unbedingten Loyalität der »Nr. 1« gegenüber gibt es nicht den geringsten Zweifel, obwohl manche durchaus der Meinung sind, Abwärts sei eigentlich der bessere von beiden.

»Laßt das am besten Abwärts machen!« meint der Chef bloß. Und er kann sich darauf verlassen, daß alles zur rechten Zeit fertig ist. Wenn man überhaupt sagen kann, die Produktion hinge von einem einzigen ab, dann von Abwärts. Das wissen fast alle. Abwärts ist für die Firma nicht nur ein wichtiger Mann, er ist *der* Mann schlechthin.

In die gleiche Kategorie (B II) gehört Richard Raunzer, aber er gehört zu einer anderen Branche. Raunzer ist bei »Bellectronics« beschäftigt und dort einer der Besten. Seine Fähigkeiten und Verdienste sind allgemein anerkannt, und es ist ein offenes Geheimnis, daß Raunzer den Posten des geschäftsführenden Direktors bekommen hätte, wenn damals nicht gerade Gisbert Gipfler frei gewesen wäre. Etwas älter als Abwärts und tatsächlich vorzeitig gealtert wirkend, hat Raunzer zu Gipfler niemals ein wirklich harmonisches Verhältnis finden können. Acht Jahre lang behandelt ihn Gipfler betont freundlich, aber damit täuscht er niemanden in der ganzen Firma. Raunzer rächt sich dafür mit einer Art unausgesprochener Kritik. Fragt man ihn, was er von der aktuellen Produktionspolitik der Firma halte, erläutert er den laufenden Entwicklungsplan, um dann – nach kurzer und vielsagender Pause und mit einem leicht resignierten Schulterzucken fortzusetzen: »Ob das allerdings die beste Lösung ist ... na ja, das wird sich ja in der nächsten Zeit herausstellen. Einige in der Firma sind eher der Ansicht ... aber, das ist nicht so wichtig. Sie kennen doch sicherlich Herrn Gipfler, nicht wahr? Ein bemerkenswerter Mann – in jeder Beziehung. Manchmal frage ich mich, wie er das alles schaffen wird. Wirklich, da bin ich gespannt!«

»Ich frage mich, wie er das alles schaffen wird!« Diesen Satz hört man oft aus Raunzers Mund – und er läßt gerade so viel Zweifel anklingen, um eine gewisse Verzagtheit deutlich zu machen. Ohne jemals ein Wort der offenen Kritik fallen zu lassen, stellt Raunzer jede von seinem Vorgesetzten getroffene Entscheidung in Frage.

»Wenn wir nicht absolutes Vertrauen zu Herrn Gipfler hätten«, so hört man die »Nr. 2« sagen, »müßte man beinahe befürchten, daß er den aktuellen Markttrend völlig falsch eingeschätzt hat. Er hat so eine gewisse Intuition, die mehr wert ist als alle Erfahrungen. Wir werden sehen ...«

Richard Raunzer ist ein Meister des ausdrucksvollen und vielsagenden Schweigens – er könnte diese Disziplin geradezu an der Universität studiert haben. Und die Art, wie er eine Augenbraue skeptisch hochzuziehen versteht, sagt mehr als tausend Worte. Von all dem, was er nicht sagt, wird klar, daß Gipfler ein vollständiger Versager ist.

In die Gruppe III der Chefstellvertreter gehören schließlich all jene, welche durch Unternehmensfusionierung ihre ehemalige Stellung als »Nr. 1« verloren haben. Da ist z. B. Norbert von Nolens-Volens, der vom hohen Roß fiel, als seine ursprüngliche Firma (»Steh & Schau G. m. b. H.«) im Jahre 1960 von der »Großmauler-Gruppe« übernommen wurde. Bei »Steh & Schau« war der edle Norbert »Nr. 1«, bei »Großmauler« muß er nun als »Nr. 2« weiterdienen. Die Beziehungen zwischen seinem neuen geschäftsführenden Direktor und ihm sind zu höflich, um zu überzeugen.

»Wir wollen doch zuerst einmal hören, wie Norbert darüber denkt«, pflegt Siegfried Super stets zu sagen. »Ach, das ist doch nicht nötig«, pflegt von Nolens-Volens darauf zu entgegnen. »Ihr Urteil ist das beste – von Ihnen lasse ich mich jederzeit belehren!« »Das würde ich nicht sagen – Sie wissen doch mehr als wir alle ...« »Sie sind zu bescheiden« etc. etc. Und so geht es endlos weiter. Und dabei wünscht Siegfried doch Norbert über alle Berge, und Norbert fühlt sich genauso schlecht in seiner Haut.

Die degradierte »Nr. 1« ist ein Problem – überall im Wirtschaftsleben. Und es gibt nur eine zufriedenstellende Lösung dafür: Man läßt sich pensionieren – oder doch zumindest versetzen.

Wenn wir die relative Lage und die Zukunftsaussichten der nun vorgestellten vier verschiedenen Typen von Chefstellvertretern vergleichen, gelangen wir zu dem Schluß, daß als einziger wahrscheinlich bloß Aufwärts über wirkliche Aufstiegschancen verfügt. Wenn die Dinge ihren zu erwartenden Lauf nehmen, wird man annehmen dürfen, daß Aufwärts jenes Unternehmen, in dem er nun als »Nr. 2« fungiert, bald verlassen wird, um einen kleineren Betrieb im Rahmen der Unternehmensgruppe verantwortlich zu leiten. Dies wird auf Empfehlung von seiner alten »Nr. 1« geschehen, dessen Zeugnis ihn als den besten Mann aller Zeiten ausweist. Drei Jahre später wird Wilhelm Wichtig tatsächlich endlich in Pension gehen, und sein Nachfolger als ganz große »Nr. 1« wird – wie nicht anders zu erwarten – Alfred Aufwärts sein.

Wesentlich weniger rosig sehen dagegen die Karriereaussichten von Albin Abwärts aus. Für seine Firma ist er die unentbehrliche »Nr. 2«. Julius Jung wird ihn nie ziehen lassen. Von seiner ehrgeizigen Ehefrau angetrieben, wird Abwärts eines Tages kündigen und sich anderen Ortes höheren Zielen zuzuwenden versuchen. Weil er muß, wird Jung dem guten Abwärts ein Empfehlungsschreiben ausstellen, in dem er zwar die unbedingte Loyalität und die fachlichen Qualifikationen rühmen, jedoch gleichzeitig in subtiler Weise den Zweifel entstehen lassen wird, ob Abwärts zur »Nr. 1« taugt. »Für leitende Aufgaben fehlen Herrn A. Abwärts die Erfahrungen, doch bin ich gewiß, daß er alles in seinen Kräften Stehende tun wird, die ihm übertragenen Aufgaben zur Zufriedenheit zu erfüllen.«

Mit diesem Empfehlungsschreiben in der Hand ist Abwärts nun die ewige »Nr. 2«. Er wird es so lange bleiben, bis den tatsächlich zur »Nr. 1« erkorenen Mitarbeiter anläßlich seiner Ernennung der Schlag träfe. Die Frage ist nur: Will Abwärts wirklich mehr Verantwortung übernehmen? Wer könnte das beantworten? Abwärts selber sicherlich nicht. In seinem Herzen halten sich Enttäuschung und Erleichterung so etwa die

Waage. Möglicherweise war er tatsächlich einst ein ehrgeiziger junger Mann, aber im Laufe der Jahre hat dieser Ehrgeiz abgenommen.

Leider treten berufliche Mißerfolge meist strähnenhaft auf: Wer sich einmal vergeblich um einen Posten bewirbt, wird immer wieder abgewiesen werden. Und wer einmal übergangen worden ist, weil er für eine bestimmte Stellung bereits zu alt war, den wird man auch in Zukunft aus demselben Grunde nicht mehr zum Zuge kommen lassen. Das ist kein Zufall, sondern logisch durchaus verständlich: Würde man anläßlich einer späteren Neubesetzung den ursprünglich abgelehnten Kandidaten bestellen, hieße das, indirekt einzugestehen, die ursprüngliche Personalentscheidung wäre falsch gewesen – und ein derartiges Bekenntnis der eigenen Unfähigkeit von höchster Stelle erwarten zu wollen wäre geradezu absurd. Ebenso absurd wie die Tatsache, daß es ausgerechnet die eigene Tüchtigkeit und Unentbehrlichkeit waren, welche Abwärts um alle Aufstiegschancen gebracht haben. Und mit dem weiteren Zeitablauf werden die Aufstiegschancen dieser bewährten »Nr. 2« selbstverständlich immer geringer, um sich schließlich vollständig aufzulösen.

Aber die Chancen von Abwärts lassen doch im Vergleich zu Richard Raunzer (B II) noch einige Hoffnung zu. An sich befanden sich Abwärts und Raunzer beruflich zunächst in vergleichbarer Lage: Beide waren bis zur »Nr. 2« aufgerückt, und beiden war ein jüngerer Mann zur Neubesetzung der vorgesetzten »Nr.-1«-Stelle vorgezogen worden. Auf diese schmerzliche Tatsache haben beide jedoch völlig unterschiedlich reagiert.

Ein »Übergangener« kann nämlich in zweifacher Weise reagieren: Durch uneingeschränkte Loyalität kann man beweisen, daß man nicht nachtragend ist. Die zweite Möglichkeit besteht darin, mit der eigenen überlegenen Intelligenz allen anderen zu zeigen, wie falsch die Personalentscheidung war. Beide Vorgehensweisen haben etwas Fatales an sich; die letztere zeitigt den negativen Erfolg allerdings wesentlich schneller.

Die augenscheinliche Antipathie zwischen Raunzer und

Gipfler muß zwangsläufig zu einer innerbetrieblichen Blockade führen. Raunzer würde gerne die Firma verlassen, um bei einem kleinen Unternehmen die Position einer »Nr. 1« anzutreten, aber Gisbert Gipfler wird seine Bewerbung niemals unterstützen. Theoretisch hat Gipfler Angst, Raunzer zu verlieren; und so ist es auch. Aber diese Angst wird wohl selten groß genug sein, um ihm ein gutes Zeugnis auszustellen. Raunzers Beförderung wäre ein zu hoher Preis, um ihn loszuwerden. Die augenscheinliche gegenseitige Abneigung schweißt sie auch irgendwie aneinander. Selbst wenn für Gipfler die Situation unerträglich würde, so läge die Lösung für ihn nur in einer anderen Frustration. Seine Empfehlungsschreiben für Raunzer wären dann ebenso zahlreich wie übertrieben. Und ab einem gewissen Maß an Enthusiasmus entsteht nun einmal Verdacht.

»Wenn dieser Raunzer wirklich so ein toller Typ ist, warum will Gipfler ihn dann eigentlich loswerden?«

»Vielleicht fühlt sich Gipfler ihm einfach nicht gewachsen.«

»In diesem Fall, denke ich, sollten wir auf das Empfehlungsschreiben Gipflers nicht allzuviel geben. Sehen wir uns doch besser nochmals diesen Mayer an, der jetzt bei der ›Emsig & Hurtig GmbH‹ die ›Nr. 2‹ macht ...« Und so ist Raunzer aus dem Rennen. Je mehr seine Eignung bestätigt wird, desto tiefer rutscht sein Name auf der Liste. Wer will auch schon einen Mann, der immer bloß feststellt: »Na, habe ich es Ihnen nicht gleich gesagt?«

Am Ende seiner beruflichen Laufbahn wird Raunzer ein enttäuschter und frustrierter Mann sein. Wäre er gleich am Anfang befördert worden, so hätte er sicherlich eine gleich gute, wenn nicht gar bessere »Nr. 1« abgegeben als Gipfler. So aber hat ihn die Enttäuschung angeknackst und seine Chancen zum Schwinden gebracht. Er ist nicht mehr im Rennen.

Und nun zu Norbert von Nolens-Volens, zu jenem Mann, der infolge einer Unternehmensfusionierung von der mächtigen »Nr. 1« bei seiner früheren Firma zur wesentlich weniger mächtigen »Nr. 2« des aus der Fusionierung hervorgegangenen neuen Gesamtunternehmens abgesunken ist. Nolens-Volens wird es auch in Zukunft verhältnismäßig gut treffen, weil es so etwas wie eine »Bruderschaft der ›Nr.-1‹-Inhaber« gibt, eine kollegiale Gemeinschaft. Hat man einmal dazugehört, so bleibt man in gewisser Weise immer Mitglied, ist man aber doch einmal heraus, so bekommt man eine faire Chance, wieder dazuzustoßen.

Wenn Nolens-Volens nicht bereits zu alt ist, um noch anderswo eine gute »Nr. 1« abzugeben, wird seine aktuelle »Nr. 1« – Siegfried Super, wie wir uns erinnern – tatsächlich alles in seinen Kräften Stehende tun, um dem guten Norbert anderswo einen tadellosen Job als »Nr. 1« zu verschaffen. Es darf auf dem Arbeitsmarkt einfach keine arbeitslose »Nr. 1« geben. Das würde den Status der anderen unweigerlich verringern, hätten sie doch ständig vor Augen, was ihnen ebenso zustoßen könnte. Ein ungeschriebenes Gesetz besagt, daß der Abgestürzte so schnell wie möglich wieder auf das Floß gezogen werden muß. Das am wenigsten Wünschenswerte ist, Norbert auf seinem Stellvertreterposten zu lassen.

Nach genauem Studium der »Nr. 2«, Kategorie A und B, wonach zu A die Zufriedenen und zu B die Aufstiegssüchtigen gehören, zeigt sich, daß man unbedingt vermeiden muß, selbst einmal zu der Kategorie B zu zählen, die am Aufstieg gehindert wird. Was aber soll geschehen, wenn uns das launische Schicksal gerade diese Rolle zugedacht hat? Derartiges kann schneller geschehen, als man gemeinhin annehmen mag. Und wenn es auch unangenehm ist: Versetzen wir uns nun für kurze Zeit probeweise in die Rolle einer derart frustrierten »Nr. 2 B«: Sie selbst sind nicht der erste Mann geworden, und der Mann, den man Ihnen vor die Nase gesetzt hat, ist sechs Jahre jünger als Sie. Sie selbst sind – mit der Zeit – ganz zufrieden, die »Nr. 2« zu bleiben, aber Ihre Frau kann sich ganz und gar nicht damit abfinden, das Eheweib einer »Nr. 2« zu sein. Sie beginnt, Sie mit jenem mitleidig-verächtlichen Blick zu messen, mit welchem man überall und zu allen Zeiten beruflich vorzeitig gescheiterte Männer zu taxieren pflegt. Ferner haben Sie erfahren, daß Ihre eigene Tochter Sie als »armen alten Papi« bezeichnet hat. Die Lage ist ernst, wenn nicht bereits kritisch, und erfordert unverzügliches Handeln: »Jetzt oder nie« – was werden Sie tun?

Ehe Sie zu agieren beginnen, müssen Sie sich selber eine Frage von grundsätzlicher Bedeutung stellen: »Hatten die da oben einen gerechtfertigten Anlaß, mich zu übergehen?« Soweit wir den Berufsverlauf der uns schon bekannten Herren Abwärts, Raunzer, Aufwärts und Norbert von Nolens-Volens (sämtliche Vertreter der Spezies »Nr. 2«) geprüft haben, stellten wir fest, daß alle diese Männer in der Lage waren – oder doch zeitweilig in der Lage gewesen wären –, selbst die »Nr. 1« zu sein. Vergleichbares gilt für viele, jedoch ohne Zweifel nicht für alle Chefstellvertreter. Manche, die sicherlich gleich begabt und ehrgeizig sind, würden mit dem Aufstieg nicht fertig werden. Wollen wir Charakter und Wesen der »Nr. 2« wirklich begreifen lernen, müssen wir uns mit diesem Phänomen näher auseinandersetzen.

Welche Eigenschaften unterscheiden die gleichsam natürlich-sieghafte »Nr. 1« von der ihr untergeordneten und unvermeidlich frustrierten »Nr. 2«?

Sie selbst sind sicherlich zu bescheiden, um ihre eigenen Ansprüche geltend zu machen; fragen wir also Ihre Frau, ob der Aufsichtsrat recht hatte, Sie zu übergehen. Nehmen wir an, sie antwortet wie folgt:

»Ob die da oben mit ihrer Entscheidung recht haben, fragen Sie? Haben Sie nicht alle Tassen im Schrank? Jeder weiß doch, daß in Wirklichkeit Toni der bessere Mann ist! Der ist doch schon seit Jahren die Seele vom Geschäft! Ist ja auch klar: Wie sollte er denn den ganzen Betrieb nicht im Griff haben, wo er doch schon seit 1946 bei der Firma ist. Wir waren damals jung verheiratet, und was hat er damals gearbeitet! Die Nächte hat er durchgemacht, nur um dem Chef die richtige Antwort geben zu können, wenn der eine Information verlangte. Mein Toni, das ist ein Arbeiter, müssen Sie wissen! Und außerdem ist er beliebt. Alle mögen ihn, jawohl, alle, ohne Ausnahme. Wenn er beispielsweise den Leuten sagt, sie müßten länger im Büro bleiben, da murrt keiner! Weil sie ganz genau wissen, daß es wirklich sein muß, und er dann auch der sein wird, der als letzter nach Hause geht. Und Sie können mir glauben, einen besseren als Toni hätten die da oben nicht finden können als Chef! Aber was tun sie? Gehen hin und nehmen diesen Jungen da an seiner Stelle, mit so einem billigen Flittchen als Frau. Was Dümmeres hätten die nicht anstellen können!«

Nehmen wir einmal an, daß alles, was sie da vorzubringen hat, tatsächlich der Wahrheit entspricht. Sie denkt nur an Sie, an nichts sonst. Aber wir wissen immer noch nicht, ob Sie tatsächlich von jenem Holze sind, aus dem man große Bosse schnitzt. Sind Sie es eigentlich? Was wirklich zählt, ist Ihre Antwort auf diese Frage. Sie müssen an sich selbst glauben, erst dann können auch andere an Sie glauben. Ihrer Beurteilung über Ihre eigenen Fähigkeiten kommt die entscheidende Bedeutung zu.

In den Illustrierten finden wir bisweilen Frage- und Testkolonnen zur Selbsteinschätzung; der Leser soll sich so selbst kennenlernen, meist mit Hilfe von mehr als zwanzig Fragen. Sie, als erfahrener und immerhin im Berufsleben recht erfolgreicher Mann, brauchen nur drei Fragen zu beantworten. Und diese Fragen lauten:

1. Frage: »An welchem Tag der Woche pflegen bei Ihnen persönliche Erkältungen oder fiebrige Erkrankungen einzusetzen?«

Überlegen Sie gut, ehe Sie diese Frage beantworten! Strengen Sie Ihr Gedächtnis an! Ihre Antwort könnte möglicherweise lauten: »Also, ich kann das nicht genau sagen; wenn ich krank werde, dann eben an irgendeinem Wochentag. Ich habe darauf noch nie besonders geachtet.« Und wenn Ihre Antwort tatsächlich so oder ähnlich lautet, dann sind Sie vom Schicksal zu nichts anderem bestimmt als zur »Nr. 2«, und Sie sollten sich damit abfinden. Die Antwort einer potentiellen »Nr. 1« käme nämlich ohne Zögern: »Sollte ich überhaupt jemals erkranken, dann ausnahmslos freitags nach Büroschluß. Montagmorgen bin ich wieder vollständig in Ordnung.«

Der Witz dieser ganzen Angelegenheit liegt darin, daß eine zur »Nr. 1« bestimmte »Nr. 2« niemals im Dienst erkranken darf. Das kann sie sich erst einige Jahre nach stattgefundener Beförderung leisten. Krethi und Plethi mögen einer Verkühlung an jedem beliebigen Wochentag anheimfallen – die Erfahrung beweist ja ohnehin durchaus, daß dies der Fall ist –, aber

Sie als potentielle »Nr. 1« dürfen sich dergleichen gerade aus diesem Grunde unter keinen Umständen erlauben. Sie sitzen an Ihrem Schreibtisch und lassen die Grippeepidemie eine Grippeepidemie sein.

Nun mag man sich fragen, ob der Ausbruch einer Erkrankung denn solchermaßen vom Heimgesuchten bestimmt werden kann. Die Antwort auf diese Frage ist eindeutig: Er kann. Der zum Chef geborene verfügt über tief in seinem Inneren verborgene Abwehrkräfte, welche ihn an Werktagen gegen alle Krankheitserreger verläßlich immunisieren. Es gibt etwas wie eine innere Stimme, welche sich in kritischen Augenblicken selbsttätig zu Wort meldet. »Jetzt«, so flüstert diese Stimme verhalten, aber nachdrücklich, »jetzt kannst du unmöglich krank werden, denn heute nachmittag findet eine Abteilungsleiterbesprechung statt!« Oder: »Heute Mittagessen mit Herrn Blödmann!« Und gleich danach, mahnend gezischelt: »Und da willst du ausgerechnet in diesem Augenblick wirklich zu niesen beginnen?«

Dieser selbsttätige Abwehrmechanismus gegen Erkrankungen aller Art funktioniert bei der wahrhaften »Nr. 1« bis in die Mittagsstunden des Freitags mit bemerkenswerter Präzision. Obwohl selbstverständlich gewisse nicht zu mißdeutende Anzeichen der herannahenden Erkältung auftreten, macht jede zur »Nr. 1« bestimmte Person unentwegt weiter Dienst, erledigt alle wichtigen Obliegenheiten und beginnt um etwa 15.30 Uhr am Freitagnachmittag, die ausgehende Post zu unterschreiben. Zu diesem Zeitpunkt fällt der Sekretärin erstmals das angegriffene Aussehen ihres Chefs auf. Sobald sie im Tone der routinierten mütterlichen Besorgnis – man hat ihr denselben an der Chefsekretärinnenschule sorgfältig beigebracht – den Vorgesetzten auf seinen offenbar regelwidrigen Körperzustand hinweist, bricht die Erkältung der so angesprochenen »Nr. 1« mit einem gewaltigen Niesen hervor.

»Ach, verehrter Herr Obenauf«, meint die Chefsekretärin daraufhin erschrocken, »ich fürchte, Sie sind erkältet!« Sie, als »Nr. 1«, stellen fest, daß Ihre Sekretärin (wie immer) auch diesmal wieder recht hat, und in diesem Augenblick erteilt Ihnen

Ihre innere Stimme den notwendigen Dispens. »Na schön«, hören Sie es aus Ihrem Inneren, »na schön – also laß es sein! Geniere dich nicht, und sei krank, so schwer du nur willst – aber nicht länger als bis Sonntag um Mitternacht!« Mühsam stehen Sie auf und machen sich torkelnd auf den Heimweg. Mit einem heißen Whisky und Zitronensaft versehen, ziehen Sie sich ins Bett zurück. Bereits während der Nachtstunden von Freitag auf Samstag steigt das Fieber auf etwa 41 Grad, und Sie beginnen, an Ihren Überlebenschancen ernsthaft zu zweifeln. Man muß dazu wissen, daß gerade sonst kerngesunde Menschen, wenn sie ausnahmsweise einmal erkranken, unter diesem Zustand besonders schwer zu leiden haben. In den Mittagsstunden des Samstags lassen Sie sodann nach Ihrem Rechtsanwalt schicken (vergeblich, weil sich dieser zum Fischen auf dem Lande befindet), um Ihren Letzten Willen etwas zu korrigieren. Sie wollen einer Stiftung zur medizinischen Forschung ein kleines Legat aussetzen. In den Abendstunden des Samstags fallen Sie schließlich in ein gnädiges Koma, aus dem Sie jedoch am Morgen des Sonntags in überraschend gebessertem Zustand erwachen. Im Laufe des Sonntagnachmittags klingt die Erkrankung weiter ab, so daß Sie am Montagmorgen – wunderbar gestärkt und erquickt – neuerlich an Ihrem Schreibtisch sitzen.

Ob Sie den in seiner Wirkungsweise eben beschriebenen Mechanismus besitzen oder nicht, ist eine Schicksalsfrage. Haben Sie ihn nicht, dann gehören Sie eben nicht zu der Sorte Mensch, aus der sich die »Chefs« rekrutieren. Sie haben ihn wirklich? Also, dann auf zur nächsten Frage!

2. Frage: »Sind Sie bereit, für die Firma alles zu tun, auch das, was kein anderer tun wollte oder könnte?«

Theoretisch soll jeder, der einen Lohnstreifen bekommt, das tun, was von ihm verlangt wird. In der Praxis tut allerdings jeder, was er will. Der eine interessiert sich für die Öffentlichkeitsarbeit, der andere ordnet Aktenstücke so ein, daß sie niemand, trotz intensivster Nachforschungen, jemals wiederaufzufinden vermag. Der eine entwirft genaue Modelle für den innerbetrieblichen Organisationsaufbau, der andere wieder setzt seinen Ehrgeiz darein, die Lichter im Hause auszuknipsen. Einen aber gibt es, der niemals tun darf, was er möchte, das ist der Chef, die »Nr. 1«.

Der Boß muß nicht nur seine reguläre Arbeit tun, sondern er muß im Zweifel all das erledigen, was andere anderswo liegengelassen haben. Und man weiß aus Erfahrung, daß stets die miesesten Arbeiten liegenbleiben. Also ist es der Chef, der die Urlaubspläne der Belegschaft koordinieren muß – oder der die Wandfarben aussucht oder den Gasverbrauch überprüft. Der Chef muß die Feuerlöschübungen leiten, er muß dafür sorgen, daß die Fensterputzer pünktlich erscheinen, oder er muß die elektrischen Sicherungen reparieren. All diese banalen Kleinigkeiten, für die sich keiner verantwortlich fühlt – die sind es, welche schließlich verläßlich an der jeweiligen »Nr. 1« hängen bleiben. Sind Sie darauf vorbereitet? Und sind Sie immer noch zuversichtlich! Wirklich? Dann können wir also die dritte Frage stellen, welche allerdings alles andere als einfach ist.

3. Frage: »Sind Sie bereit, den alten Martin Morschmann zu entlassen?«

Sie kennen ihn ganz sicher. Jede Organisation hat ihren Martin Morschmann. Morschmann ist ein ehrlicher Mann, den alle mögen, einer der gutmütigsten Menschen, die es gibt. So läuft er also herum, in den Taschen ein paar unbeantwortete Briefe, Marmeladenreste auf der Krawatte, Zigarettenasche auf den Hosen – und im Gesicht das bekannte geistesabwesende Lächeln. So kennt ihn jeder: ein guter Kerl, mit einer netten Frau und fünf schulpflichtigen Kindern.

Sicher gibt es einen Grund, den alten Martin zu halten; aber nehmen wir einmal an, es gäbe ihn nicht. In einem anderen Betrieb könnte er vielleicht nützlich sein – oder sogar unersetzbar. Aber die Zeiten sind schwer, die Konkurrenz ist hart und das Geld so knapp, daß man sich keine Fehler mehr leisten kann. Also müssen Sie den alten Morschmann auf die Straße setzen. Da Sie nun einmal Chef sind, wird Ihnen diese unangenehme Pflicht kein anderer abnehmen. Sie müssen Morschmann in Ihr Zimmer rufen lassen und ihm sagen: »Ihre Leistungen entsprechen nicht den Anforderungen, und wir müssen Ihnen daher zum 1. Oktober kündigen. Sie werden sich einen anderen Posten suchen müssen. Ich werde Ihnen dabei nach Kräften behilflich sein!« Er wird weiß werden wie eine Wand, und seine Hände werden zittern. Er wird etwas daherstammeln von seiner Arbeit, von seiner Frau daheim und von seinen fünf Kindern, worauf Sie ihm antworten müssen: »Es tut mir wirklich leid, aber mein Entschluß ist endgültig.«

Sind Sie bereit, das zu tun? Aber es ist noch nicht alles, um den Test zu bestehen, wenn Sie dem alten Morschmann in die Augen sehen und ihm dabei die niederschmetternde Mitteilung machen: »Morschmann, Sie sind gekündigt!« Erst müssen Sie es noch fertigbringen, anschließend ruhig nach Hause zu gehen, ruhig zu schlafen und keinen Gedanken mehr daran zu verlieren.

Um eine gute »Nr. 2« zu sein (und das sind Sie ohne Zweifel), brauchen Sie fachliche Kenntnisse und Fähigkeiten, Geschick und viel Taktgefühl. Wenn Sie eine gute »Nr. 1« werden wollen, benötigen Sie dieselben Fähigkeiten, aber in etwas anderer Form; denn Sie müssen sie mit der Rücksichtslosigkeit paaren, wie sie für wirkliche Bosse charakteristisch ist. Wenn einer General ist, muß er die Nerven haben, eine Brücke auch dann sprengen zu lassen, wenn ein Teil der eigenen Leute noch auf der anderen Seite ist. Und ein Kapitän muß auch dann einmal die Schotten schließen lassen, wenn dahinter noch ein paar Heizer im unaufhaltsam eindringenden Wasser ertrinken mögen. Solche Entscheidungen muß man ganz anders treffen, als man es gelegentlich im Film zu sehen bekommt: ganz kühl und überlegt, nur mit jenem ganz besonderen Ausdruck um Augen und Mund, wie er große Bosse auszuzeichnen pflegt.

Könnten Sie wirklich eine Entscheidung wie diese treffen, die zwar nicht – wie im Krieg – Menschenopfer im größeren Maß erfordert, aber einen einzelnen Menschen ganz gewiß vernichtet?

Auch hier geht es – wie bei Morschmann – nicht nur um die Kündigung, nein, Sie müssen nach dieser Entscheidung auch noch ruhig schlafen können. Sie dürfen in solchen Fällen auch nicht von den geringsten Bedenken angekränkelt werden. Sie dürfen z. B. bei Morschmann nicht auch nur einmal denken: »Mein Gott, was wird er jetzt wohl tun?« Nein, Sie müssen sich dem nächsten Problem zuwenden, auch wenn das darin bestehen sollte, die nächste Kündigung auszusprechen.

Wir sind nun am Schluß der Prüfung angelangt. Haben Sie alle Fragen zufriedenstellend beantwortet? Ja? Dann steht es also fest, daß Sie nur freitags nachmittags krank werden und bis zum nachfolgenden Montagmorgen wieder topfit sind. Ferner sind Sie willens und imstande, jederzeit alle liegengebliebenen Arbeiten zu erledigen. Und Sie sind darauf vorbereitet, einen Mann wie Martin Morschmann auf die Straße zu setzen.

Wenn man bedenkt, daß Sie nicht nur die drei vorstehend beschriebenen Topqualitäten besitzen, sondern auch Ihre sonstigen dienstlichen Obliegenheiten in vorbildlicher Weise erledigen, müßten Sie eigentlich bereits die »Nr. 1« sein. Sind Sie es nicht, dann mit Gewißheit bloß deshalb, weil man Sie in ungerechtfertigter Weise übergangen hat. Es muß nun vollends unverständlich werden, wieso der Aufsichtsrat anläßlich der Neubesetzung des Chefpostens Ihre eigene Bewerbung zugunsten irgendeines Jüngeren zurückgewiesen hat.

Man muß mit dem Auftreten derartiger Fehlentscheidungen rechnen, es kann jedem passieren. Nun sind also auch Sie selbst nach so vielen Jahren des Erfolgs Opfer einer solchen geworden. Die neue »Nr. 1« ist da, und Sie selber haben ihren neuen Vorgesetzten im Namen der gesamten Belegschaft willkommen geheißen. Sie haben aus diesem Anlaß warme persönliche Worte finden müssen, dabei aber innerlich mit gewisser Befriedigung feststellen dürfen, daß der neue Chef bereits recht schütteres Haar besitzt und einen schlechtsitzenden Anzug trägt. Ihre Gattin durfte ebenfalls nicht ohne Genugtuung bemerken, daß das Eheweib der neuen »Nr. 1« wesentlich älter ist, als es vorgibt zu sein, und sie – was soll man lange drum herumreden – ist einfach schauderhaft angezogen.

Nun, die Willkommenszeremonien sind überstanden; es erhebt sich also die Frage: Was ist Ihr nächster Schritt?

Gerade auf diese entscheidende Frage hat es bis vor kurzem in Theorie und Praxis keine wirklich befriedigende Antwort gegeben. Die einzige Hoffnung bestand darin, die neue »Nr. 1« möge einem ebenso langwierigen wie gefährlichen Leiden anheimfallen, das der »Nr. 2« genügend Zeit zur Festigung der eigenen Position gab, bis sich »Nr. 1« entweder pensionieren ließ oder starb. Aber derartige Krankheiten sind in der Tat höchst selten. Gerade das, was man am schmerzlichsten herbeiwünscht, tritt kaum jemals rechtzeitig ein. Personen, die Leibrenten beziehen, pflegen z. B. ewig zu leben. Es erscheint also wenig sinnvoll, darauf zu warten, daß der Chef krank wird.

Als wesentlich erfolgreicher erweist sich eine Politik des geschickten Ausmanövrierens des störenden Vorgesetzten. Nicht zu Unrecht hat man festgestellt, daß man Menschen und auch Amtsträger durch eine glückliche Kombination von Flugreisen und auszufüllenden Formblättern in den Ruhestand zwingen kann (siehe dazu die Seiten 149 bis 155). Doch können auch an sich bewährte Methoden einmal versagen. Wer jemals Insektenbekämpfungsmittel verwendet hat, weiß nur zu gut, wovon wir sprechen. Während des ersten Jahres seiner Anwendung wird jeder beliebige Insektenspray gewisse Wirkungen hervorrufen, das heißt, er wird die lästigen Schnaken zwar nicht vernichten können, aber sie doch immerhin begreifen lassen, daß ihre Anwesenheit unerwünscht ist. Im zweiten Jahr werden sie sich nicht mehr beeinflussen lassen, sie haben sich daran gewöhnt. Im dritten Jahr beginnen die Insekten die ihnen zugedachten chemischen Dämpfe geradezu zu genießen, und im Jahr darauf sind sie schließlich nach dem Zeug bereits süchtig geworden.

Bei leitenden Angestellten verläuft die Entwicklung ganz ähnlich. Dem Flugverkehr gegenüber zeigen sie inzwischen eine Toleranz, die fast schon an Zuneigung grenzt. Wir müssen uns also nach anderen Methoden umschauen, wollen wir lästige Vorgesetzte entmutigen. Und da gibt es tatsächlich eine geheimnisvolle, erst kürzlich entdeckte Vorgehensweise.

Diese höchst moderne Form der Vorgesetztenbeseitigung basiert auf der Anwendung der Betriebswissenschaft. Wenn Ihnen selber als »Nr. 2« die Lehren der Betriebswissenschaft nicht recht geläufig sind, sollten Sie sich einen diplomierten Betriebswirt engagieren. Gerade auf diesem Gebiet der Betriebswissenschaften gibt es genügend und billige Kräfte; es sollte daher nicht schwerfallen, einen geeigneten Jünger dieser Fakultät zu finden.

Nehmen wir nun an, Sie hätten Herrn Dr. Hilmar Höllteufel engagiert, der mit einer bekannten Verhaltensforscherin verheiratet ist. Besagter Dr. Höllteufel wäre bereit, den Betrieb, in dem Sie selber als »Nr. 2« beschäftigt sind, wissenschaftlich – und auf Ihre Kosten, aber das braucht kein Außenstehender zu wissen – zu durchleuchten. Nun müssen Sie Ihre »Nr. 1« davon zu überzeugen versuchen, daß die Struktur der Betriebsleitung wissenschaftlich untersucht werden sollte. Das ganze Programm würde – so sagen Sie jedenfalls – vom Wisser-Institut finanziert, das dafür drei Forschungsassistenten bereitstellt. Und dann ist es soweit, der Betriebsversammlung wird der erste Zwischenbericht vorgelegt.

*Duncan:* »Und nun, meine Herren, zu Punkt 3 der Tagesordnung: Untersuchungsbericht von Herrn Doktor Hilmar Höllteufel. Ausfertigungen sind Ihnen ja bereits zugegangen. Ich bitte um etwaige Wortmeldungen!«

*Macbeth* (zur »Nr. 1« gewandt): »Sir, ich darf vorschlagen, daß wir Herrn Dr. Höllteufel persönlich um die Erörterung seiner Untersuchungsergebnisse bitten!«

*Duncan:* »Jawohl, ausgezeichnet! Ich darf Sie, verehrter Herr Doktor, also um Ihren Vortrag bitten!«

*Höllteufel:* »Sehr gerne! Meine Herren! Meine Aufgabe ist es, Ihnen den Inhalt des nun vorliegenden Zwischenberichtes in einfachsten Worten zur Kenntnis zu bringen. Ich darf sagen, daß die bisher bereits an den Tag gelangten Tatsachen Anlaß zum schleunigsten Handeln bieten. Wollte man die endgültigen Untersuchungsergebnisse abwarten, könnte dies die Situation ausufern lassen. Kurz gesagt, ich habe eine Vorlaufstudie ihres Betriebes gemacht, und das auf der Basis der ›Taubnußschen nicht linearen Ausdehnung von Optimalreihen‹.«

*Macbeth:* »Ich hoffe doch, daß Sie mit internen Verlaufskontrollen gearbeitet haben?«

*Höllteufel:* »Gewiß! Über die Untersuchungsmethoden wollen Sie sich bitte anhand der Ausführungen in Beilage K ausführlich informieren. Unter Beobachtung der Strategie der Grenzvariablen und des stochastischen Modells haben wir recht interessante Feststellungen treffen können, welche, gestützt auf unsere reichlichen Erfahrungen hinsichtlich ›Operations Research‹ und Entscheidungstheorie, überaus bedeutsame Schlüsse zulassen. Sie können sie den Tabellen auf den Seiten 34 bis 37 des vorliegenden Zwischenberichtes entnehmen.«

*Duncan:* »Überaus interessant, zweifellos! Allerdings verstehe ich nicht recht ...«

*Macbeth:* »Bitte entschuldigen Sie, wenn ich Sie unterbreche, aber ich denke doch, daß ich diese Angelegenheit – welche Ihnen hier etwas Kopfzerbrechen verursacht – erklären könnte. Ich muß zugeben, zunächst selber etwas überrascht gewesen zu sein, und ich habe mich daher an Dr. Höllteufel mit der Frage gewendet, warum er in diesem Fall nicht das unbestritten einfachere Filkensteinsche Theorem benutzt hat. Herr Dr. Höllteufel hat mich schließlich davon überzeugt, daß im vorliegenden Fall die Methode des quadratischen Programmierens nicht sehr hilfreich gewesen wäre. Abgesehen von diesem Punkt aber ist der vorliegende Zwischenbericht jedoch durchaus einleuchtend und von geradezu zwingender Klarheit.«

Es folgt eine kurze Pause, in der sichtbar nachgedacht wird. Die Betriebsversammlung hat den Punkt erreicht, den man in der Stierkampfarena gern als »Augenblick der Wahrheit« bezeichnet. Für die »Nr. 1« ist es der Moment des »Jetzt-oder-Nie«. Um die Kontrolle über die verfahrene Situation wiederzugewinnen, müßte sie nun die vor ihr auf dem Schreibtisch liegende Ausfertigung des Interimsberichts zur Hand nehmen, lässig in den Papierkorb werfen und zu Dr. Höllteufel etwa die folgenden Worte sprechen.

*Duncan:* »Hören Sie mal, Verehrtester, was Sie da erzählen, kommt mir spanisch vor! Ich habe keine Ahnung, was das alles bedeuten soll, und ich will Ihnen ganz ehrlich sagen: Ich glaube auch nicht, daß das alles auch nur irgendwie von Bedeutung ist. Wenn Sie zu der Betriebsorganisation etwas konkret Brauchbares vorzuschlagen haben, eine Verbesserung oder so, dann tun Sie das, aber so, daß man es auch verstehen kann. Sie sollen zu mir nicht wie zu einem Computer sprechen. Reden Sie vernünftig, oder lassen Sie es bleiben!«

Durch eine solche brüske Reaktion könnte die »Nr. 1« das ganze Komplott zunichte machen und Dr. Höllteufel in ein zitterndes Etwas verwandeln. Und man darf sicher sein – beinahe –, alle Anwesenden würden erleichtert aufatmen und den fatalen Bericht als sinnlosen Unfug buchstäblich in der Luft zerreißen. Der alte Firmengründer Erwin Ehrenhaft hätte so gehandelt. Aber unter den heutigen Angestellten fehlen Männer dieses Kalibers. Es gehört schon eine gute Portion Mut dazu, aufzustehen und wütend sein eigenes Nichtverstehen zuzugeben, und das in einer Gruppe von Mitarbeitern, die alle so tun, als ob sie den Argumenten folgen könnten. In neun von zehn Fällen wird der Chef diesen Test nicht bestehen. Er wird verständnisvoll mit dem Kopf nicken und damit die Kontrolle über den weiteren Fortgang der Besprechung ein für allemal verloren haben. Der weitere Verlauf wird dann etwa so ausschauen:

*Duncan:* »Vielen Dank, mein Guter! Der Bericht hätte vielleicht etwas verständlicher gefaßt sein dürfen, aber ich denke, wir haben alle den Punkt verstanden.« (Er blickt in die Runde.)

*Alle:* »Jawohl, so ist es! Alles völlig klar!«

*Macbeth:* »Also, vielleicht bin ich der einzige Ignorant unter den Anwesenden, aber ich muß sagen: Der letzte Absatz von Seite 41 ist mir immer noch unverständlich. Warum, so frage ich mich, soll die dynamische Programmierung die Spieltheorien miteinbeziehen?«

*Höllteufel:* »Ich bin Ihnen für diese Frage überaus dankbar. Meine Symbolmanipulations-Ausdruckssprache ist vielleicht nicht so kohärent, wie sie sein sollte. Die Seite 41 faßt meine heuristische Linienausgleichsmethode zusammen, die ja dann auf der folgenden Seite zu der nicht grundlegenden Optimallösung führt.«

*Macbeth:* »Gewiß, aber diese Lösung ist inkonsistent mit ihrer Kombinationsanalyse samt Topologie, wie Sie sich auf Seite 17 findet. Sehen Sie doch, hier sagen Sie ja ganz eindeutig:

$$\text{II} = \frac{1}{\text{mm}} - (\text{p} + \text{h}^2)$$

Hier fehlt meiner Meinung nach ganz eindeutig ein Wahrscheinlichkeitsfaktor.«

*Höllteufel:* »Ich verwende hier keine multipersonelle Interaktion. Ich räume ohne weiteres ein, daß ich sie angewendet hätte, wenn ich einer anderen wissenschaftlichen Methode gefolgt wäre. An den Endergebnissen hätte dies jedoch vermutlich bloß marginale Änderungen ergeben!«

*Macbeth:* »Aber gewiß, das will ich auch in keiner Weise in Frage stellen. Das Zoning-Axiom wäre davon selbstverständlich in keiner Weise berührt worden.«

*Höllteufel:* »Genau, Sie sagen es! Das ist vor allem ein kybernetisches Problem und eine Frage des Minimaxprinzips! Grundsätzlich sind wir hier durchaus einer Meinung, denke ich!«

*Macbeth:* »Ja, grundsätzlich durchaus! Die überreichliche Verwendung von Algorithmen führt in meiner Person zum Auftreten einer Bedauernsfunktion, welche jeglicher Analyse trotzt, das ist alles!«

*Höllteufel:* (herzlich auflachend): »Sehr gut ... ausgezeichnet!«

*Alle* (überaus nervös): »Ha, ha, ha!«

*Macbeth:* »Gut, verehrter Herr Doktor! Meiner Ansicht nach werden wir den vorliegenden Zwischenbericht nun im Sinne einer Aktivierung der Motivation in unserer Organisation zu verwenden haben. Dennoch darf ich anregen, zunächst noch mit Maßnahmen abzuwarten, bis der zweite Teil des Berichtes vorliegt, das wird in etwa drei Wochen der Fall sein, denke ich. Viel länger sollten wir allerdings nicht warten. Wie denken Sie darüber, Herr Doktor?«

*Höllteufel:* »Allerdings nicht, nein. Meiner Ansicht nach sollte noch vor Monatsende eine bindende Entscheidung getroffen werden!«

*Macbeth:* »Ganz meine Meinung! Man muß jedenfalls davon ausgehen, daß Teil II des Berichtes noch ausführlicher zu besprechen und zu diskutieren sein wird, ehe wir unser neues Programm festlegen!«

*Duncan* (mit mühsam verborgener Angst): »Ausführlich, meinen Sie?«

*Macbeth:* »Ganz sicherlich! Wir müssen schließlich wissen, was wir tun!«

*Duncan* (gebrochen): »Ja, ja ... gewiß!«

*Macbeth:* »Abschließend glaube ich sagen zu dürfen, daß wir Herrn Dr. Höllteufel für seine wertvolle Hilfe unseren tief empfundenen Dank aussprechen sollten!«

*Alle Anwesenden:* »Sehr wertvoll ... in der Tat!«

*Höllteufel:* »Ich darf an dieser Stelle feststellen, daß ich diesen Zwischenbericht nicht hätte vorlegen können ohne die wertvolle Unterstützung der mir von unserem Institut freundlicherweise zur Verfügung gestellten drei wissenschaftlichen Assistenten. Fräulein Querhaupt und ihre beiden Kolleginnen haben vorbildliche Arbeit geleistet. Darf ich auch meinen Mitarbeiterinnen im Namen Ihres geschätzten Unternehmens Dank sagen?«

*Duncan:* »Ja – eh, das tun Sie doch!«

*Höllteufel:* »Die Damen werden sich sehr geehrt fühlen!«

*Duncan:* »Und nun, Herr Doktor, dürfen wir Ihre wertvolle Zeit wohl nicht mehr länger in Anspruch nehmen. Sie wollen gewiß Ihre Untersuchungen unverzüglich fortsetzen. Vielen Dank also nochmals, Herr Doktor ... Wir kommen nun zu Punkt 4 der Tagesordnung: Kostenvoranschlag für die Dachreparatur am Transformatorenhaus. Herr MacDuff, darf ich Sie bitten ...«

Zweifellos wird sich die »Nr. 1« nun über den vierten Tagesordnungspunkt übertrieben ausführlich verbreiten, aber er hat ganz offensichtlich Boden verloren. Dazu kommt noch, daß er ja in der folgenden Woche in einer weiteren Gesprächsrunde mit Dr. Höllteufel zusammentreffen muß und dann immer noch nicht wissen wird, um was es eigentlich geht. Und dann kommt der unvermeidliche Abschlußbericht. Dann erst wird Dr. Höllteufel sein eigentliches Meisterstück vorstellen, nämlich das Modell des Sozialsystems der Unternehmensleitung. Das wird der bereits schwer angeschlagenen »Nr. 1« den Rest geben, und wegen der ungeheuren Bedeutung dieses letzten und entscheidenden Schlages werden wir ihn weiter unten zumindest in graphischer Darstellung wiedergeben.

Beim Anblick dieses Diagramms wird die »Nr. 1« mit einem hohlen Wehlaut in sich zusammensinken. »Oh, nein«, wird der Chef leise ächzen, »nicht das auch noch, nicht das!« Aber was nützt es? Man muß den Tatsachen ins Auge sehen. Alles, was er tun kann, ist, sich mit einer Migräne ins Bett zurückzuziehen und der »Nr. 2« die Durchführung der geplanten Reorganisation zu überlassen.

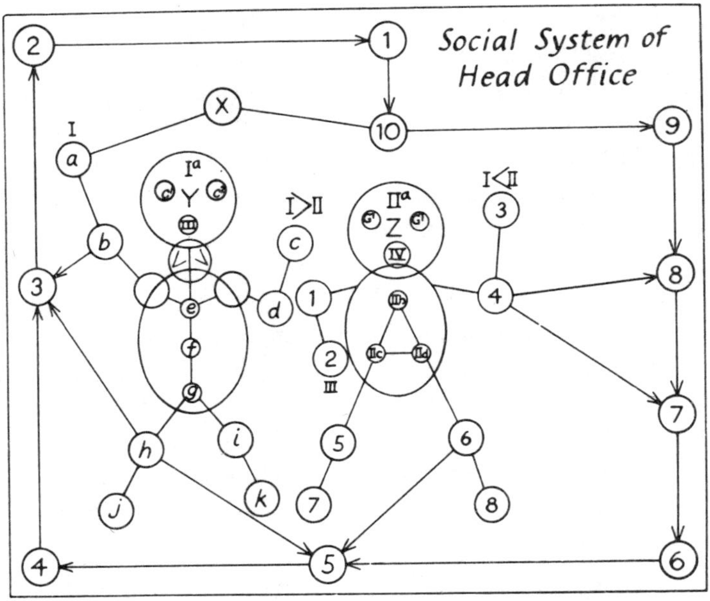


Sollte sich die »Nr. 1« allmählich zu erholen beginnen, so müßte der bloße Anblick des oben dargestellten Diagramms oder die bloße Erwähnung des Namens Dr. Höllteufel ausreichend sein, um einen neuerlichen langandauernden Rückfall herbeizuführen. Der Zeitpunkt für die Pensionierung der »Nr. 1« rückt näher, und über den Nachfolger gibt es keinen Zweifel. Sobald der große Chef pensioniert ist, ist auch klar, was Sie mit Dr. Höllteufel machen werden. »Raus!« werden Sie bloß sagen. Ihr Handeln ist völlig natürlich: Niemand hat nach getaner Tat noch gerne einen Mörder im Haus, noch dazu, wenn er diesen selber gedungen hat.

Zögern Sie, dergleichen Methoden der Chefbeseitigung anzuwenden? Scheuen Sie davor zurück, einen Mann mit solch kühl kalkulierter Grausamkeit zum Sturz zu bringen? Wenn ja, gereicht Ihnen das gewiß zur Ehre, und überdies wären Ihre persönlichen Moralvorstellungen und Ihre ethischen Prinzipien in diesem Fall wohl strenger als die so mancher Religionsdiener. In diesem Fall wären Sie tatsächlich gewiß einer von jenen selbstlosen Charakteren, wie man sie gelegentlich auch im Geschäftsleben findet – allerdings stets als »Nr. 2« und niemals als »Nr. 1«.

Alle großen Bosse dieser Welt besitzen eine gemeinsame Eigenschaft: Sie sind ruhe- und rücksichtslos, und der Zweck pflegt ihnen stets die Mittel zu heiligen. Sollte sich die Betriebswissenschaft einmal als brauchbare präsumtive tödliche Waffe anbieten, wird sie die geborene »Nr. 1« ohne alle Bedenken gegen jeden Gegner anwenden. Sollten Sie vor dem meuchlerischen Dolch – ganz gleich, in welcher Form er sich Ihnen anbieten mag – jedoch zurückschrecken, werden Sie dafür einleuchtende Gründe haben. Sie werden sich fragen: Lohnt sich das wirklich! Allen Ärger und alle Anstrengungen – bloß um endlich »Nr. 1« zu werden. Und eines Abends, wenn Sie am Kaminfeuer sitzen, werden Sie nachdenklich an Ihrer Pfeife ziehen und über Ihre Kaffeetasse hinweg zu Ihrer Frau meinen: »Weißt du, meine Liebe, Ehrgeiz ist ja was durchaus Gutes und Nützliches ... Aber ich bin nun eigentlich recht gern bloß der zweite Mann in der Firma. Und manchmal glaube ich, daß ich's wohl niemals weiterbringen werde.«

Und Ihre Frau wird nur nicken und still lächeln. Denn was *Sie* lediglich glauben, weiß sie schon mindestens sechs Jahre lang ganz sicher.

# 9.
# Der Pensionspunkt oder Das Ruhestandsalter

Wir haben bis jetzt schon zahlreiche Probleme diskutiert, aber noch nicht das der Pensionierung. Nicht eben wenige Forschungseinrichtungen haben sich schon damit befaßt. Doch was dabei herauskam, steckte immer voller Widersprüche, und die endgültigen Empfehlungen waren demgemäß kraftlos, verworren und dunkel. Die zwangsmäßige Pensionierung wurde auf alle möglichen Lebensalter zwischen 55 und 75 Jahren festgesetzt, was alles gleichermaßen unwissenschaftlich und willkürlich ist; denn man kann jedes Pensionsalter, das einmal durch Zufall oder Brauch festgelegt wurde, mit den gleichen Argumenten verteidigen. Setzt man es beispielsweise auf das Alter von 65 Jahren an, dann behaupten die Verteidiger dieses Alters, daß die geistigen Kräfte und die Leistungsfähigkeit der Betreffenden bereits mit 62 Jahren nachzulassen beginnen. Dies wäre eine überaus nützliche Erkenntnis, träte nicht ein ganz andersartiges Phänomen bei Firmen auf, die ihre Mitarbeiter schon mit 60 Jahren nach Hause schicken. Hier, so wird uns gesagt, verliert der Mann bereits mit 57 Jahren seinen Verstand. Wogegen dort, wo bereits mit 55 Pensionen ausgezahlt werden, argumentiert wird, man sei mit 52 Jahren über die Zeit der Höchstleistungen hinaus. Kurz und gut, was man daraus lernen kann, liegt eher auf der Linie, daß die allgemeine Leistungsfähigkeit des Menschen im Alter von R minus 3 Jahren nachzulassen beginnt, ganz gleich, welcher Art R ist; das ist an sich ein sehr interessantes Faktum, verrät uns aber noch gar nichts über den eigentlichen Wert von R.

Doch wenn die »R-minus-3-Formel« uns auch keine direkte

Hilfe leistet, ist sie doch insofern nützlich, als sie zeigt, wie das Problem bisher ganz falsch angepackt worden ist. Die häufig gemachte Beobachtung, daß die Menschen verschieden sind – einige altern bereits mit 50 Jahren, andere stecken noch zwischen 80 und 90 Jahren voller Spannkraft –, mag durchaus der Wahrheit entsprechen. Aber auch dieses Faktum führt uns nicht weiter. Die Wahrheit dürfte in dem Fall vielmehr so aussehen, daß der Zeitpunkt der Pensionierung überhaupt nichts mit dem Mann zu tun haben sollte, der pensioniert wird; seinen Nachfolger sollten wir ins Auge fassen: also Herrn Y, der den in Pension gehenden Herrn X ersetzt. Dieser Mann macht, wie wir wissen, im Verlauf seiner Karriere folgende Entwicklungsphasen durch:

| | | | |
|---|---|---|---|
| 1. | Alter der Qualifikation (Q) | | |
| 2. | Alter der Vernunft (V) | = Q | + 3 |
| 3. | Alter der Beförderung (B) | = V | + 7 |
| 4. | Alter der Verantwortung (VV) | = B | + 5 |
| 5. | Alter der Autorität (A) | = VV | + 3 |
| 6. | Alter des Erfolgs (E) | = A | + 7 |
| 7. | Alter der Auszeichnung (AA) | = E | + 9 |
| 8. | Alter der Würde (WW) | = AA | + 6 |
| 9. | Alter der Weisheit (WWW) | = WW | + 3 |
| 10. | Alter der Verhinderung (VVV) | = WWW | + 7 |

Die ganze Skala wird numerisch bestimmt von dem Ausgangswert Q. Dabei dient der Begriff »Qualifikation« hier nur als Terminus technicus. Er besagt nicht, daß der Mann von Q Jahren bereits irgend etwas von dem Geschäft versteht, dem er nachgeht. So legen z. B. Architekten gewisse Examina ab, haben aber in der Regel weder an diesem Punkt noch an irgendeinem anderen Zeitpunkt ihrer Karriere eine Ahnung von dem, was sie tun. Q bedeutet also lediglich das Alter, in dem ein Beruf oder eine Geschäftstätigkeit aufgenommen wird, gewöhnlich nach einer langwierigen Ausbildung, welche aber nur den Organisatoren dieser Ausbildung einen nachweislichen Profit brachte. Man kann daraus errechnen, daß, wenn Q = 22 ist, der Mann den Punkt VVV (Alter der Verhinderung) erst mit 72 Jahren erreicht. Soweit sich die Geschichte um seine Leistungsfähigkeit dreht, wäre es also Unsinn, ihn vor Erreichen des 71. Lebensjahres auszuwechseln. Doch sie dreht sich, wie wir schon sagten, gar nicht um ihn, sondern um Herrn Y, seinen designierten Nachfolger. Wie sind aber die beiden altersmäßig miteinander in Beziehung zu bringen? Oder, genauer gesagt, wie alt war X, als sein Nachfolger Y in die Firma oder Abteilung eintrat?

Dieses Problem war Gegenstand einer ausführlichen Untersuchung. Sie ergab mit ziemlicher Sicherheit, daß die Altersspanne zwischen X und Y 15 Jahre beträgt. (Es entspricht also nicht, wie wir herausfinden, der normalen Praxis, daß der Sohn dem Vater direkt folgt.) Nimmt man die 15-Jahres-Spanne als gegeben an und setzt Q = 22, dann stellt man fest: Herr Y erreicht das Alter E (des Erfolgs) mit 47 Jahren, während Herr X zu dieser Zeit erst 62 Jahre zählt. Und hier liegt ganz offenbar der kritische Punkt. Denn wenn der Ehrgeiz von Y jetzt gebremst wird, weil X weiter der entscheidende Mann über ihm bleibt, dann macht er, wie wir beweisen konnten, wesentlich andere Entwicklungsphasen durch. Sie sehen (nach 5) folgendermaßen aus:

| | | |
|---|---|---|
| 6. Alter der Frustration (F) | = E | + 7 |
| 7. Alter der Eifersucht (EE) | = F | + 9 |
| 8. Alter der Resignation (R) | = EE | + 4 |
| 9. Alter des Abstellgleises (AG) | = R | + 5 |

Wenn X also endlich das Alter der Pensionierung mit 72 Jahren erreicht hat, zählt Y bereits 57 Jahre und ist gerade in die Phase der Resignation (R) eingetreten. Y ist als sein Nachfolger also denkbar ungeeignet; denn er hat sich, nach einem Jahrzehnt der Frustration und der Eifersucht, resignierend einem Leben der Mittelmäßigkeit ergeben. Für den Mann Y ist die Chance seines Lebens gerade 10 Jahre zu spät gekommen.

Das Alter der Frustration fällt nicht immer in die gleichen Lebensjahre, da es ja von dem Q-Faktor bestimmt wird, doch seine Symptome sind leicht zu erkennen. Der Mann, dem man keine Gelegenheit gibt, wichtige Entscheidungen zu treffen, fängt an, alle Entscheidungen, die er trifft, für wichtig zu halten. Er legt auf einmal übermäßigen Wert darauf, daß die Akten vorschriftsmäßig abgeheftet werden; er kümmert sich um die Bleistiftspitzmaschine und sorgt dafür, daß die Fenster immer offen (oder geschlossen) sind. Auch gewöhnt er sich an, zwei oder drei verschiedenartige Tinten zu benutzen. Das darauffolgende Alter der Eifersucht erkennt man deutlich an seiner Art, das Senioritätsprinzip herauszustreichen. »Schließlich und endlich bin ich ja auch noch jemand.« – »Mich hat man natürlich nicht gefragt.« – »Z hat leider nur sehr wenig Erfahrung.« Doch auch diese Periode geht vorüber, und es folgt das Alter der Resignation. »Ich gehöre, Gott sei Dank, nicht zu diesen ehrgeizigen Leuten.« – »Z soll ruhig zu den Vorstandssitzungen gehen – mehr Arbeit, als die ganze Sache wert ist, sage ich immer.« – »Eine Beförderung würde mich nur beim Golfspielen stören.«

Einige unserer Mitarbeiter entwickelten die Theorie, das Alter der Frustration fiele mit einer Periode verstärkten Interesses an der Lokalpolitik zusammen. Mittlerweile wissen wir, daß Männer nur dann Lokalpolitik betreiben, wenn sie unglücklich verheiratet sind. Doch geht auch aus den anderen Symptomen hervor: Der Mann, der mit 47 Jahren noch in untergeordneter Stellung ist, wird niemals mehr wirklich brauchbar für irgend etwas sonst sein.

Das Kernproblem ist uns inzwischen klargeworden. Es lautet: Wie veranlaßt man X, im Alter von 60 Jahren in den Ruhestand zu treten – zu einer Zeit also, in der er seine Arbeit offenbar besser versteht als irgend jemand sonst? Der plötzliche Wechsel in der Führung mag sich nachteilig auswirken; doch die einzige Alternative wäre, überhaupt keinen Nachfolger zu haben, wenn X schließlich doch geht. Und je vorzüglicher X als Direktor war und je länger seine Amtszeit dauerte, desto hoffnungsloser wird der Versuch, ihn zu ersetzen. Die, die ihm altersmäßig nachfolgen, sind inzwischen zu alt geworden und waren auch viel zu lange Untergebene. Alles, was sie noch können, ist, allen Jüngeren den Weg nach oben zu versperren; und bei dieser Aufgabe werden sie sicher nicht versagen. Kein wirklicher Nachfolger wird in den nächsten Jahren erscheinen; erst wenn es zu einer gefährlichen Krise kommt, wird man ihn finden. So muß man also den harten Entschluß fassen. Wenn X nicht rechtzeitig geht, muß das ganze Unternehmen eines Tages dafür büßen. Doch wie bringt man X dazu, sich pensionieren zu lassen?

Bei diesem Problem, wie bei so vielen anderen, erweist sich nun die moderne Wissenschaft als durchaus hilfreich. Die rohen Methoden vergangener Zeiten sind überwunden. Früher war es zweifellos üblich, daß die Direktoren auf einer Vorstandssitzung unhörbar sprachen, der eine den Mund auf- und zuklappte und der andere verständnisvoll dazu nickte, weil man nur so den Vorstandsvorsitzenden überzeugen konnte, er sei schwerhörig geworden. Jetzt gibt es eine moderne Technik, die wirksamer und sicherer ist. Das Verfahren stützt sich ausschließlich auf Luftreisen und das Ausfüllen von Formularen. Untersuchungen haben erwiesen, daß die totale Erschöpfung im modernen Leben durch eine Kombination beider Faktoren bewirkt wird. Ein hoher Angestellter wird bald anfangen, von seinem Ruhestand zu sprechen, wenn man ihm genug davon zukommen läßt.

In primitiven Stämmen pflegte man früher einen König oder Häuptling nach einer bestimmten Anzahl von Jahren oder beim ersten Anzeichen vom Nachlassen seiner Kräfte zu liquidieren. Heute legt man dem großen Mann ein Programm vor, das eine Konferenz in Helsinki im Juni, einen Kongreß in Adelaide im Juli und ein Treffen in Ottawa im August (jedes etwa drei Wochen) vorsieht. Man überzeugt ihn, daß der gute Ruf der Firma oder des Ministeriums von seiner persönlichen Anwesenheit abhängt und die anderen Beteiligten die Einsendung irgendeines Vertreters als Affront betrachten würden. Der Reiseplan ist so ausgelegt, damit er zwischen zwei Konferenzen jeweils für drei oder vier Tage ins Büro zurückkehren kann, wo er einen Schreibtisch voller Formulare findet, die ausgefüllt werden müssen. Einige betreffen seine letzte Reise, andere sind Anträge auf Visa oder Reisekostenvorschüsse; der Rest trägt die Aufschrift »Einkommenssteuer«. Während er noch die Formulare zum Ottawa-Treffen unterschreibt, wird ihm eine neue

Konferenzliste vorgelegt: Manila im September, Mexiko im Oktober – und als drittes: Quebec im November. Bereits im Dezember wird er zugeben, wie er sein Alter spürt; spätestens im Januar wird er seine Absicht bekunden, in den Ruhestand zu treten.

Das wesentliche an der Technik ist, die Konferenzen so zu arrangieren, daß die Tagungsorte ein Maximum an Entfernung voneinander und große Klimaschwankungen garantieren. Unter gar keinen Umständen darf der Terminplan Gelegenheit zu erholsamen Seereisen offenlassen – auf jeden Fall nur per Flugzeug. Auf welcher Route er reist, ist egal. Der moderne Flugverkehr ist einheitlich so konstruiert, die Belange der Luftpost vor die der Passagiere zu setzen. Man kann ohne weitere Untersuchungen davon ausgehen: Die Mehrzahl der Flüge sieht einen Start um 6.50 Uhr morgens vor, was bedeutet, daß sich der Passagier um 5.50 Uhr früh auf dem Flughafen einzufinden hat, um sein Gepäck rechtzeitig wiegen zu lassen. Die Ankunft wird dann um 3.10 früh am nächsten Tag angesetzt sein. Doch da auf solchen Flügen unweigerlich Verzögerungen eintreten, ist die tatsächliche Landung nicht vor 3.57 Uhr zu erwarten, was bedeutet, daß der Passagier gegen 4.35 Uhr Paß- und Zollkontrolle hinter sich hat. Bei einem Flug um die halbe Erde gibt es in der einen Richtung unvermeidlich dreimal hintereinander Frühstück, während man in der entgegengesetzten Richtung stundenlang überhaupt nichts erhält, und ein Gläschen Sherry erst dann, wenn man fast wegen Unterernährung am Umfallen ist. Der größere Teil der Flugzeit vergeht obendrein mit dem Ausfüllen von Formularen über mitgebrachte Währung und Gesundheitszustand der Reisenden. Wieviel Bargeld führen Sie in Dollar, Pfund (Sterling), Franc, Mark, Gulden, Yen, Lire und Pfund (Australien) mit sich? Wieviel in Kreditbriefen, Reiseschecks, Briefmarken und Postgutscheinen? Wo haben Sie die letzte und die vorletzte Nacht geschlafen? (Eine relativ einfache Frage, weil der Fluggast getrost antworten kann, daß er seit einer Woche überhaupt nicht mehr geschlafen hat.) Wann geboren? Wie lautet der Mädchenname der Großmutter? Wie viele Kinder haben Sie – und warum? Wie lange gedenken Sie zu bleiben, und wo wollen Sie sich aufhalten? Welchen Grund hat die Reise, wenn überhaupt ein Grund vorliegt? (Als ob man sich daran noch erinnern könnte!) Hatten Sie als Kind die Windpocken – und wenn nicht, warum nicht? Haben Sie ein Visum für Feuerland und Wiedereintrittserlaubnis für Hongkong? Die Strafe für falsche Angaben ist »lebenslänglich«. Anschnallen, bitte! Wir landen jetzt in Rangun. Die örtliche Zeit ist 2.47 Uhr morgens, die Außentemperatur beträgt 42,37 Grad Celsius über Null. Wir werden hier etwa eine Stunde bleiben. Frühstück wird in der Maschine fünf Stunden nach dem Start serviert. Danke sehr! (Für was, um Himmels willen?) Rauchen einstellen, bitte!

Man wird bereits bemerkt haben, daß die Luftreise als Ruhestandsbeschleuniger den Vorteil besitzt, eine gute Portion Formulararbeit einzuschließen. Doch Formularausfüllen ist ein Ding für sich und nicht notwendigerweise auf Reisen beschränkt. Die Kunst, Formulare aufzustellen, hängt von drei Faktoren ab: Unklarheit, Mangel an Raum und schwere Strafen für falsche Angaben. In einer Formularentwurfsabteilung wird die Forderung nach Unklarheit in der Regel von mehreren Unterabteilungen bearbeitet, die sich mit Zweideutigkeit, Fragen nach Irrelevantem und Fachjargon beschäftigen. Einfachere Anweisungen entstehen heute bereits automatisch – etwa jene kleinen Kästchen am oberen rechten Rand eines Formulars, die das Spiel meist eröffnen:

| | |
|---|---|
| Rückzahlungsforderung für Monat: | |

Da der Fragebogen am 16. Februar übersandt wurde, weiß niemand, ob der vergangene, der gegenwärtige oder der kommende Monat gemeint ist. Nur der Absender weiß es, doch er fragt. Nun fährt der Experte für Zweideutigkeit fort. Er arbeitet Hand in Hand mit einem Gestalter für Platzfragen. Das Resultat sieht dann folgendermaßen aus:

| *Nicht-zutreffendes bitte streichen* | Voller Name | Anschrift | Wohnung | Wann naturalisiert und warum? | Stand |
|---|---|---|---|---|---|
| Herr<br>Frau<br>Fräulein | | | | | |

Die Anordnung der Fragen erscheint besonders geglückt im Fall eines Barons, Professors und Doktors namens Alexander Meiner Freiherr von Wideringsdorff, Altenbach an der Werne, Kreis Neubach im Ried, Oberjachenau (wo immer das liegt!). Es folgt die Rubrik »Wohnung«, die völlig sinnlos ist, wenn es sich nicht gerade um einen internationalen Rechtsanwalt handelt, und dann die geheimnisvolle Rubrik: »Naturalisierung«. Zuletzt steht noch das Wort »Stand«, welches uns die Wahl läßt, »General a. D.«, »verheiratet«, »deutscher Staatsbürger« oder »Manager« einzutragen.

Inzwischen leitet der Fachmann für Zweideutigkeit den Entwurf bereits weiter an den Spezialisten für Irrelevantes. Dieser nimmt einen neuen Raumplaner zu Hilfe, und ihr Produkt sieht jetzt folgendermaßen aus:

| Nummer von Paß und Personalausweis | Voller Name des Großvaters | Mädchenname der Großmutter | Wurden Sie je geimpft? Wann und warum? | Geben Sie genaue Einzelheiten an! |
|---|---|---|---|---|
| | | | | |
| Hinweis: Bei wissentlich falschen Angaben droht eine Geldstrafe von 20 000 DM oder Haft nicht unter einem Jahr – oder auch beides. | | | | |

Von hier wandert das halbvollendete Kunstwerk zu dem Jargonexperten, der etwa das folgende produziert:

Welche besonderen Umstände (253) rechtfertigen die berichtigte Zahlungsanweisung, die im Hinblick auf die abgelaufene Rechnungsperiode, auf die sich der erste Antrag (134) bezieht, beantragt wird; oder wird der frühere Zahlungsdurchschnitt revidiert, und wenn ja, in welchem Bezug und zu welchem Zweck? Und wurde dieser oder irgendein vorangegangener Antrag des Antragstellers von irgendeiner Planungsabteilung unter Paragraph VII, Unterparagraph 35, aus irgendeinem Grund zurückgewiesen (Anführung von Gründen für die Zurückweisung), und wurde diese oder eine spätere Entscheidung jemals von dem Antragsteller zum Gegenstand einer Berufung gegen das eingegangene Urteil gemacht, wenn ja, mit welchem Ergebnis und warum?

Schließlich geht dieser Entwurf eines perfekten Formulars noch zu dem Techniker, der den Abschnitt für die Unterschrift hinzugefügt, um das ganze noch zu krönen:

Ich/wir (Blockschrift) ...................... erkläre/n bei Kenntnis der Strafen, daß ich/wir sämtliche hier angegebenen Mitteilungen nach bestem Wissen und Gewissen gemacht habe/n, und bestätige/n das durch meine/unsere Unterschrift:

............, den ............................ 19 . .
(Ort) (Tag) (Monat) (Jahr)

Siegel

Zeuge:
Name: .....
Anschrift: ...
Beruf: ......

Paßfoto

Fingerabdruck

Das klingt ganz vernünftig, bis auf den letzten Konfusionspunkt, nämlich: ob Paßfoto und Daumenabdruck der Ich/Wir-Person oder des Zeugen gefordert ist. Doch wahrscheinlich ist das sowieso völlig gleichgültig.

Experimente haben ergeben, daß ein älterer Herr in leitender Stellung seine Entlassung einreichen muß, wenn man ihn ausreichend mit Flugreisen und Formularen versorgt. Ja, oft sogar gehen ältere Herren freiwillig in den Ruhestand, noch ehe die Behandlung eingesetzt hat. Bereits bei der ersten Erwähnung einer Konferenz in Stockholm oder Vancouver wissen sie, was die Uhr geschlagen hat. Immer seltener werden dagegen die Fälle, bei denen man zu härteren Maßnahmen greifen muß. Der letzte bekannte Vorgang dieser Art trug sich unmittelbar nach dem Ende des Zweiten Weltkrieges zu. Der betreffende hohe Beamte war besonders zäh, und das einzig wirksame Mittel schien, ihn zur Besichtigung der Zinnminen und Gummiplantagen nach Malaysia zu schicken. Das Verfahren wirkt am besten im Monat Januar, um den klimatischen Unterschied deutlicher auszunutzen. Nach seiner Landung um 17.52 Uhr (malaysische Zeit) wurde dieser Beamte sofort zu einem Empfang gefahren, von dort zu einem anderen Empfang (15 Kilometer von dem Hotel, in dem der erste stattgefunden hatte) und von dort zu einem Festbankett (11 Kilometer in entgegengesetzter Richtung). Er kam etwa um 2.30 Uhr nachts ins Bett und mußte am anderen Morgen bereits um 7.00 Uhr in eine Sportmaschine klettern. In Ipoh hatte er nach einem verspäteten Frühstück hintereinander zwei Gummiplantagen, ein Zinnbergwerk, eine Ölpalmenpflanzung und eine Ananaskonservenfabrik zu besichtigen. Nach dem Lunch beim Rotary Club wurde er durch eine Schule, eine Fabrik und ein neu errichtetes Gemeindezentrum geführt.

Danach gab es wiederum zwei Empfänge, gefolgt von einem chinesischen Diner mit zwanzig Gängen, wobei zahlreiche Toaste mit reinem Brandy ausgebracht wurden, den die Kellner in Wassergläsern servierten. Die offiziellen Gespräche über Politik begannen am anderen Morgen und dauerten drei Tage, wobei sich Konferenzen mit offiziellen Empfängen und nächtlichen Banketten im Stil Sumatras und Indiens abwechselten. Daß die Behandlung zu kräftig war, erwies sich am fünften Tag der Kur, an dem der hohe Beamte nachmittags nur noch gehen konnte, wenn er den einen Arm auf seinen Sekretär, den anderen auf seinen persönlichen Referenten stützte. Er starb am sechsten Tag, was dem allgemeinen Eindruck recht gab, daß er müde oder unwohl gewesen sein mußte. Solche Methoden sind heute völlig abgeschrieben; überdies gelten sie als veraltet und überflüssig. Die Menschen lernen allmählich, sich rechtzeitig aus ihrem Berufsleben zurückzuziehen.

Doch ein ernsthaftes Problem bleibt noch: Was sollen wir selber tun, wenn wir uns dem Alter nähern, das wir anderen zum Rücktritt setzten? Es wird jedem auf den ersten Blick klar sein, daß unser eigener Fall völlig verschieden von den Fällen ist, die wir bisher betrachtet haben. Wir behaupten weiß Gott nicht, außergewöhnlich zu sein; doch ist nun einmal zufällig kein passender Nachfolger in Sicht. Ja, wir stellen unsere eigene Abdankung nur widerwillig zurück – und nur im öffentlichen Interesse. Spricht allerdings ein älteres Vorstandsmitglied über eine Konferenz in Teheran oder Hobart, dann winken wir sofort ab und erklären, daß alle Konferenzen Zeitverschwendung seien. »Übrigens«, fahren wir offen fort, »habe ich meine Pläne für die nächsten Monate bereits gemacht. Ich gehe zwei Monate zum Lachsfischen und kehre gegen Ende Oktober ins Büro zurück. Bis dahin wird es meinen Mitarbeitern hoffentlich gelungen sein, mit allen Formularen fertigzuwerden. Bis dann – auf Wiedersehn!« Denn wir wußten, wie wir unsere Vorgänger zwingen, sich pensionieren zu lassen. Wenn es um unsere eigene Pensionierung geht, dann müssen sich unsere Nachfolger schon etwas anderes einfallen lassen.

# 10.
# Der häßliche Neinsager oder Lasset alle Hoffnung fahren

Viele in der öffentlichen Verwaltung ebenso wie im Privatwirtschaftsleben gleichermaßen gültige Grundprinzipien sind erstmals von dem Wissenschaftler Dr. P. G. Wodehouse erkannt und klar definiert worden; doch sind diese Prinzipien heute längst zu solchen Allgemeinplätzen geworden, daß ihre Herkunft oft vergessen wird. Heutzutage kennt man in Theorie und Praxis selbst die subtilsten Unterschiede zwischen bloßen »Nickern« und pointierten »Ja-sagern«, und niemandem würde es einfallen, diese beiden Menschentypen in einen gemeinsamen Topf zu werfen. Das war nicht immer so, und daß wir unseren Kenntnisstand erreicht haben, verdanken wir ganz wesentlich Herrn Dr. Wodehouse, dessen an dieser Stelle mit aller gebotener Achtung gedacht werden soll. Jene wenigen Zeitgenossen, welche sich noch an die erstmalige Veröffentlichung der Erkenntnisse von Wodehouse erinnern (das war im Jahre 1929, als die wissenschaftlichen Berichte dieses Forschers den Mitgliedern der »Royal Society« vorgetragen wurden), mögen gewiß bedauern, daß Wodehouse sein wissenschaftliches Interesse nie auf die »Neinsager« und »Kopfschüttler« gerichtet hat. Eine der möglichen Ursachen für dieses zunächst gänzlich unverständliche Phänomen mag die sein, »Jasager« üblicherweise innerhalb von Organisationen jeder Art zu finden, während die »Neinsager« eher nach außen hin in Erscheinung treten, also für die Verbindung zwischen jeweiliger Organisation und Umwelt verantwortlich sind.

Es mag zunächst als geradezu vermessen erscheinen, nun dort wissenschaftliche Unterscheidungskriterien einführen zu wollen, wo der große Wodehouse solche offenbar nicht zu finden vermochte; aber gewisse Klassifikationen und Definitionen sind, wenn auch nicht endgültig, so doch nützlich. Die neuesten Untersuchungen haben bewiesen, daß es in administrativen Organisationen – gleichgültig, ob es sich dabei um solche des Staates oder um solche der Industrie handelt – grundsätzlich zwei vertikale Kommunikationskanäle gibt. Im ersten Kanal – nennen wir ihn den »Befehlskanal« – verläuft die Bewegung von oben nach unten: Über ihn erreichen die »ganz oben« gegebenen Befehle und Weisungen die nachgeordneten Dienststellen auf allen Ebenen bis ganz hinunter zur Basis der Unternehmens- oder Verwaltungspyramide. Im zweiten Kanal verläuft die Bewegung dagegen von unten nach oben: Von unten her gelangen Gesuche, Bewerbungen und Vorschläge nach oben zur Spitze.

Daß es diese beiden Kanäle gibt, ist eine feststehende Tatsache, daß sie allerdings selten tatsächlich so »gebaut« sind, wie sie ihre »Baumeister« angelegt haben wollten, ist ebenfalls bekannt. Die Forschung hat gezeigt: Die Befehlskette – also jener Kanal, in welchem die Bewegung von oben nach unten vor sich geht – verläuft meist vom »Chef« über den »Fachexperten« zum »Jasager« (Senior und Junior). Vom »Jasager« wird der Befehl sodann an die »Nicker« weitergegeben.

Was nun den »aufsteigenden Kommunikationskanal« betrifft, meint die Theorie, jeder Vorschlag oder jede Beschwerde gelange zunächst an einen »Kopfschüttler«, von diesem sodann zum sachlich zuständigen »Neinsager« (Senior und Junior), danach zu einem »Weiß-ich-nicht-Mann«, und schließlich wird sie eventuell zum »Chef« weitergetragen.

Gegen diese Theorie gibt es zwei ganz wesentliche Einwände. Erstens: Der Inhalt der Theorie deckt sich nicht mit den Erfahrungen des täglichen Lebens. Und zweitens: Sie kann nicht in befriedigender Weise erklären, wieso eine »Idee« überhaupt den »Chef« erreicht. Dieses Phänomen findet seine Erklärung darin, daß die Denkenden innerhalb jeder beliebigen Organisation nur selten völlig negativ eingestellt sind. Wir finden unter ihnen vielmehr Variationen vom »Jasager« zum

»Neinsager« und vom »Nicker« zum »Kopfschüttler«. Für jeden außerhalb der Hierarchie, der irgendeine Idee loswerden will, ergibt sich der Effekt eines Wechselbades – zwischen Verzweiflung und Hoffnung. Dies läßt sich am besten anhand eines praktischen Beispiels erläutern:

Stellen Sie sich also das Vorzimmer eines hohen Ministerialbeamten vor. Im Raum steht ein sichtlich nervöser Mann, unter einen Arm geklemmt, trägt er irgendwelche Tabellen, einen Plan oder ein Memorandum. Er wird in das Zimmer von Gustav D. Gutherz verwiesen, der zunächst gleich durch seine etwas altmodische, aber solide und gepflegte Garderobe auffällt.

*Gutherz:* »Aber bitte, kommen Sie doch weiter, lieber Herr Mutsinker. Nehmen Sie doch Platz, hier im Fauteuil, bitte sehr! Rauchen Sie? Entschuldigen Sie mich nur einen Moment, ich lasse gleich Ihre Akte holen. Ach, Valerie, wollen Sie mir bitte die Akten über das Mutsinker-Projekt holen! Gestern hatte ich sie doch noch ... Ach, hier sind sie ja ohnehin. Vielen Dank, Monika, Sie sehen übrigens bezaubernd aus heute morgen. Da steckt wohl eine Einladung zum Essen dahinter, wie? Nun, wie auch immer: Wir erwarten Sie jedenfalls nicht vor 15.00 Uhr im Amt zurück ... Nun, also – da ist ja Ihre Akte, auf dem neuesten Stand, wie Sie sehen. Also, ich habe Ihre Vorschläge gründlich studiert, und ich muß sagen, daß eigentlich durchaus nichts gegen ihre Durchführung spricht. Im Gegenteil – ich muß sagen, die ganze Sache ist geradezu genial durchdacht. Wir dürfen Ihnen durchaus gratulieren zu dieser großartigen Methode, wie Sie hier das technische Hauptproblem gelöst haben. Ein ausgezeichneter Vorschlag – und dankenswert klar erläutert noch dazu. Im ganzen also: Ich bin dafür, und ich werde mich für diese Sache voll einsetzen!«

*Mutsinker:* »Tatsächlich?« (Verblüfft.) »Heißt das, daß wir weitermachen können?«

*Gutherz:* »Aber ja, durchaus!«

*Mutsinker:* »Jetzt gleich?«

*Gutherz:* »Ja, unverzüglich – das heißt: beinahe! Was wir noch brauchen, ist die Unterschrift des Chefs. Aber ich sehe da keinerlei Schwierigkeiten!«

*Mutsinker:* »Und Sie selber könnten die Angelegenheit nicht bewilligen?«

*Gutherz:* »Nein – nicht direkt. Aber ich kann immerhin den stellvertretenden Assistenten in dieser Richtung anweisen. Der kann die Sache sofort bewilligen, und ich nehme doch an, daß er es auch tun wird.«

*Mutsinker:* »Das ist überaus liebenswürdig von Ihnen!«

*Gutherz:* »Aber ich bitte Sie! Sehen Sie, ich sage immer: Wir sind doch da, um der Öffentlichkeit zu dienen – und nicht, damit wir um jeden Preis Schwierigkeiten machen, nur um den Fortschritt zu behindern. Ich möchte sagen: Wir sind geradezu da, um zu helfen – das ist unsere Aufgabe, nichts anderes ... So, sehen Sie, jetzt habe ich hier auf diesem Dienstzettel Ihr Projekt ausdrücklich befürwortet. Jetzt brauche ich bloß noch zu unterschreiben – hier, sehen Sie! Fertig! Außerdem, denke ich, sollten wir die ganze Angelegenheit beschleunigen, soweit es in unseren Kräften steht. Ach, Valerie, seien Sie doch bitte so freundlich, und suchen Sie mir einen von diesen Aufklebern. Die roten Aufkleber mit dem ›Dringend!‹. Jawohl, die hier – ach, Sie sind wirklich ein Goldschatz. Vielen Dank, ausgezeichnet! Und nun sorgen Sie doch bitte noch dafür, daß diese Akte direkt dem stellvertretenden Assistenten vorgelegt wird. Und Sie darf ich bitten, morgen um diese Zeit wiederzukommen. Dann sollte die Sache erledigt sein, und Sie können übermorgen gleich ans Werk gehen. Kommen Sie auf jeden Fall direkt zu mir, und lassen Sie sich nicht abwimmeln. Sollte es Schwierigkeiten geben, gleich Nebenstelle 374 anrufen, dann sind Sie mit mir verbunden. Es war mir wirklich ein Vergnügen, lieber Herr Mutsinker. Ich darf mich nun für heute von Ihnen verabschieden und Ihnen gleichzeitig noch alles Gute für Ihr Projekt wünschen. Seien Sie ganz beruhigt, ich bin überzeugt, daß es keinerlei Schwierigkeiten mehr geben wird!«

Am nächsten Tag hat Mutsinker einen Termin beim stellvertretenden Assistenten – um 12.30 Uhr. Nachdem er im Vorraum gewartet hat, wird er um 13.45 Uhr in das schmale Zimmerchen von Gotthold Grieskrämer geführt.

*Grieskrämer* (blickt den Eintretenden über eine randlose

Brille hinweg mit undeutbarem Gesichtsausdruck an): »Ach, Herr Hutsinker, nicht wahr ... ? Ja, ich habe mir Ihr Projekt genau angesehen ...«

*Mutsinker:* »Das freut mich sehr; ich hoffe, daß die schriftlichen Erklärungen ausreichend waren. Sollten noch irgendwelche Unklarheiten geblieben sein, bin ich sehr gerne bereit, diese selbstverständlich gleich hier ... «

*Grieskrämer:* »Ich glaube nicht, daß das nötig sein wird. Die schriftlichen Erläuterungen sind völlig ausreichend. Das Problem liegt nur darin – ach, Fräulein Strumpfblau, wollen Sie bitte das Fenster schließen, hier zieht es ständig ... Was wollte ich eben sagen? Ah ja. Also: Das Problem liegt darin, daß Ihr Projekt völlig undurchführbar ist. Unmöglich, verstehen Sie, wenn nicht sogar geradezu gesetzwidrig. Meiner Meinung nach, das muß ich Ihnen sagen, ist die ganze Angelegenheit völlig unmöglich. Ausgeschlossen!«

*Mutsinker:* »Aber, warum denn, um Himmels willen?«

*Grieskrämer:* »Total unmöglich. Undurchführbar. Man sollte annehmen, das hätte selbst einem Mann wie Gutherz gleich auffallen müssen. Es geht nicht. Alleine schon aus finanziellen Gründen!«

*Mutsinker:* »Aber, ich bitte ... «

*Grieskrämer:* »Nein, völlig ausgeschlossen, Herr Hutsinker! Die Realisierung dieses Projektes muß auf so viele Schwierigkeiten stoßen, daß es praktisch undurchführbar ist – Fräulein Strumpfblau, wollen Sie doch bitte ein Stück Papier unter das Fenster schieben, ja, es zieht noch immer, ich spüre es ganz deutlich ... Also nein, Herr Hutsinker, es geht einfach nicht, verstehen Sie!«

*Mutsinker:* »Aber – vielleicht, Herr stellvertretender Assistent, haben Sie hier ein anderes Projekt vor sich liegen. Mein Name ist Mutsinker, Herr stellvertretender Assistent, nicht Hutsinker!«

*Grieskrämer:* »Glauben Sie vielleicht, daß ich mich mit einer Angelegenheit beschäftige und dabei nicht die betreffenden Unterlagen vor mir habe?«

*Mutsinker:* »Immerhin war der Name falsch!«

*Grieskrämer:* »Und damit wollen Sie wohl sagen, wir würden hier nicht ordentlich arbeiten, nicht wahr? Schlampig – und oberflächlich, nicht wahr? Das wollen Sie doch damit sagen?«

*Mutsinker:* »Dergleichen habe ich niemals behauptet!«

*Grieskrämer:* »Was denn sonst! Natürlich wollten Sie das damit sagen!«

*Mutsinker:* »Wenn Sie das so sehen, dann müssen Sie ja bereits gegen mich voreingenommen sein. In diesem Fall bestehe ich darauf, daß Sie das Projekt an eine höhere Instanz weitergeben!«

*Grieskrämer:* »Genau das habe ich vor. Ich gebe diese Angelegenheit weiter. Und Sie ersuche ich dringend, meinen Arbeitsraum zu verlassen, weil ich andernfalls die Polizei verständigen müßte. Mäßigen Sie sich gefälligst! Ihr Projekt ist hiermit abgelehnt. Endgültig, jawohl – und es wird Ihnen überhaupt nichts nützen, wenn Sie glauben, sich hier aufspielen zu müssen. Und nun wünsche ich Ihnen einen guten Tag, mein Herr!«

Zehn Tage nach diesem unerfreulichen Auftritt betritt Herr Mutsinker nervös und unsicher die Diensträume von Herrn Friedrich H. Frohgemut, dem Assistenzdirektor. Die Besorgnis Herrn Mutsinkers erweist sich als vollständig unbegründet: Herr Frohgemut erweist sich seinem Besucher gegenüber als ebenso zuvorkommend wie hilfsbereit.

*Frohgemut:* »Ja, ich habe hier eine Aktennotiz von Herrn Grieskrämer; aber ich darf Ihnen gleich sagen, daß Sie das nicht allzu ernst zu nehmen brauchen. Ich nehme an, Sie haben damals etwa um die Mittagszeit beim Kollegen Grieskrämer vorgesprochen. Sie müssen wissen, er ist ein fachlich ausgezeichnet qualifizierter Mitarbeiter. Ausgezeichneter Mann, durchaus – aber nach dem Mittagessen ist er immer ein wenig heikel, da kann man nichts machen. Aber nun zu Ihrem Projekt: Also grundsätzlich sehe ich keine Gründe, welche gegen eine Verwirklichung sprechen. Man kann das durchaus machen, ich bin ganz Ihrer Meinung. Bedauerlich ist nur, daß ich selber in dieser Sache noch keine endgültige Entscheidung treffen kann. Am besten wird es wohl sein, wenn wir die ganze Angelegenheit –

pflichtgemäß auch mit dem Vermerk des Kollegen Grieskrämer – dem Herrn stellvertretenden Direktor zur Entscheidung vorlegen. Ich darf Ihnen versichern, ich werde Ihr Projekt wärmstens befürworten und dabei gleichzeitig auf die Dringlichkeit dieser Angelegenheit hinweisen!«

Eine Woche später ereignet sich das Unvermeidliche: Herr Mutsinker betritt zuversichtlich die Diensträume des stellvertretenden Direktors. Dort wird er von einem hageren Herrn mit unsagbar traurigem und hoffnungslosem Gesichtsausdruck empfangen. Es handelt sich dabei um Herrn Bertram Barrikadinger, den stellvertretenden Direktor. Müde bittet er Herrn Mutsinker, Platz zu nehmen. Resigniert hält Barrikadinger die Projektmappe in der Hand, stiert etwa zwei Minuten lang wortlos vor sich hin; dann seufzt er nur: »Nein!« Nach nochmaligem minutenlangem Schweigen ein weiterer weher Hauch: »Nein, das geht wirklich nicht ... « Schließlich wendet er sich an den Besucher: »Haben Sie denn alle Schwierigkeiten bedacht? Finanziell? Politisch? Wirtschaftlich? Was glauben Sie denn, wird man im Ausland dazu sagen? Haben Sie nicht daran gedacht, wie man bei den Vereinten Nationen darauf reagieren könnte? Es tut mir sehr leid, Herr Mutsinker, aber ich habe ja keine andere Wahl. Was Sie da vorschlagen, ist, offen gesagt, völlig unmöglich!«

Der geübte Leser weiß bereits, was Herrn Mutsinker am Ende dieser Besprechung erwartet: ein Verweis an die nächsthöhere Instanz. Für uns erübrigt es sich, die Sache weiterzuverfolgen. Denn bereits jetzt sieht man, wie sich »Jasager« und »Neinsager« die Waage halten, ja, wie sie geradezu abwechselnd aufeinanderfolgen. Die endgültige Entscheidung hängt also einmal rein quantitativ von der Anzahl der Entscheidungsstufen ab – und zum anderen von deren relativer Position.

Aus dieser Studie administrativer Verhaltensmuster lassen sich einige Prinzipien herausarbeiten, die es zu beachten gilt, wenn man mit einer solchen Organisation in Kontakt kommt. Wichtig ist es vor allem, niemals vorzeitig die Flinte ins Korn zu werfen. Hätte beispielsweise Herr Mutsinker seine Bemühungen nach seinen deprimierenden Gesprächen mit den Herren Grieskrämer oder Barrikadinger resigniert aufgegeben, wäre das Schicksal seines Projektes endgültig besiegelt gewesen. Er hätte in einem solchen Falle niemals mit der Hilfe zwischengeordneter freundlicher »Jasager« schließlich sogar zu Herrn Otto K. Altmann vorstoßen können, der als Vorgesetzter Barrikadingers und anerkannter »Jasager« am Ende doch noch im positiven Sinne über das eingereichte Projekt entscheiden mag.

Die wichtigste Grundregel muß daher lauten: so lange weitermachen, bis man auf einen »Jasager« stößt.

Man findet die gleiche Situation übrigens auch beim täglichen Einkauf. Da gibt es den Verkäufer, der sofort antwortet: »Nein, Rasiercreme ›Stoppelpoly‹ führen wir leider nicht. So etwas wird bei uns kaum verlangt.« Sie, als geübter Konsument, erkennen aus dem Verhalten des Verkäufers (der Verkäuferin) sofort, daß der (die) Angesprochene bloß keine Lust empfindet, in den Regalen oder im Lager nachzusehen, ob dort »Stoppelpoly« vorrätig ist. Sie sehen sich also nach einer Sitzgelegenheit um, nehmen Platz und warten ab. Schon nach zehn Minuten Wartezeit sollte sich der gewünschte Erfolg einstellen: Sie werden die Verkaufskraft durch Ihre provozierend beharrliche Präsenz so entnervt haben, daß diese plötzlich mit einer Tube »Stoppelpoly« in der Hand erscheint, diese vor Sie hinlegt und dabei bloß murmelt, man habe doch noch eine einzelne Tube entdeckt. Bloß Ihrer unerschütterlichen Beharrlichkeit wegen hat man eine neue Kiste »Stoppelpoly« im Lager öffnen müssen, sicherlich eine für das Personal unangenehme Tatsache, welche Sie selber jedoch nicht weiter berühren sollte. Entscheidend ist nur, daß Sie sich dank Ihrer unerschütterlichen Beharrlichkeit am Ende doch durchgesetzt haben.

In unseren fiktiven Beispielen gaben die einzelnen Angestellten die zu entscheidende Sache immer automatisch an die nächsthöhere Instanz weiter. Im realen Leben würden sie das vielleicht nicht tun. Die erste Technik, die dann hilft, heißt »sitzen bleiben« – sitzen bleiben, bis sie es tun, und zwar wortlos; denn es wäre völlig zwecklos, noch irgend etwas zu sagen. Setzen Sie sich einfach hin, und fixieren Sie den Angestellten Ihnen gegenüber so lange, bis ihn die aufkommende Verzweiflung zum Handeln zwingt. Seinem angelernten Rollenverhalten entsprechend wird er keine endgültige Entscheidung treffen, sondern er wird seine vorläufige Zuständigkeit auf andere abzuwälzen trachten. Damit haben Sie bereits einen überaus wichtigen Zwischenerfolg errungen: Sie haben eine Klippe umschifft, denn der nächste Mann kann eigentlich nicht abweisender sein, nur entgegenkommender.

Die zweite wichtige Verhaltensregel besteht darin, einen einmal als solchen erkannten »Jasager« auf Ihrem Wege nach oben nicht mehr loszulassen. Sie brauchen eine Entscheidung; lassen Sie es nicht zu, wenn der »Jasager« Ihre Sache an eine höhere Instanz abschiebt. Die Erfahrung lehrt, daß der Vorgesetzte eines »Jasagers« mit großer Wahrscheinlichkeit ein »Neinsager« ist: Aus diesem Grunde müssen Sie alles in Ihrer Macht Stehende versuchen, um den »Jasager« von seiner sachlichen Kompetenz zu überzeugen. Schmeicheln Sie der Eitelkeit, machen Sie ihm klar, es wäre geradezu absurd, eine Sache von der Wichtigkeit der Ihrigen an eine andere, womöglich vorgesetzte Dienststelle zur Entscheidung herantragen zu wollen. »Es ist mir beinahe peinlich«, so werden Sie erklären, »daß ich Ihre wertvolle Zeit wegen dieser Angelegenheit in Anspruch nehmen soll; aber ich bin doch überaus glücklich, die Sache nun einem Manne vortragen zu dürfen, der es gewohnt ist, wirklich bedeutende Entscheidungen zu treffen. Es ist so mühsam, sich ständig mit irgendwelchen inkompetenten Sachbearbeitern herumzuschlagen. Gewiß verdienen derartige Probleme kaum Ihre Aufmerksamkeit.«

Im Glanz Ihrer Bewunderung wird der »Jasager« über sich hinauswachsen und sehr wahrscheinlich da und dort seine Unterschrift an Ihren Papieren anbringen. Das wiederum verpflichtet seinen Vorgesetzten zu einer Politik, von der er selbst ja auch gar nichts versteht – und genau das haben Sie erreichen wollen.

Die dritte wichtige Verhaltensregel besteht darin, sich niemals mit einem »Neinsager« auf lange Diskussionen einzulassen. Hat er einmal nein gesagt, wird er bei seiner Entscheidung bleiben. Verfallen Sie nicht in den weitverbreiteten Irrglauben, einen »Neinsager« durch logische Argumente umstimmen zu wollen und ihm ein »Ja« abringen zu können. Das hieße, seinen Charakter mißzuverstehen. Sein automatisches »Nein« hat überhaupt nichts mit rationalen Einwänden gegen Ihr Vorhaben zu tun. Ein »Neinsager« bleibt deshalb bei seinem »Nein«, weil ihn die Erfahrung gelehrt hat, daß dies der leichteste Weg ist und weil er nie etwas anderes gesagt hat. Würde er einmal ja sagen, käme er in die unangenehme Lage, Gründe für seinen Enthusiasmus angeben zu müssen. Und überdies: Sagt er ja, dann kann das für ihn selber viel Arbeit nach sich ziehen, z. B. bei der Verwirklichung Ihres Projektes. Nehmen wir weiter an, daß Ihre Sache am Ende dann doch nicht funktioniert und man ihm dann die Schuld gäbe, weil er das Ganze als erster befürwortet hätte.

Als »Neinsager« ist man dagegen ziemlich sicher. Ein »Nein« bedarf keiner Erklärung, weil keine einzige vorgesetzte Dienststelle überhaupt jemals von der ganzen Angelegenheit zu erfahren braucht. Außerdem erspart sich der »Neinsager« jede weitere Mühe, weil keinerlei darüber hinausgehende Veranlassungen zu treffen sind. Das Projekt kann selbstverständlich auch niemals versagen, da man es nie ausprobieren wird. Für den »Neinsager« liegt die einzige Gefahr darin, daß der Bittsteller doch noch irgendwo Gehör findet. Aber auch ein späteres Akzeptieren des Plans birgt kein allzugroßes Risiko: Für ein Versagen kann er nicht verantwortlich gemacht werden, und zum Erfolg beizutragen, wird niemand von ihm verlangen. Weniger wird sein Opponieren im Gedächtnis bleiben. Ist dies doch einmal der Fall, kann er sich auf die Undurchführbarkeit des ersten Entwurfs berufen. Eben diese Haltung, so wird er weiter argumentieren, habe dann zu einer nochmaligen Überarbeitung der Projektvorstellungen geführt – und erst dadurch sei schließlich der Weg zum wirklichen Erfolg geebnet worden. Ein »Neinsager« hat wenig zu verlieren.

Die erfolgreiche Anwendung der vorstehenden Prinzipien steht in keinerlei Zusammenhang mit der objektiven Wichtigkeit des Projektes oder mit irgendwelchen anderen Argumenten. Wichtig ist bloß, sich zuvor einen genauen Überblick über den hierarchischen Aufbau jeder Behörde zu verschaffen. Zu diesem Zweck muß man die genaue Lage und Anzahl der Entscheidungsebenen feststellen und die »Neinsager« im administrativen Gefüge auskundschaften. Es hat sich in diesem Zusammenhang als zweckmäßig erwiesen, eine graphische Darstellung anzufertigen, auf der die einzelnen Entscheidungsebenen aufzutragen sind. Die bereits georteten »Neinsager« erscheinen in dieser Darstellung als schwarze Kästchen, so daß schließlich eine Graphik entsteht, welche in groben Zügen äußerlich einem Kreuzworträtsel ähnelt. Sie müssen nun systematisch so vorgehen, daß Sie sich – an der untersten Entscheidungsebene der Behörde beginnend – so geschickt vorwärtsarbeiten, um unter kluger Vermeidung jeden Kontaktes mit notorischen »Neinsagern« über eine Kette von »Jasagern« bis zu jener Instanz vorzudringen, welche als erste eine wirklich bindende Entscheidung über Ihr Anliegen treffen kann. In einer Organisation, welche ausschließlich aus pointierten »Jasagern« einerseits und ebenso notorischen »Neinsagern« auf der anderen Seite besteht, führt der Weg zum Erfolg niemals über die Stichhaltigkeit der Argumente, sondern ausschließlich über die taktische Geschicklichkeit des Vorgehens.

Ein Steuermann argumentiert nicht mit den Felsen, er umfährt sie. Daß dies die einzig taugliche Möglichkeit ist, weiß jeder, der die Felsen (»Neinsager«) kennt.

Dies waren drei elementare Regeln zum Umgang mit »Neinsagern«, die allerdings keineswegs das gesamte Wissen über diese Materie beinhalten. Das Problem des »Neinsagers«, so wie es hier definiert und beschrieben wurde, bedarf noch detaillierter Erforschung. Wir stehen mit unseren Arbeiten noch ganz am Anfang.

# 11.
# Das Trägheitsgesetz oder Das Spiel um die Zeit

Daß auf Erden ständig alles im Flusse ist, hat bereits ein antiker griechischer Philosoph festgestellt; und diese Feststellung war damals ebenso zutreffend, wie sie es auch heute noch ist. So haben beispielsweise neuere Forschungen recht deutlich bewiesen, daß der Typ des »häßlichen Neinsagers« immer mehr vom sogenannten »großen Verzögerer« abgelöst wird.

Statt mit einem bloßen »Nein« zu antworten, gebraucht der »große Verzögerer« (GV) die Formulierung: »Alles zu seiner Zeit« (AzsZ). Damit hat er weder ja noch nein gesagt, doch läßt die Formulierung den Bittsteller ebenfalls Schlimmes ahnen, nämlich eine »Ablehnung durch Verzögerung« (AdV). Die »Theorie der AdV« befaßt sich mit dem Abschätzen des Ausmaßes an Verzögerung, das notwendig ist, um eine Sache negativ zu erledigen. Wenn man sich beispielsweise vorstellt, daß ein Ertrinkender in Todesnot um Hilfe ruft und die Antwort erhält: »Alles zu seiner Zeit«, so mag bereits eine Zeitspanne von nicht mehr als fünf Minuten genügen, um einen klassischen »AzsZ-Effekt« herbeizuführen. Warum? Die Lösung ist ganz einfach: weil die Zeit der Verzögerung wesentlich länger ist als die Lebenserwartung des Nichtschwimmers.

Dieses Prinzip läßt sich übrigens auch ohne jede Schwierigkeit in den rechtlichen Bereich übertragen. Nehmen wir folgendes Beispiel an: Die Person A, von der Person B geschieden, begehrt das Sorgerecht über die gemeinsame, siebzehn Jahre alte Tochter. Die Pflegschaftsbehörde teilt der antragstellenden Partei A mit, daß die Pflegebefohlene vor rechtskräftiger Entscheidung über diesen Antrag bereits die Volljährigkeit erreicht haben wird.

Ein anderes Beispiel: Herr A erhält im Metall- und Gartenwarengeschäft des Herrn B die Auskunft, der gewünschte Rasenmäher sei erst in sechs Monaten – also etwa im Dezember – wieder lieferbar. Diese beiden Beispiele zeigen den »AzsZ-Effekt« einfacher Ausprägung.

Immer dann aber, wenn ein wirklich dringender Tatbestand gesetzgeberische Abhilfemaßnahmen erfordert, gewinnt die Verzögerung oder Trägheit ungeahnte Dimensionen. Die gesetzgeberische Zwangspause wird dann in etwa der Lebenserwartung des Antragstellers entsprechen. Wenn es um eine Revision des Scheidungsrechts geht, wird der »große Verzögerer« sich zunächst nach Alter und Gesundheitszustand des Reformwilligen erkundigen. Ist der nach Reform Strebende etwa siebzig Jahre alt und von verläßlicher Gesundheit, wird der »GV« zum Schluß gelangen, daß sein Gegner noch etwa acht Jahre lang seine Reformbestrebungen weiterführen könnte. Der gewünschte »AdV-Effekt« wird in diesem Fall also dann eintreten, wenn nach dem Grundsatz »Alles zu seiner Zeit« die Sache erst in neun Jahren erledigt werden kann. Auf diese Weise geht die Berechnung des »GV« mit großer Sicherheit auf: Gelingt es, die Gesetzesvorlage so lange in Schwebe zu halten, bis die Leerlaufpause länger als die »zeitliche Agitationsreserve« (AR) des Antragstellers ist, steht nichts mehr zu befürchten.

Diese einfache Rechnung beweist wieder einmal, was kluge und dynamische Männer zu allen Zeiten richtig erkannt haben: Es gibt Pläne und Absichten, welche um jeden Preis noch zu Lebzeiten ihrer Schöpfer erledigt werden müssen, weil andernfalls die Idee zusammen mit ihrem Schöpfer zu Grabe getragen wird. Wenn von Zeit zu Zeit an sich überaus vernünftige und einleuchtende Reformbestrebungen tatsächlich verwirklicht werden, dann meist bloß deshalb, weil die Reformer es fertigbrachten, noch Jahre über die angenommene Lebenserwartung hinaus zu leben und zu arbeiten. Auf diese Weise gelingt es gelegentlich sogar großen Reformern, ihre als Gegenspieler wirkenden jeweiligen »GVs« zu überleben. Letztere haben dann auch eine besondere Abscheu vor Reformern, die wesentlich jünger sind als sie selbst. Es gibt Fälle, in denen der »nM-

H.M.S.O.
OUT

Faktor« (der Leerlauf- oder Verzögerungsfaktor) tatsächlich zeitlich nur so beschränkt wirksam wurde, daß er von der »AR« reformfreudiger Männer überwunden werden konnte. Die Folge dieses Phänomens ist meist eine etwas halbherzige Gesetzgebung. Männer wie der berühmte Sir Adam Herbert werden allerdings immer seltener und gehören einer ganz offenbar zum Aussterben bestimmten Spezies von Menschen an.

Tatsache ist, daß die Durchschnittsreformer leichter aufgeben, was die Stellung der »GVs« naturgemäß festigt und sie mit verstärkter Energie und gleicher Technik in mögliche neue Kämpfe gegen weitere Reformer gehen läßt. Die Verzögerung kann also wohlüberlegt als Form der Ablehnung definiert werden. Sie ist darauf angelegt, die Lebenserwartung der Person abzudecken, deren Antrag in der Schublade verschwindet.

Daher lautet also das »Gesetz von der Verzögerung« oder auch das »Trägheitsgesetz«:

*»Die Verzögerung ist die tödlichste Form der Ablehnung.«* In mathematischer Kurzform läßt sich dieses Gesetz in der folgenden Formel darstellen:

*A = AR*, die »Agitationsreserve«. Dies ist die durchschnittliche Lebenserwartung einer Person, welche als Reformer gilt und vom »PV« bekämpft wird. *m = AzsZ*, das heißt jener Zeitraum, welcher zwischen der ersten Antragstellung und seiner endgültigen Erledigung verstreicht. *n* = Summe von sachfremden Überlegungen und Argumenten, welche in die Diskussion eingebracht werden, und schließlich *p* = Lebensalter des jeweiligen »GVs«.

Die hiernach aufzustellende Formel lautet daher:

$$x = \frac{(A + n)^m}{3\,P}$$

Die Größe »x« ist also das Ausmaß an Verzögerung, das der Ablehnung gleichkommt.

An diesem Punkt unserer Untersuchungen ist es zweckmäßig festzustellen, daß kaum jemals ein »GV« offenherzig sagen wird: »Das können Sie zu Lebzeiten nicht schaffen!« Er läßt allerdings zu, daß so etwas ganz leise im Verlauf der Diskussion anklingt. »Am besten wird es wohl sein«, so teilt der »GV« seinem Gegner in heuchlerischer Hilfsbereitschaft mit, »wenn wir zunächst ein Komitee zur Klärung der Verfahrensfragen einsetzen. Innerhalb dieses Komitees soll der Rahmen abgesteckt werden. Die Einzelheiten werden dann von Unterkomitees behandelt, dazu gehören der juristische, der finanzielle, der zynische, der technische, der politische und der hysterische Aspekt der Sache; nicht zu vergessen: die möglicherweise in diesem Zusammenhang ebenfalls auftauchenden statistischen, ineffektiven und habituellen Auswirkungen. Die einzelnen Unterkommissionen werden zur gegebenen Zeit dem zentralen Leitungskomitee ihre abschließenden Ressortberichte vorlegen, auf die gestützt das zentrale Komitee sodann einen zusammenfassenden vorläufigen Zwischenbericht abgeben wird. Dieser Bericht wird dann einer Prüfungskommission zu unterbreiten sein, welche keinesfalls später als im Jahre 1985 zusammentreten soll. Diese Prüfungskommission wird die überaus wichtige Aufgabe zu übernehmen haben – also: Sie wird zunächst einen Modus procedendi erarbeiten, nach dem überprüft werden kann, ob man die ganze Angelegenheit überhaupt weiter betreiben soll.«

Eine Atempause einlegend, wird der zuständige »GV« seine Berechnungen auf einem gebrauchten Briefumschlag fortsetzen, um den genauen Zeitpunkt zu bestimmen, an dem die Verzögerung einer Ablehnung gleichkommt. Danach wird der ganze Prozeß, sagen wir, bis 1987 dauern, was heißt, daß 1990 der anzustrebende Zielpunkt ist. So fährt er also fort:

»Unter der Annahme – und ich darf betonen, es handelt sich hier nicht um eine bloße Formalität, sondern um eine durchaus ernstgemeinte Bedingung –, unter der Annahme also, daß die bereits erwähnte Überprüfung positiv ausfällt und das gesamte Projekt daher tatsächlich zu realisieren sein wird, wird die Kommission sodann einen Abschlußbericht zu erarbeiten haben, welcher einem aus Repräsentanten der einzelnen Fachressorts gebildeten gemischten Arbeitskomitee zuzuleiten sein wird. Aufgabe dieses Arbeitskomitees sollte nun zunächst die Bildung eines Planungskomitees sein. Dem Planungskomitee sollte es obliegen, in weiterer Folge an den ständigen Unterstaatssekretär heranzutreten, der sodann dem zuständigen Herrn Ressortminister zu berichten haben wird. Sollte der Herr Minister zu den vorliegenden Berichten positiv Stellung nehmen können, wird die Angelegenheit von der Parteikonferenz in Skegness zu behandeln sein. Nun wird es auf die Entscheidung der Partei ankommen, ob die Zeit dafür opportun ist – so kurz vor (oder so kurz nach) der Wahl. Je nach der Entscheidung der Parteiversammlung wird dann der Minister seine Direktiven zu geben haben. In diesem Zusammenhang soll jedoch gleich betont werden, daß der Minister die Notwendigkeit nur grundsätzlich anerkennen wird; alles übrige bedarf weiterer Nachforschungen.«

Das ist für gewöhnlich genug, um die Sache abzuschließen, ohne daß je ein Wort gegen den Vorschlag in die Diskussion gebracht worden wäre. Das einzige, was der Reformer vor sich sieht, ist ein unendliches Labyrinth von Komitees, die versuchen zu entscheiden, ob eine Vor-Studie zur Vorlage bei einer Kommission gemacht werden soll oder nicht.

Die »Komitologie« (Wissenschaft von der Komiteebildung) ist eine alte Methode des »Auf-Zeit-Spielens«. Diese Technik der Ablehnung wurde allerdings in unserer Zeit noch ein wenig verfeinert, und zwar durch die allgemeine Wertschätzung der Forschung.

In der Wissenschaft steht das Festhalten von Fakten an erster Stelle. Wenden wir diese Regel auf soziale Probleme wie Kriminalität an, so heißt das, daß die Frage nach den Ursachen zweitrangig ist gegenüber der quantitativen Erfassung. Bei Rassenunruhen in Los Angeles wird ganz sicher zunächst gezählt, wie viele Schwarze daran beteiligt sind, und geschaut, ob diese Leute tatsächlich so schwarz sind, wie man sie uns gemalt hat. Es ist weitgehend bekannt, daß heutzutage das Faktensammeln zum Ersatz für das Fällen von Entscheidungen wird.

Den wenigsten Menschen scheint es aufzufallen, wie sehr das Sammeln von Fakten allmählich zum Selbstzweck wird und das eigentliche Denken vollständig ablöst. Die viele Zeit, die wir bloß damit verbringen, den Vorträgen von Statistikern, Psychologen, Graphologen, Soziologen und Psychiatern zuzuhören, haben wir nicht bloß ohne jede eigene Aktivität vertan, sondern wir haben uns in gewisser Hinsicht durchaus geschadet: Wir haben unser eigenes Denken und unser Handeln degradiert und aufgelöst bis zu einem unbedeutenden Nichts. Das ist falsch. Wir werden uns eines Tages mit dem Gedanken vertraut machen müssen, daß es Reformen ohne Reformer nicht geben kann und Reformer einer ganz besonderen Spezies von Menschen angehören. Reformer sind nicht Anpasser, sondern Leute, die selbständig zu denken und zu agieren gewohnt sind und die sich nicht viel um die allgemeinen Ansichten kümmern. Reformer erkennt man unter anderem daran, daß sie viel öfter »Warum denn nicht?« als »Warum?« sagen. Und Reformer erkennt man auch daran, daß sie sich weigern, dem versteckten Opportunismus der »GVs« zuzuhören.

Man hat Armeeoffiziere in früheren Zeiten in der Kunst der richtigen Lagebeurteilung ausgebildet, und vermutlich tut man dies auch heute noch. Man geht dabei von einer theoretischen Krisenlage aus: Der Gegner sei im Vordringen von A nach B begriffen, und die Brücke bei X sei bereits in die Luft geflogen. Da auch die Eisenbahnlinie bei Y zerstört ist, befindet sich der mit der »Krisenlage« Konfrontierte in der Lage, daß er von jeder Kommunikation mit der nächsthöheren Instanz abgeschnitten ist. Inmitten des von allen Seiten her donnernd niedergehenden Granathagels sollte sich der geplagte Offizier nun hinsetzen und oben auf seinem Meldeblock »Lagebeurteilung« zu schreiben beginnen – und sorgfältig das Wort unterstreichen, bevor er seine taktischen Fähigkeiten spielen lassen darf. Er stellt zunächst die vermuteten Feindesabsichten fest, sodann die eigenen Absichten und die daraus in der gegebenen Lage zu ziehenden Konsequenzen, welche sich anschließend in einer Reihe von Befehlen niederzuschlagen haben. Ob die Laufbahn eines Berufsoffiziers tatsächlich als erstrebenswert erscheint, soll hier nicht weiter erörtert werden.

Solche Geistesübungen haben doch grundsätzlich einiges für sich. Ob die Theorie nun im Getümmel der Feldschlachten tatsächlich in die Praxis umgesetzt werden mag oder nicht: Lagebeurteilungen zu treffen ist eine nützliche Sache. Man sollte annehmen, daß die Ursache für eine fehlerhafte Lagebeurteilung meist in einer falschen Deutung der Fakten durch den Beurteilenden zu suchen sei, doch ist dem nicht so. Tatsächlich treten Fehler selten bei der Beurteilung der Fakten auf, aber unter der Rubrik »eigene Absichten«. Den meisten Menschen fällt es wesentlich schwerer, sich für ein konkretes Vorgehen zu entscheiden, als zu beschreiben, wie sie im Zweifelsfall vorgehen würden.

Alle Nebenumstände und andere Faktoren sind nur insoweit relevant, als sie der Zielsetzung dienen. Wenn die Zielsetzung falsch ist, taugt die ganze Lageeinschätzung nichts. Das gilt für Kriegs- und Friedenszeiten gleichermaßen. Reformer sind Menschen, welche stets zuerst ihr Ziel setzen und erst später das statistische Umfeld in Augenschein nehmen.

Hat man nun einmal ein bestimmtes Ziel fest ins Auge gefaßt, erhebt sich die unvermeidliche Frage: Was ist der nächste Schritt? Gewiß ein Memorandum. Aber Vorsicht, jetzt tauchen die ersten gefährlichen Fußangeln auf. In früheren Zeiten ebenso wie auch angeblich noch gegenwärtig gingen und gehen Reformer von der Vorstellung aus, es könne der Realisierung ihrer Ziele nützlich sein, wenn sie eine möglichst große Anzahl von Mitmenschen mit diesen vertraut machten. Zu diesem Zwecke wurden und werden Denkschriften in möglichst großer Auflage vervielfältigt und verteilt. Weil es nicht ökonomisch ist, so etwas mehr als einmal zu tippen oder mehr als einmal den Bleistift zu spitzen, ordern sie stets ein wenig mehr Kopien als nötig. Brauchen 78 Personen Kopien, so bestellen sie gleich hundert. Sind 780 Personen zu berücksichtigen, lassen sie tausend Exemplare drucken. Die überflüssigen Kopien aber sind reine Verschwendung – etwas, worüber sich jeder echte Bürokrat empören würde. Also werden sie an jene verteilt, die sich nur ganz am Rande für das Thema interessieren. Und jedesmal werden es mehr Kopien, weil Verteilerlisten – wie so vieles – einen unaufhörlichen Drang zum Wachstum haben. Und genauso unvermeidlich taucht auf der sich immerfort verlängernden Liste ein immer ungebildeter Personenkreis auf. Und so lesen immer mehr Menschen mit immer niedrigerem Niveau mit steigendem Zeitaufwand etwas, was sie immer weniger interessiert.

Ein wirklich zielbewußter Reformer wird sich, um dieses Dilemma zu vermeiden und gleichzeitig den bereits triumphierenden »GVs« damit ein Schnippchen zu schlagen, der Hilfe der modernen Technologie bedienen. Was hier vonnöten ist, ist eine Maschine – etwa ein Fotokopiergerät –, mit deren Hilfe der Reformer genau jene Anzahl von Ausfertigungen seiner Denkschrift herstellen kann, welche er selber nach reiflicher Überlegung für notwendig und nutzbringend erachtet. Nur jene, welche wirklich Entscheidungen zu treffen haben, sollten eine Denkschrift erhalten. So umgeht er den Trägheitsfaktor und die Dummheit. Seine Ideen zur rechten Zeit den richtigen Leuten vortragen zu können – das ist das Entscheidende.

Eine Denkschrift kommt stets von denen, die vorausgedacht haben. Diese unterscheiden sich in drei Punkten von den »Verzögerern«: Sie haben sich ein Ziel gesetzt. Sie haben die Zuversicht all derer zerstört, die versäumten, die Denkschrift zu lesen. Sie haben die Basis für einen positiven Bescheid geschaffen.

Die Grundlagen des Parkinsonschen Trägheitsgesetzes können weder verbessert noch abgeschafft werden, aber man kann sie umgehen. Niemand sollte die Hoffnung aufgeben: Läßt nicht die Tatsache, daß sich der Mensch – die ehernen Gesetze der Schwerkraft überwindend – in die Luft erhoben hat, die Annahme zu, von Zeit zu Zeit könnte sich auch eine neue Idee allen Widerständen der Etablierten und Ignoranten zum Trotz durchsetzen?

# 12.
# Der Wille des Volkes oder Die jährliche Generalversammlung

Wir alle sind mit den wesentlichen Unterschieden zwischen englischem und französischem Parlamentarismus vertraut. Beide Systeme haben ihre Nachahmer gefunden. Ebenso wissen wir aber auch, daß dieser Unterschied nicht vom nationalen Temperament herrührt, von der Kalt- oder Heißblütigkeit der Völker, sondern von der Anordnung der Sitze im Parlament. Der Brite, mit Sport und Spiel erzogen, betritt das Unterhaus in der Stimmung eines Mannes, der lieber etwas anderes tun würde. Kann er schon nicht Golf oder Tennis spielen, so kann er wenigstens tun, als ob Politik ein Spiel mit ziemlich ähnlichen Regeln sei. Wäre das unmöglich, das Unterhaus würde noch weniger Interesse erregen, als es ohnehin schon tut. So bildet der britische Geist auch in der Politik zwei gegnerische Mannschaften – mit Schieds- und Linienrichtern – und läßt sie debattieren, bis sie heiser sind.

Das Unterhaus ist so angelegt, daß jedes einzelne Mitglied sich auf eine der beiden Seiten schlagen muß, ehe es noch ein Argument zur Sache gehört hat, ja, mitunter, bevor es weiß, um was es eigentlich geht. Von klein auf trainiert, sich für seine Mannschaft zu schlagen, braucht sich der britische Abgeordnete nicht über Gebühr geistig anzustrengen. Auch wenn er gegen Ende einer Ansprache immer tiefer in seinen Sitz rutscht, weiß er doch sofort, wie er sich in die fortgeschrittene Debatte einzuschalten hat. Steht der Sprecher auf seiner Seite, sagt er: »Bravo!« Steht er auf der anderen Seite, kann er ohne Gefahr ein »Schande!« oder ein schlichtes »Hörthört!« äußern. Irgendwann später wird er Zeit haben, sich bei seinem Nachbarn zu erkundigen, um was es eigentlich geht. Doch genaugenommen braucht er das nicht zu tun; denn er weiß auf jeden Fall genug, um nicht aus Versehen ein Eigentor zu schießen. Die Männer, die ihm gegenübersitzen, haben alle miteinander unrecht, und ihre Argumente sind fadenscheinig. Dagegen verkörpern die Männer auf seiner Seite die wahre Staatskunst, ihre Reden stellen eine einmalige Mischung von Weisheit, Rhetorik und Mäßigung dar. Und es macht auch nicht den geringsten Unterschied, ob er die Politik auf der Universität Harrow oder beim Fußballklub Aston Villa gelernt hat. Beide Institute haben ihm genug mitgegeben, daß er weiß, wann er jubeln und wann er aufstöhnen muß.

Aber das britische System steht und fällt mit der Anordnung der Sitzplätze. Stünden die Bänke nicht einander gegenüber, kein Mensch könnte Wahrheit und Lüge, Weisheit und Unsinn voneinander trennen – es sei denn, er lauschte aufmerksam allen Reden. Doch allen zu lauschen wäre lächerlich, denn die Hälfte der Reden ist notwendigerweise dummes Zeug.

In Frankreich wurde von Anbeginn ein Fehler gemacht, als man die Sitze der Abgeordneten in einem Halbkreis aufstellte, so daß alle Parlamentsmitglieder dem Sprecher gegenübersitzen. Die Konfusion, die aus einer solchen Sitzordnung entstehen muß, könnte sich jeder leicht vorstellen, wäre sie nicht ohnehin weltbekannt. Es können sich keine gegnerischen Mannschaften bilden, und niemand kann, ohne wirklich zuzuhören, sagen, welches Argument das stärkste ist. Eine weitere Hürde bildet der Umstand, daß alle Verhandlungen auf französisch geführt werden – ein Beispiel, dem die Vereinigten Staaten bewußt nicht folgten. Doch das französische System ist auch ohne diese Sprachschwierigkeiten schlecht genug. Statt einfach zwei Flügel zu bilden, einen rechten und einen unrechten, wodurch die Streitfrage von Anfang an jedem klar wäre, bilden die Franzosen eine Unzahl kleiner Mannschaften, die alle nach verschiedenen Seiten schielen. Bei einem so unordentlichen Spielfeld kann sich natürlich kein Spiel entfalten. Zwar gehören die Abgeordneten grundsätzlich nach rechts oder links, je nachdem, wo sie sitzen; denn die Franzosen haben immerhin das

Extrem, die Mitglieder alphabetisch zu ordnen, vermieden. Doch das Halbrund des Abgeordnetenhauses erlaubt subtilste Trennungen im Grade des Rechts- oder Linksseins im Gegensatz zu den klaren britischen Begriffen von »rechts« und »unrechts«. Beispielsweise sagt man von einem französischen Abgeordneten, daß er der politischen Linken des Monsieur Untel angehört, aber deutlich rechts von Monsieur Quelquechose steht. Was sollte man damit anfangen? Was fangen die Franzosen selber damit an? Die Antwort lautet: »Nichts!«

Dies ist allgemein bekannt. Weniger bekannt ist allerdings: Die überwältigende Bedeutung des Sitzplatzes macht sich auch auf anderen Versammlungen oder Treffen bemerkbar – auf internationalen so gut wie auf nationalen oder auf Gemeindeversammlungen. Ja, sie wirkt sich auf Treffen aus, die an Tischen stattfinden, etwa den bekannten Rundtischkonferenzen. Eine Sekunde scharfen Nachdenkens sagt uns, daß eine Viereckstischkonferenz etwas ganz anderes sein muß, eine Rechtecktischkonferenz nochmals etwas anderes. Solche Unterschiede beeinflussen nicht nur Länge und Schärfe der Diskussion, sondern auch die Entscheidungen, welche getroffen werden – vorausgesetzt, es werden überhaupt Entscheidungen getroffen. Denn, wie wir wissen, werden Stimmen selten abgegeben, weil der Abstimmer von der Qualität einer Sache überzeugt ist. Endgültige Entscheidungen werden vielmehr von unzähligen Faktoren beeinflußt, von denen uns hier nur wenige interessieren. Festzuhalten gilt auf alle Fälle, daß die Sache ganz zuletzt doch immer entschieden wird, und zwar mit den Stimmen des Mittelblocks. Dies wäre im britischen Unterhaus nicht möglich, weil sich dort kein Mittelblock bilden darf. Auf anderen Konferenzen aber bedeutet der Mittelblock alles. Er setzt sich hauptsächlich wie folgt zusammen:

a) Abgeordnete, die keine einzige der Drucksachen studiert haben, die schon Wochen vor der Debatte bündelweise an Interessenten ausgegeben wurden.

b) Abgeordnete, die zu dumm sind, um einer Verhandlung überhaupt folgen zu können. Man erkennt sie leicht daran, daß sie von Zeit zu Zeit den anderen zuflüstern: »Von was spricht er eigentlich?«

c) Schwerhörige Abgeordnete; diese sitzen und legen die Handflächen an die Ohrmuscheln, wobei sie gelegentlich äußern: »Ich wünschte, die Leute würden etwas deutlicher sprechen!«

d) Abgeordnete, die bis zum Morgengrauen getrunken haben und nun im Plenum erscheinen, der Himmel allein weiß, warum – mit rasenden Kopfschmerzen und dem dumpfen Gefühl, daß ihnen im Grunde alles Wurscht ist.

e) Senile Abgeordnete, die nur noch den Ehrgeiz kennen, fit zu sein – fitter als eine Menge dieser jungen Leute von heute: »Ich bin zu Fuß hierhergelaufen«, wispern sie. »Verdammt gut für einen Mann von 82, was?«

f) Schwächliche Abgeordnete, die beiden Parteien ihre Stimme versprochen haben und nun nicht wissen, was sie anfangen sollen. Sie schwanken zwischen dem Wunsch, sich der Stimme zu enthalten und dem Entschluß, sich krank zu melden ...

Will man die Stimmen des Mittelblocks gewinnen, muß man vor allen Dingen diese Abgeordneten identifizieren und zählen. Ist dies geschehen, hängt alles Weitere davon ab, wie man seine eigenen Parteifreunde auf die Sitze verteilt. Die beste Technik ist: bekannte und stramme Parteigänger abzukommandieren – mit dem Auftrag, vor Beginn der Debatte Gespräche mit Mittelblocktypen anzuknüpfen. Während dieses Vorspiels müssen sich die Strammen hüten, das Hauptthema der Debatte auch nur zu erwähnen. Vielmehr hat man sie darauf trainiert, die für den betreffenden Typ passende Eröffnung des Gesprächs zu wählen. Je nachdem, um welchen Typ (a bis f) des Mittelblocks es sich handelt, werden sie also sagen:

a) »Zeitverschwendung nenne ich diesen Papierwurst, das meiste davon habe ich in den Papierkorb geworfen!«

b) »Na, heute müssen wir wohl wieder ein paar rhetorische Meisterstückchen über uns ergehen lassen. Ich wünschte, die Herren würden weniger reden und schneller zur Sache kommen. Sie sind überklug, meine ich!«

c) »Die Akustik hier ist miserabel. Daß die Techniker da gar nichts tun können! Die halbe Zeit kann ich kein Wort verstehen! Sie etwa?«

d) »Schauderhafter Saal hier. Wahrscheinlich ist die Ventilation schon wieder kaputt! Ich fühle mich richtig schlecht. Wie fühlen Sie sich?«

e) »Guter Gott! Ich möchte nur wissen, wie Sie das fertigbringen. Liegt es an Ihrem Frühstück?«

f) »Für beide Seiten der Sache läßt sich so viel sagen, daß ich wirklich nicht weiß, wie ich stimmen soll. Wie denken Sie darüber?«

Wenn diese Eröffnungspartie halbwegs richtig gespielt wird, hat jeder stramme Parteigenosse sofort einen Mittelblockmann am Wickel, mit dem er sich lebhaft unterhält, wobei er unmerklich auf den Sitzungsraum zusteuert. Ein anderer Strammer heftet sich beiden dicht an die Fersen. Das Ganze läßt sich besser an einem Beispiel erklären. Nehmen wir an, der stramme Mr. Grob (X) steuert den Mittelblockmann Mr. Zweifler (Y) zu einem Sitz in den vorderen Bänken. Hinter ihnen geht der zweite Stramme, Mr. Hart (Z), der sich in der gleichen Bank niederläßt, offenbar ohne die beiden anderen zu bemerken. Er blickt in eine ganz andere Richtung und winkt anscheinend einem Bekannten auf der gegenüberliegenden Seite des Saales zu. Dann beugt er sich vor und flüstert seinem Vordermann ein paar Worte ins Ohr. Erst wenn Zweifler neben ihm Platz genommen hat, blickt Hart zur Seite, erkennt seinen Nebenmann und stößt ein erfreutes »Mein-Lieber-wie-nett-Sie-hier-zu-Finden!« aus. Wiederum Minuten später entdeckt er Grob und zeigt sich sichtlich überrascht. »Hallo, ich habe nicht gedacht, daß Sie heute hier sein würden«, sagt er. »Ach, es geht mir schon besser, es war nur eine Erkältung«, sagt Grob. Damit ist der Anschein erweckt, als sei die Sitzordnung völlig zwanglos zustande gekommen. Die Phase I des Vorganges ist abgeschlossen; sie spielt sich bei den übrigen Gruppen nicht viel anders ab.

Phase II muß dem Charakter des zu beeinflussenden Abgeordneten sorgfältig angepaßt werden. Im Fall Zweifler (Typ f) kommt es darauf an, das Thema der Debatte gar nicht mehr zu diskutieren, sondern den Eindruck zu erwecken, als sei die Sache längst entschieden. Da Zweifler ziemlich weit vorn sitzt, kann er nicht viel von den übrigen Abgeordneten sehen. So läßt sich in ihm leicht der Eindruck erwecken, als seien alle Abgeordneten einer Meinung.

»Wirklich«, sagt Grob, »ich weiß gar nicht, warum ich überhaupt hergekommen bin. Über Punkt 4 der Tagesordnung ist man sich ja einig. Alle, die ich heute sprach, schienen entschlossen, dafür zu stimmen!« (Oder dagegen, wie es eben der Fall gerade erfordert.)

»Komisch«, sagt Hart von der anderen Seite. »Es lag mir auf der Zunge, dasselbe zu sagen. Die Sache scheint so gut wie klar.«

»Ich war mir da noch gar nicht so sicher«, sagt jetzt wieder Grob. »Es spricht vieles dafür und vieles dagegen. Ich glaube wirklich, Opposition wäre die reine Zeitvergeudung. Was denken Sie, Zweifler?«

»Nun ja«, sagt Zweifler, »ich muß ehrlich gestehen, die ganze Angelegenheit ist mir herzlich unklar. Auf der einen Seite spricht wirklich viel dafür, dem Entwurf zuzustimmen... Was dagegen spricht, ist ... Glauben Sie, daß es durchgeht?«

»Mein lieber Zweifler, ich habe großen Respekt vor Ihrem Urteil! Sie haben gerade gesagt, er sei so gut wie bewilligt!«

»So, habe ich das gesagt? Na ja, es scheint wirklich eine große Mehrheit dafür zu ... Vielleicht, meine ich ...«

»Herzlichen Dank, Zweifler«, kommt nun wieder Hart von der anderen Seite, »daß Sie so offen und klar Ihre Meinung gesagt haben. Ich denke genauso, aber es ist mir äußerst wertvoll zu wissen, daß Sie auch zustimmen. Es gibt hier keinen Mann, dessen Urteil ich so hoch schätze ...«

Grob hat sich inzwischen zurückgelehnt und spricht mit dem Mann in der Reihe hinter ihm. Was er tatsächlich leise sagt, ist: »Wie geht's Ihrer Frau? Immer noch im Krankenhaus?« Wenn er sich aber wieder aufrichtet, erklärt er, daß die Leute in der Reihe hinter ihm genauso denken. Die Vorlage sei so gut wie bewilligt. Und sie wird bewilligt, wenn alles nach Plan verläuft.

Während die andere Partei eifrig Reden vorbereitet und Verbesserungen entwirft, hat die Partei mit der überlegenen Technik sich darauf beschränkt, jeden Mittelblockmann zwischen zwei strammen Parteigenossen einzukeilen. Im kritischen Moment wird der Anblick zweier erhobener Arme den Zweifler bewegen, seinen Arm ebenfalls zu heben. Sollte er inzwischen eingeschlafen sein, was bei den Typen d und e relativ häufig der Fall ist, dann packt der Abgeordnete zur Rechten des Mittelblockmannes den Arm des Schläfers und hebt ihn hoch. Diese klare Anweisung verhindert, daß seine beiden Arme hochgehoben werden – was nur zu unangenehmen Kommentaren führt. Durch eine solche Versicherung des Mittelblocks kann man eine Vorlage mit erfreulicher Stimmenmehrheit durchbringen – oder auch verhindern, falls erforderlich.

Bei fast allen Streitfragen, die durch den Willen des Volkes entschieden werden, kann man sicher sein, daß das Volk, das entscheidet, der Mittelblock ist. Redeschlachten sind daher reine Zeitverschwendung. Die eine Partei ist dagegen, die andere ist dafür. Nur der Mittelblock ist unentschlossen – jene Gruppe von Abgeordneten, welche entweder nicht hören können, was gesagt wird, oder nicht begreifen, wenn sie es hören. Will man sich ihrer Stimmen versichern, muß man ihnen vor allen Dingen rechts und links zwei lebendige Vorbilder zur Seite setzen. Man kann das natürlich auch dem Zufall überlassen. Aber um wieviel besser ist es, nach einem Plan zu arbeiten!

# 13.
# Der Koeffizient der Unfähigkeit oder Kabinette und Ausschüsse

Der Lebenszyklus eines Komitees ist so wesentlich für unsere Kenntnis von Tagesfragen, daß es geradezu überrascht, wie wenig Aufmerksamkeit man bisher der Wissenschaft der Komitologie zollte. Der erste und oberste Lehrsatz dieser Wissenschaft lautet, daß ein Ausschuß oder Komitee eher von organischer als von mechanischer Natur ist: keine Konstruktion, eher eine Pflanze. Er schlägt Wurzeln und wächst, er grünt, blüht, welkt und stirbt dahin, während er seinen Samen in die Gegend streut, aus dem neue kleine Ausschüsse sprießen und aufblühen. Nur wer dieses Prinzip richtig verstanden hat, wird den Aufbau und die Geschichte moderner Regierungen begreifen können.

Komitees zerfallen, wie heute allgemein anerkannt, in zwei Kategorien: in (a) jene, von denen das einzelne Ausschußmitglied etwas profitiert; und in (b) jene, zu denen das einzelne Mitglied nur etwas beisteuern muß. Beispiele der Gruppe b sind jedoch verhältnismäßig unwichtig für unsere Zwecke; ja, es gibt Leute, die bezweifeln, ob es sich dabei überhaupt noch um Ausschüsse handelt. Um die (mit Einschränkungen) allgemeinen Prinzipien der Komitees zu verstehen, halten wir uns am besten an die widerstandsfähigere Gruppe a. In dieser wurzeln am tiefsten und wuchern am üppigsten jene Ausschüsse, welche ihren Mitgliedern die größte Macht und das größte Prestige verleihen. Fast überall in der Welt nennt man sie Kabinette. Eine räumlich und zeitlich umfassende Studie nationaler Kabinette liegt unseren Ausführungen zugrunde.

Untersucht man ein Kabinett unter dem Mikroskop, dann

scheint es für Komitologen, Historiker, sogar für Leute, welche Kabinette berufen, im Idealfall aus fünf Mitgliedern zu bestehen. Mit dieser Zahl ist die Pflanze bereits lebensfähig, wobei jederzeit zwei Mitglieder krank oder sonst abwesend sein können. Fünf Mitglieder sind leicht zu versammeln und können dann geheim, schnell und mit Kompetenz arbeiten. Von diesen fünf dürfen sehr wohl vier eine Ausbildung haben, und zwar der Reihe nach in Finanzwesen, Außenpolitik, Verteidigung und Jurisdiktion. Der fünfte Mann, dem es nicht gelang, eines dieser Fächer zu meistern, wird dann gewöhnlich Präsident oder Premierminister.

So annehmbar es nun auch scheinen mag, die Zahl auf fünf zu beschränken, so zeigt doch die Erfahrung, daß die Mitgliederzahl dazu tendiert, sich rasch auf sieben oder neun zu erhöhen. Die übliche Entschuldigung für dieses Anwachsen ist fast immer (mit gewissen Ausnahmen wie etwa in Luxemburg oder Honduras) das Bedürfnis nach Spezialwissen auf mehr als vier Gebieten. Doch der eigentliche Grund scheint tiefer zu liegen. Denn in einem Kabinett aus neun Mann machen drei die Politik, sorgen zwei für Informationen und ist einer für finanzielle Warnrufe zuständig. Zusammen mit dem neutralen Ministerpräsidenten ergibt das erst sieben Mann, so daß die restlichen zwei Mitglieder zunächst als Zierat zu dienen scheinen. Die genannte Verteilung der Pflichten wird in England erstmals im Jahre 1639 erwähnt, doch hatte man zweifellos schon viel früher entdeckt, daß es Unsinn sei, mehr als drei fähige und geschwätzige Männer in ein Kabinett aufzunehmen. Bis zur Stunde wissen wir daher noch wenig über die Funktion der beiden schweigsamen Mitglieder; aber wir haben Grund anzunehmen, daß ein Kabinett in diesem zweiten Stadium der Entwicklung ohne die beiden nicht arbeitsfähig wäre.

Es gibt Regierungen in der Welt (jedermann wird sofort an Costa Rica, Ecuador, die Philippinen, Uruguay oder Panama denken), deren Kabinette in diesem zweiten Stadium verharren – das heißt ihre Mitgliederzahl auf neun beschränken. Aber sie sind in der Minderheit. Anderswo und in größeren Ländern waren die Regierungskabinette einem Gesetz des Wachstums unterworfen. Neue Mitglieder werden berufen, weniger wegen ihrer speziellen Kenntnisse als wegen des Ärgernisses, das sie bereiten könnten, wenn man sie nicht aufnimmt. Man kann ihre Opposition nur verhindern, wenn man sie zu jeder Entscheidung, die getroffen wird, hinzuzieht. Während sie also, einer nach dem anderen, ins Kabinett aufgenommen (und besänftigt) werden, wächst der Gesamtkörper über die Zahl Zehn hinaus auf die Zwanzig zu. In diesem dritten Stadium der Entwicklung werden aber nun schon erhebliche Mängel sichtbar.

Einer der augenfälligsten Nachteile ist die Schwierigkeit, so viele Menschen am gleichen Ort, Tag, Platz und zur gleichen Stunde um einen Tisch zu versammeln. Ein Mitglied des Kabinetts verreist am 18., während ein anderes erst am 21. zurückkehrt. Der dritte Minister ist dienstags nicht frei, den vierten kann man vor 17.00 Uhr überhaupt nicht erreichen. Doch damit fangen die Schwierigkeiten erst an; hat man wirklich alle unter einen Hut gebracht, dann zeigt sich, die Mitglieder sind alt, langweilig, nicht zu verstehen und schwerhörig. Nur bei wenigen erfolgte die Auswahl ja nach dem Gesichtspunkt, daß sie nützlich wären oder es jemals waren. Die Mehrzahl gelangte ins Kabinett, weil man damit irgendeine Interessengruppe besänftigen wollte. Ihr Ziel setzen sie folglich dahin, der Gruppe, die sie ins Kabinett schickte, zu erzählen, was vor sich geht. Jede Geheimhaltung geht zum Teufel, und, das Schlimmste von allem, die Mitglieder beginnen ihre Reden abzulesen. Sie halten Ansprachen und erzählen später ihren Freunden in den Wandelgängen, was sie angeblich gesagt haben. Und in dem Maß, in dem sie sich breitmachen, wächst draußen das Gezeter der Gruppen, die ebenfalls in der Regierung vertreten sein wollen. Kleine Parteien bilden sich im Kabinett selbst; sie versuchen, ihre Macht zu vergrößern, indem sie Parteifreunde für den Kabinettsdienst rekrutieren. Die Zahl Zwanzig wird erreicht und überschritten, und so tritt das Kabinett in das vierte und letzte Stadium seiner Entwicklung ein.

An diesem magischen Punkt der Kabinettsentwicklung (zwischen zwanzig und zweiundzwanzig Mitgliedern) vollzieht sich ein jäher chemischer oder organischer Wandel. Erstens treffen sich jetzt die fünf Mitglieder, die wirklich zählen, nicht mehr auf, sondern vor der Versammlung und beschließen, was wirklich zu geschehen hat. Angesichts der fertigen Beschlüsse bleibt den übrigen Mitgliedern nur noch wenig zu tun. Infolgedessen schmilzt jetzt endgültig jeder weitere Widerstand gegen eine Vergrößerung des Kabinetts. Zusätzliche Mitglieder bedeuten keine zusätzliche Zeitverschwendung; denn das ganze Kabinett ist jetzt so oder so Zeitvergeudung. Der Druck der Interessengruppen wird vorübergehend aufgefangen durch Zulassung weiterer Vertreter, und es können Jahrzehnte verstreichen, bis die Führer dieser Gruppen merken, was für einen Pyrrhussieg sie da errungen haben. Die Türen des Kabinetts stehen weit offen, die Zahl der Mitglieder steigt von zwanzig auf dreißig, von dreißig auf vierzig. Ja, es mag gar nicht sehr lange dauern, bis die Zahl Tausend erreicht ist. Es schadet nichts. Denn das Kabinett hat längst aufgehört, ein wirkliches Kabinett zu sein; eine andere Körperschaft hat seine ehemaligen Funktionen übernommen.

Fünfmal ist in der englischen Geschichte eine solche Pflanze aufgeblüht und verdorrt. Es ist natürlich heute etwas schwierig, zu beweisen, daß die erste Inkarnation eines Kabinetts – der englische Kronrat, heute Oberhaus genannt – jemals aus nur fünf Mitgliedern bestanden hätte. Zu der Zeit, aus der unsere ersten Informationen über ihn stammen, muß er seinen intimen Charakter bereits verloren haben; denn die erbliche Mitgliederzahl schwankte damals zwischen neunundzwanzig und fünfzig. Die spätere Erweiterung dieses Kronrats hielt allerdings Schritt mit seinem Verlust an Macht. In abgerundeten Zahlen hatte er: sechzig Mitglieder im Jahre 1601, einhundertvierzig im Jahre 1661, zweihundertzwanzig im Jahre 1760, vierhundert im Jahre 1850, sechshundertfünfzig im Jahre 1911 und achthundertfünfzig im Jahre 1952.

Die Frage ist, zu welchem Zeitpunkt der Geschichte sich im Mutterleib des Oberhauses ein neuer innerer Ausschuß bildete – offensichtlich um das Jahr 1257 herum. Seine Mitglieder hießen »Lords des königlichen Rates«, ihre Zahl lag unter Zehn. Noch im Jahre 1378 waren es nicht mehr als elf, und dabei blieb es bis 1410. Dann allerdings, mit der Regierung Heinrich V., begannen sie sich zu vervielfältigen: Bereits 1433 gab es zwanzig Mitglieder; die Zahl stieg weiter auf einundvierzig im Jahre 1504 und erreichte eine Kopfzahl von einhundertzweiundsiebzig königlichen Räten, bis das Kabinett seine Tagungen endgültig einstellte.

Innerhalb dieses Königsrates aber hatte sich mittlerweile die Wiedergeburt eines dritten Kabinetts vorbereitet – des Staatsrates oder Privy Council, der mit neun Mitgliedern das Licht der Welt erblickte. Er wuchs heran zu zwanzig Mitgliedern im Jahre 1540, zu neunundzwanzig im Jahre 1547, zu vierundvierzig im Jahre 1558. In dem Maß, in dem er an Einfluß verlor, gewann er an Mitgliedern, hatte siebenundvierzig im Jahre 1679, siebenundsechzig im Jahre 1723, zweihundert im Jahre 1902 und dreihundert im Jahre 1951.

Doch auch der Staatsrat bildete aus sich heraus ein neues Kabinett, »Junto« (Geheimversammlung) oder »Kabinettsrat« genannt; er übernahm um 1615 die Geschäfte des Staatsrates, bestand bei seinem Erscheinen aus acht Mitgliedern, zählte um das Jahr 1700 bereits zwölf, 1725 zwanzig Mitglieder. 1740 wurden dann seine Geschäfte von einer inneren Gruppierung übernommen, die sich seither schlicht und einfach Kabinett nennt. Die Entwicklung des britischen Kabinetts läßt sich am deutlichsten anhand einer Tabelle verfolgen:

*Das britische Parlament*

| Jahr | Zahl der Mitglieder | Jahr | Zahl der Mitglieder | Jahr | Zahl der Mitglieder |
|---|---|---|---|---|---|
| 1740 | 5 | 1900 | 20 | 1945 | 20 |
| 1784 | 7 | 1915 | 22 | 1949 | 17 |
| 1801 | 12 | 1935 | 22 | 1954 | 18 |
| 1841 | 14 | 1939 | 23 | 1978 | 24 |
| 1885 | 16 | 1940 | 16 | | |

Seit dem Jahr 1930 wird ganz offensichtlich ein Kampf um die Rettung dieser Institution geführt. Der Kampf läßt sich vergleichen mit Versuchen, die während der Regierungszeit der

Königin Elisabeth I. zur Rettung des Privy Council oder Staatsrates unternommen wurden. Das britische Kabinett schien um das Jahr 1940 herum hoffnungslos auf dem absteigenden Ast – mit einem inneren Kreis von fünf, sieben oder neun Männern, die sich bereithielten, seine Aufgabe zu übernehmen. Verglichen mit dem Kabinett Großbritanniens erwies sich das der Vereinigten Staaten als äußerst widerstandsfähig gegen politische Inflationen. Es besaß im Jahre 1789 die ideale Zahl von fünf Mitgliedern, zählte nur sieben im Jahre 1840, neun im Jahre 1901, elf im Jahre 1945, zwölf im Jahre 1978.

*Kabinettsgrößen (1978)*

| Zahl der Mitglieder | Länder |
|---|---|
| 7 | Schweiz |
| 8 | Island |
| 9 | Liberia, Uruguay |
| 11 | Luxemburg, Paraguay |
| 12 | USA |
| 13 | Kolumbien, Japan |
| 14 | Costa Rica, El Salvador |
| 15 | DDR, Finnland, Norwegen |
| 16 | Brasilien, Bulgarien, Irland, BRD, Niederlande, Peru |
| 17 | Dominikanische Republik, Jugoslawien |
| 18 | Österreich, Burma, Südafrika |
| 19 | Dänemark, Israel, Neuseeland, Spanien |
| 20 | Bolivien, Frankreich, Indien, Schweden |
| 21 | Italien |
| 22 | Griechenland, Mexiko |
| 23 | Belgien, Iran |
| 24 | CSSR, Ägypten, Großbritannien |
| 25 | Türkei |
| 26 | Rumänien |
| 28 | Australien |
| 33 | Kanada |
| 37 | UdSSR |
| 44 | China |

Inzwischen erfreuen sich die USA (zusammen mit Ländern wie Guatemala und El Salvador) eines exklusiven Rufs ihrer

Kabinette: Sie haben tatsächlich weniger Kabinettsminister als Länder wie Nicaragua oder Paraguay.

Doch wie sieht der Vergleich mit anderen Ländern aus? Die Mehrzahl der nichttotalitären Staaten verfügt über Kabinette mit zwölf bis zwanzig Mitgliedern. Errechnet man einen Durchschnitt aus über sechzig Ländern, so erhält man einen Wert, der etwas über sechzehn liegt. Die beliebtesten Werte sind fünfzehn und neun Kabinettsmitglieder (je siebenmal). Das sonderbarste Kabinett dürfte sich dabei in Neuseeland finden, wo sich die Kabinettsmitglieder »Minister für Ländereien, Minister für Wälder, Minister für Maori-Angelegenheiten, Minister, beauftragt mit der Verwaltung von Maori-Geldern, und Naturschutzminister« nennen. Der Zeremonienmeister bei einem Bankett in Neuseeland muß auch in der Lage sein, ohne sich die Zunge zu brechen, Silentium zu fordern für den »Gesundheitsminister, Ministerassistenten des Ministerpräsidenten, Minister, beauftragt mit der staatlichen Förderung von Körperschaften, mit der Volkszählung, der Statistik, der Verwaltung öffentlicher Gelder, und für den Informationsminister«. In anderen Ländern ist ein derart orientalischer Überfluß von Titeln glücklicherweise selten anzutreffen.

Eine Untersuchung des britischen Beispiels legt den Gedanken nahe, daß der Punkt der völligen Geschäftsunfähigkeit eines Kabinetts erreicht wird, wenn die Zahl der Mitglieder zwanzig oder einundzwanzig überschreitet. Der britische Kronrat, Königsrat, Staatsrat – sie alle waren jeweils über zwanzig Mitglieder angestiegen, als ihr Verfall begann. Das britische Kabinett hat sich, so gesehen, 1949 noch einmal erholt. Aber inzwischen hat es diese Marke längst überschritten. Wir fühlen uns also versucht, daraus zu schließen, daß Kabinette – oder andere Ausschüsse – mit einer Mitgliederzahl, welche einundzwanzig überschreitet, das reale Verhältnis zur Macht verlieren und Kabinette mit noch höheren Mitgliederzahlen ihre Macht bereits eingebüßt haben. Doch ist keine derartige Theorie haltbar ohne statistischen Beweis (siehe Tabelle auf Seite 192).

Haben wir das Recht, auf dieser Tafel einen Trennstrich unter Frankreich (zwanzig Kabinettsmitglieder) zu ziehen? Und das mit dem Hinweis, alle Darunterstehenden hätten ihr reales Verhältnis zur Macht bereits eingebüßt? Manche Komitologen würden diese Frage ohne weiteres bejahen. Andere jedoch halten dafür, es sei besser, an der oberen Grenzlinie (einundzwanzig) noch genauere Untersuchungen anzustellen. Doch daß der Koeffizient der Unfähigkeit zwischen den Werten neunzehn und zweiundzwanzig liegen muß, wird heute allgemein anerkannt.

Welche vorläufige Erklärung kann es für diese Hypothese geben? Wir müssen hier scharf unterscheiden zwischen Fakten und Theorie, zwischen den Symptomen und der Krankheit selber. Über das offensichtlichste Symptom herrscht wenig Uneinigkeit. Jedermann weiß, daß eine Konferenz mit mehr als zwanzig Teilnehmern ihren Charakter ändert. Privatgespräche entwickeln sich an den entfernten Ecken der gemeinsamen Tafel. Ein Mitglied, das gehört werden will, muß sich erheben. Steht der Mann erst einmal auf seinen Füßen, kann er schwerlich der Versuchung widerstehen, eine Ansprache zu halten – und sei es auch nur aus der Macht der Gewohnheit. »Herr Präsident«, wird er beginnen, »ich glaube, ich kann hier ohne Widerspruch behaupten – und da spreche ich aus einer fünfundzwanzig–, fast möchte ich sagen, siebenundzwanzigjährigen Erfahrung –, daß wir diese Angelegenheit unter den finstersten Aspekten betrachten müssen. Eine schwere Verantwortung lastet auf uns, meine Herren, und ich ...« Während dieses ganzen Gefasels tauschen die effektiven Mitglieder – falls noch solche im Raum sind – kleine Zettel aus, auf denen steht: »Essen wir morgen gemeinsam zu Mittag, wir erledigen das dann unter uns!«

Was sollten sie sonst tun? Die Stimme des Redners dröhnt – monoton und ohne Pause. Der Mann könnte genausogut im Schlaf sprechen. Das Komitee, dessen nutzlosestes Mitglied er ist, hat aufgehört, zu existieren. Es ist am Ende, hoffnungslos. Es ist tot.

Soviel steht also fest. Aber die eigentliche Wurzel des Übels sitzt noch tiefer und müßte erst sorgfältig untersucht werden.

Zu viele entscheidende Faktoren sind noch unbekannt. Wie ist die Form, die Größe des Tisches, an dem die Mitglieder tagen? Wie hoch das Durchschnittsalter der Anwesenden? Zu welcher Tageszeit trifft sich der Ausschuß? In einem Buch für Nichtfachleute kann man unmöglich sämtliche Berechnungen wiederholen, durch die ein erster, vorläufiger Koeffizient der Unfähigkeit ermittelt wurde. Begnügen wir uns mit der Feststellung, daß ausgiebige Untersuchungen im Institut für Komitologie zuletzt eine Formel schafften, welche heute von den einschlägigen Experten weitgehend (wenn auch nicht allgemein) anerkannt wird. Dabei muß noch gesagt werden, daß die Forscher einen gut klimatisierten Raum, lederbezogene Stühle und eine sonst sehr nüchterne Ausstattung als gegeben voraussetzten. Auf dieser Basis lautet dann die Formel:

$$x = \frac{m^{o} (a - d)^{m}}{y + p \sqrt{b}}$$

Dabei bedeuten: m = Zahl der durchschnittlich anwesenden Mitglieder; $^{o}$ = Zahl der Mitglieder, die von Interessengruppen außerhalb des Kabinetts unter Druck gehalten werden; a = Durchschnittsalter der Mitglieder; d = Abstand (in cm) der beiden Mitglieder, die am weitesten voneinander entfernt sitzen; y = Zahl der seit Gründung des Kabinetts oder Ausschusses verstrichenen Jahre; p = Geduld des Präsidenten, gemessen nach der Peabody-Skala; b = durchschnittlicher Blutdruck der drei ältesten Mitglieder, unmittelbar vor Beginn der Konferenz. Dann ist x = Anzahl der tatsächlich anwesenden Mitglieder in dem Augenblick, in dem die Leistungsfähigkeit des Kabinetts oder Ausschusses schlagartig in Leistungsunfähigkeit umschlägt. Das ist der Koeffizient der Unfähigkeit, der zwischen 19,9 und 22,4 liegt. (Die Stellen hinter dem Komma geben die Werte für partielle Anwesenheit an; Mitglieder, die nur während eines Teils der Konferenz fehlten.)

Es wäre unklug, nach einer flüchtigen Betrachtung dieser Gleichung schon zu schließen, die Wissenschaft der Komitologie sei bereits sehr weit fortgeschritten. Weder die Komitologen noch die Subkomitologen denken auch nur daran, diesen Anspruch zu erheben – und sei es auch nur aus Furcht vor Arbeitslosigkeit. Sie stellen vielmehr nachdrücklich fest, daß ihre Arbeit erst begonnen hat und sie auf der Schwelle eines erstaunlichen Fortschritts stehen. Doch selbst wenn man ihr Eigeninteresse in Rechnung stellt – das heißt, wenn man 90 Prozent von ihren Behauptungen streicht –, kann man mit Gewißheit sagen, daß noch sehr viel Arbeit vor uns liegt.

So sollte es eines Tages möglich sein, die Formel zu finden, durch welche sich die Optimalzahl von Ausschußmitgliedern errechnen läßt. Irgendwo zwischen drei (Minimum einer beschlußfähigen Versammlung) und einundzwanzig (wo der ganze Organismus zusammenbricht) liegt die goldene Zahl. Eine interessante Theorie nennt die Zahl Acht. Warum gerade die Acht? Weil es die einzige Zahl ist, welche alle existierenden Länder (siehe Tabelle) übereinstimmend gemieden haben. Mag die Theorie auch auf den ersten Blick verführerisch scheinen, so gibt es doch einen schwerwiegenden Einwand: Acht war die Zahl, welche der unglückliche Charles I. von England für sein Staatskabinett wählte. Und sehen Sie, was mit ihm geschah!

# 14. Injelititis oder Die schleichende Büroparalyse

Überall anzutreffen ist ein ganz spezifischer Organisationstyp, sei es im Staatsdienst, in der Wirtschaft oder in der akademischen Welt: Die höchsten Vorgesetzten sind muffig und langweilig, ihre Untergebenen werden nur munter, wenn sie gegeneinander intrigieren, und die jüngsten Mitarbeiter sind frustriert und frivol. Wenig wird unternommen. Nichts wird erreicht. Und während wir dieses traurige Bild betrachten, denken wir uns insgeheim, daß die, die das Sagen haben, ihr Bestes gegeben, unablässig gegen ein widriges Schicksal angekämpft haben, bis sie schließlich zugeben mußten, daß sie geschlagen waren ... Doch zeigen die Ergebnisse der jüngsten Untersuchungen auf diesem Gebiet klar: Wir dürfen derartiges nicht annehmen. Bei einem hohen Prozentsatz todgeweihter Unternehmen, die bisher untersucht wurden, trat das Koma erst nach einem festen Plan und nach gemeinsamen Anstrengungen aller Beteiligten ein. Zwar handelt es sich um eine Krankheit, aber um eine selbstinduzierte. Schon nach den ersten Anzeichen werden das Fortschreiten des Leidens forciert, seine Ursachen gefördert und jedes Symptom freudig begrüßt. Es ist die Krankheit der induzierten Minderwertigkeit, medizinisch bekannt unter dem Namen »Injelititis«. Das Leiden ist weiter verbreitet, als gewöhnlich angenommen wird, und die Diagnose leichter als die Behandlung.

Unsere Studie der schleichenden Betriebsparalyse beginnt logischerweise mit einer Beschreibung des Krankheitsverlaufs vom ersten Anzeichen bis zum Exitus. Die zweite Stufe unserer Untersuchung behandelt Symptome und Diagnose. Die dritte

Stufe sollte sich infolgedessen mit der Therapie befassen, doch gibt es darüber noch sehr wenig zu sagen. Es liegt auch kein Grund für die Annahme vor, daß in nächster Zukunft sensationelle Behandlungsmöglichkeiten entdeckt werden. Denn es ist nun einmal in der britischen Medizin nicht üblich, diesen Teil einer Krankheit zum Forschungsgegenstand zu machen. Britische Spezialisten begnügen sich in der Regel damit, die Symptome einer Krankheit festzustellen und ihre Ursache zu bestimmen. Die Franzosen dagegen fangen damit an, den Heilverlauf zu beschreiben, und erst viel später geben sie eine Diagnose – wenn überhaupt. Wir neigen in dem vorliegenden Fall mehr zur britischen Methode; möglicherweise hilft sie dem Kranken nicht, aber sie ist wissenschaftlicher.

Das erste Anzeichen einer beginnenden Injelititis ist das Auftauchen eines Individuums in der Hierarchie eines Angestelltenapparates, das in sich selbst hochkonzentrierte Unfähigkeit (U) mit Eifersucht (E) vereinigt. Keine der beiden Eigenschaften für sich ist besonders beunruhigend; man kann Spuren davon in jedem Menschen entdecken. Doch wenn beide Eigenschaften gemeinsam einen bestimmten Konzentrationsgrad erreicht haben – chemisch ausgedrückt durch die Formel $U_3$–$E_5$ –, dann kommt es zu einer chemischen Reaktion. Beide Elemente verbinden sich und bilden eine Substanz, welche wir »Injelitose« genannt haben. Auf Anwesenheit dieser Substanz kann mit Sicherheit aus dem Verhalten eines Abteilungsleiters geschlossen werden, der, nachdem er seine eigene Abteilung heruntergewirtschaftet hat, ständig versucht, in die Kompetenzen anderer Abteilungsleiter einzugreifen und seinen Einfluß auf die Hauptverwaltung auszudehnen. Der Spezialist, der auf diese Kombination von Versagen und Ehrgeiz stößt, schüttelt sofort den Kopf und murmelt: »Primäre oder idiopathische Injelititis.« Die Symptome der injelitierten Person sind völlig unverkennbar, wie wir noch sehen werden.

Das nächste oder zweite Stadium der Krankheitsgeschichte ist erreicht, sobald es dem Injelitierten gelingt, die Zentralverwaltung ganz oder teilweise unter seine Kontrolle zu bringen. In manchen Fällen wird das Sekundärstadium ohne vorangegangene Primärinfektion dadurch erreicht, daß ein solches Individuum direkt auf dieser Stufe in die Firma oder die Verwaltung eintritt. Der Infizierte ist in dieser Phase leicht zu erkennen, weil er hartnäckig darum kämpft, alle, die fähiger sind als er, hinauszumanövrieren, und weil er ebenso hartnäckig die Beförderung oder Einstellung jüngerer Mitarbeiter, die im Laufe der Zeit fähiger werden könnten als er, hintertreibt. Da er nicht zu sagen wagt: »Herr Asterik ist zu begabt!«, sagt er: »Asterik? Ein cleverer Bursche – aber ist er zuverlässig?« Da er auch nicht gut sagen kann: »Neben dem Asterik fühle ich mich unbedeutend«, sagt er: »Cypher hat meiner Meinung nach ein gesünderes Urteil!« »Urteil« ist in diesem Zusammenhang ein sehr interessantes Wort, es bedeutet hier das Gegenteil von Intelligenz. Genaugenommen heißt es, man tut, was bisher immer getan wurde. Infolgedessen wird Cypher befördert, und der junge Asterik geht woandershin. Langsam, aber sicher füllt sich die Hauptverwaltung mit Männern, die dümmer sind als der Direktor, Präsident oder Manager. Wenn der Kopf der Organisation zweitklassig ist, wird er darauf achten, daß seine unmittelbaren Untergebenen drittklassig sind. Und diese werden ihrerseits zuverlässig dafür sorgen, daß der Rest der Angestelltenschaft viertklassig ist. Bald wird es tatsächlich zu einem Wettkampf in Dummheit kommen, wobei jeder vorgibt, noch dümmer zu sein, als er ohnehin ist.

Die tertiäre Phase ist erreicht, wenn vom Botenjungen bis zum Direktor kein Funken Intelligenz mehr in dem ganzen Laden steckt. Dies ist das sogenannte Stadium des Komas. Ist es erreicht, dann ist die Institution, was praktische Aufgaben betrifft, tot. Sie kann in diesem Zustand noch zwanzig Jahre dahinvegetieren. Sie kann aber auch still in ihre Bestandteile zerfallen. Ja, sie kann sich unter Umständen sogar erholen. Es mag merkwürdig klingen, daß bei einer solchen Krankheit Heilung ohne ärztliche Hilfe möglich sein soll. Doch der Vorgang ist ganz natürlich; er erinnert an Prozesse, bei welchen sich Lebewesen langsam an ein starkes Gift gewöhnen, dessen einmalige Dosierung tödlich wäre. Es ist, als sei die ganze Firma mit einer Art DDT-Lösung besprüht worden, die unter Garantie alle Talente vernichtet. Diese Wirkung kann Jahre hindurch anhalten. Dann aber entwickeln einzelne Individuen eine Art Immunität dagegen. Anfangs verstecken sie ihre Qualitäten unter einer Maske der heiteren Idiotie. Sie machen das so gut, daß die Sonderbeauftragten für Qualitäts-Eliminierung – aus Dummheit – unfähig sind, die Qualitäten des Mitarbeiters rechtzeitig zu erkennen. Der wirklich Tüchtige dringt jetzt durch den äußeren Verteidigungsgürtel langsam bis zur Spitze vor. Dabei tarnt er sich weiter, lächelt blödsinnig, verliert Urkunden und vergißt Namen, kurz, er benimmt sich wie jeder andere. Erst wenn er bis zur Spitze emporgestiegen ist, läßt er plötzlich die Maske fallen und steht nun da wie der König der Unterwelt im Feenreich. Natürlich entdecken jetzt die Direktoren mit schrillen Äußerungen des Mißfallens Leistung und Tüchtigkeit in den eigenen Reihen. Aber nun ist es zu spät. Man kann nichts mehr dagegen tun. Der Schaden ist angerichtet, die Krankheit weicht, und eine völlige Genesung im Verlauf der nächsten zehn Jahre ist möglich. Allerdings muß gesagt werden, solche Fälle einer spontanen Heilung sind denkbar selten. Normalerweise durchläuft die Krankheit die drei Stadien und wird unheilbar.

Was die Krankheit ist, haben wir jetzt gesehen. Aber an welchen Symptomen kann man sie entdecken. Es ist etwas anderes, einen Musterfall in allen Einzelheiten zu schildern, als eine Fabrik, Kaserne, Universität oder Firma zu betreten und mit einem Blick die Symptome zu erkennen. Jeder weiß, wie sich ein Häusermakler benimmt, der im Auftrag eines Käufers durch ein leeres Haus wandert; wie er den Schrank aufreißt oder gegen die Bodenbretter tritt und dabei »Alles verrottet!« ruft. Würde er für den Verkäufer arbeiten, dann würde er wahrscheinlich den Schrankschlüssel verloren haben und schnell auf die schöne Aussicht aus den Fenstern verweisen. Genau wie dieser Makler nun, so erkennt der geschulte Wissenschaftler die Injelititis, selbst im primären Stadium. Er bleibt einen Augenblick stehen, zieht die Luft durch die Nase ein, nickt weise – und jedermann sieht: Er weiß Bescheid. Aber wie kommt es, daß er es weiß? Wie kann er sagen, daß die Injelitose eingedrungen ist? Wenn der Träger der Krankheit persönlich anwesend wäre, würde die Diagnose sicher leichter fallen; doch man kann sie auch entdecken, wenn die Quelle des Übels auf Urlaub ist. Sein Einfluß ist schon (atmosphärisch) spürbar. Gewisse Merkmale verraten ihn überall, speziell Äußerungen anderer Angestellter, etwa wie: »Es wäre falsch, wenn wir unsere Ziele zu hoch stecken würden. Wir können nicht mit Spitzenrang konkurrieren. Wir hier, von Minderrang, machen nützliche Arbeit, ganz nach dem Volksgeschmack. Wir wollen damit zufrieden sein.« Oder: »Wir wissen, daß wir nicht zu den ganz Großen gehören. Es ist einfach lächerlich, wie die Angestellten von Viel & Strebsam daherreden, als ob sie in Gott weiß was für einem Riesenladen arbeiten würden.« Oder auch: »Ein paar unserer jüngeren Mitarbeiter sind zu Spitzenrang übergewechselt – ein oder zwei Mitarbeiter sind sogar zu Viel & Strebsam gegangen. Das war das Beste, was sie tun konnten. Wir sind froh, wenn sie Erfolg haben; außerdem ist ein Austausch von Männern und Ideen immer gut – wenn wir auch sagen müssen, daß die paar Leute, die wir von Spitzenrang übernommen haben, ziemliche Nieten waren. Es sind ja auch immer nur diejenigen, die von Spitzenrang rausgeworfen wurden. Aber wir beklagen uns nicht. Wir gehen jedem Streit aus dem Weg. In unserer bescheidenen Art glauben wir, wirklich gute Arbeit zu leisten.«

Was läßt sich solchen Äußerungen entnehmen? Es läßt sich schließen – oder, besser noch, klar erkennen –, daß der Leistungsstand zu niedrig angesetzt wurde. Nur ein geringer Standard ist erwünscht, ein noch geringerer wird erreicht. Befehle, von einem zweitklassigen Chef einem drittklassigen Abteilungsleiter gegeben, verraten klägliche Ziele und unwirksame Mittel. Bessere Leistungen sind unerwünscht, denn eine tatkräftigere Organisation könnte von diesem Chef nicht mehr gemeistert werden. Das Motto »Drittklassig für immer« steht in goldenen Lettern über dem Hauptportal. Drittklassigkeit ist zum Prinzip der Betriebspolitik erhoben worden. Bemerkenswert ist, daß die Existenz höherer Leistungen noch anerkannt wird. In diesem Primärstadium der Krankheit spürt man noch einen Hauch von Verlegenheit, eine Art wortloser Entschuldigung, wenn von Firmen wie Viel & Strebsam oder Spitzenrang die Rede ist. Doch Verlegenheit und Entschuldigung sind kurzlebig. Die zweite Phase der Krankheit wird schnell erreicht, und ihrer Beschreibung wenden wir uns nun zu.

Hauptsymptom der zweiten Phase ist die Selbstgefälligkeit. Die Ziele sind niedrig gesteckt und werden deshalb mühelos erreicht. Man hat die Scheibe drei Meter vor dem Schützen aufgestellt, so ist jeder Schuß ein Treffer. Die Direktoren haben erreicht, was sie wollten. Dies macht sie zufrieden mit sich selbst. Sie vergessen, daß sie mit minimalen Anstrengungen nur minimale Ergebnisse erzielt haben. Alles, was sie noch sehen können, ist der eigene Erfolg, und das unterscheidet sie von den Männern bei Viel & Strebsam. Ihre Selbstgefälligkeit beginnt sich in Redensarten zu manifestieren wie: »Unser Chef ist ein sehr feiner Kerl und sehr clever, wenn man ihn erst einmal kennenlernt. Er redet nicht gerne – das ist nun mal nicht seine Art –, aber er macht auch selten einen Fehler!« (Letzteres läßt sich mit Fug und Recht auch von Menschen, die überhaupt nichts tun, sagen.) Oder sie erzählen dir: »Wir halten nichts von Brillanz. Diese cleveren Burschen sind direkt eine Pest in einem Büro. Sie stellen den ganzen Laden auf den Kopf, werfen die alte Ordnung über den Haufen und reden von neuen Verfahren, von denen noch kein Mensch etwas gehört hat. Wir hier erzielen ausgezeichnete Ergebnisse mit gesundem Menschenverstand und Teamarbeit.« Und schließlich: »Unsere Werkskantine ist etwas, auf das wir ehrlich stolz sind. Wir wissen nicht, wie es der Kantinenwirt schafft, für so wenig Geld ein so gutes Essen zu liefern. Na, wir haben einfach Glück gehabt mit dem Mann.« Die letzteren Sätze werden geäußert, während wir gerade an einem schmierigen Wachstuch sitzen, einen Teller mit ungenießbarem, undefinierbarem Zeug vor den Augen und innerlich grausend bei Geschmack und Geruch der Brühe, die als Kaffee ausgegeben wird. Um es rundheraus zu sagen, eine Kantine verrät oft mehr als das ganze übrige Werk. So wie wir mit einem Blick einen Privathaushalt nach seinem WC beurteilen können (Vorhandensein einer Ersatzrolle Toilettenpapier), so wie wir ein Restaurant nach der Sauberkeit des Tischtuchs klassifizieren, so kann man einen Großbetrieb nach seiner Kantine einschätzen. Wenn die Dekorationen in Dunkelbraun und Blaßgrün gehalten werden, die Vorhänge purpurfarben (oder gar nicht vorhanden) sind, wenn nirgendwo Blumen stehen, dafür aber Haare oder gar Fliegen in der Suppe schwimmen, wenn das Menü aus Kartoffelpulverbrei mit Hackfleischsauce besteht und die Angestellten es trotzdem köstlich finden – dann ist mit Sicherheit zu sagen, daß sich der Betrieb in einem sehr schlechten Zustand befindet. Die Selbstzufriedenheit hat in diesem Fall einen Punkt erreicht, an dem die Verantwortlichen nicht mehr zwischen Schmutz und Essen unterscheiden können. Die Selbstgefälligkeit hat ihren Höhepunkt erreicht.

Im dritten und letzten Stadium der Krankheit tritt an die Stelle der Selbstgefälligkeit die Gleichgültigkeit. Die Angestellten rühmen sich jetzt nicht mehr der eigenen Tüchtigkeit im Vergleich zu anderen Unternehmen. Sie haben vergessen, daß andere Unternehmen überhaupt noch existieren. Sie essen jetzt nicht mehr in der Werkskantine, sondern bringen Butterbrote in Tüten mit und verteilen die Krümel über ihre Schreibtische. Das Schwarze Brett trägt die Vorankündigung eines Werkskonzerts, das vor vier Jahren stattgefunden hat; das Büro des Dr. Braun trägt das Namensschild »Schmidt«; an Herrn Schmidts Tür ist ein altes Kofferschild befestigt, das den in verblaßter Tinte geschriebenen Namen »Robinson« trägt. Zerbrochene Fensterscheiben werden mit Pappe repariert; die elektrischen Schalter versetzen dem, der sie leichtsinnig berührt, einen schwachen, aber schmerzhaften Schlag. Der Verputz hängt von den Zimmerdecken, und die Farbe an den Wänden ist reichlich fleckig. Der Fahrstuhl ist ständig »außer Betrieb«, und der Wasserhahn in der Toilette kann nicht mehr abgestellt werden. Durch das zerbrochene Oberlicht tropft Regenwasser auf den Fußboden und versickert dort – weit entfernt von der Stelle, wo der Eimer steht, den vor langen Zeiten jemand untergestellt hat. Aus dem Keller tönt das Jammergeschrei einer hungrigen Katze. Das letzte oder Tertiärstadium der Krankheit hat den ganzen Betrieb an den Rand des totalen Ruins gebracht. Symptome der Krankheit in dieser akuten Form sind mannigfach und so augenfällig, daß der einschlägige Forscher sie oft durchs Telefon entdeckt, ohne den Schauplatz zu betreten. Er hat schon genug gehört, wenn ihm bei einem Anruf eine schläfrige Stimme mit »Hallo« antwortet, dem nichtssagendsten aller Laute. Traurig legt er den Hörer in die Gabel, schüttelt den Kopf und sagt halblaut zu sich selbst: »Fortgeschrittenes tertiäres Stadium, wahrscheinlich bereits inoperabel.« Für einen Behandlungsversuch ist es zu spät. Das Unternehmen ist praktisch bereits tot.

Wir haben die Krankheit jetzt von innen und außen erlebt. Wir kennen Ursprung, Entwicklung und Ende der Infektion, ebenso die Symptome, durch die sie sich verrät. Wie wir schon sagten, gehen die britischen Mediziner ungern über Diagnosen hinaus. Wenn eine Krankheit identifiziert, benannt, beschrieben und eingetragen ist, sind sie im allgemeinen zufrieden und wenden ihre Aufmerksamkeit lieber dem nächsten Problem zu. Fragt man sie, wie die Krankheit denn zu behandeln sei, dann machen sie erstaunte Gesichter und empfehlen die Anwendung von Penicillin vor oder nach der Radikalextraktion sämtlicher Zähne des Patienten. Man merkt sofort, daß dies nicht der Aspekt der Krankheit ist, der sie interessiert. Sollen wir uns hier genauso verhalten? Oder sollen wir, als ernsthafte politische Wissenschaftler, überlegen, was man – wenn überhaupt – dagegen tun kann?

Zweifellos ist es zu früh, eine Therapie der Injelititis in allen Einzelheiten zu diskutieren; aber es kann sich als nützlich erweisen, allgemeine Richtlinien aufzustellen, welche die Lösung des Problems andeutungsweise erkennen lassen. Zumindest kann man einige Prinzipien des Heilverfahrens darlegen. Davon lautet das erste: Ein erkranktes Unternehmen oder eine Institution kann sich nicht selber behandeln. Es gibt, wie wir wissen, Beispiele dafür, daß die Krankheit von selbst verschwand, ebenso unvermutet, wie sie gekommen war. Doch solche Fälle sind selten und werden vom Fachmann als anomal und unerwünscht betrachtet. Heilung, gleich wie sie erfolgt, sollte von außen erfolgen. Es mag möglich sein, daß sich ein Patient mit Hilfe der Lokalanästhesie den Blinddarm selber herausschneidet. Doch wird das Verfahren nicht gerne gesehen; es erheben sich zahlreiche Einwände dagegen. Andere Operationen bereiten dem Patienten ohnehin noch größere Schwierigkeiten. So können wir also zum ersten Prinzip erheben, daß Patient und Arzt zwei verschiedene Personen sein müssen. Befindet sich ein Unternehmen im fortgeschrittenen Stadium der Injelititis, dann muß ein Spezialist heran – und, in besonders gelagerten Fällen, die größte lebende Kapazität auf diesem Gebiet: Parkinson selbst. Die Honorare werden in einem solchen Fall nicht gerade klein sein, doch spielt das natürlich keine Rolle. Denn es geht um Leben und Tod.

Das zweite Prinzip lautet, daß die Krankheit im Primärstadium mit Spritzen kuriert werden kann, sie im Sekundärstadium häufig noch operabel, im Tertiärstadium aber – nach allem, was wir heute wissen – unheilbar ist. Es gab eine Zeit, in der die Ärzte von Flaschen und Pillen schwatzten; doch das liegt weit zurück. Später redete man eine Zeitlang verschwommen von Hilfe durch psychologische Methoden. Auch das ist überholt, zumal die meisten Psychoanalytiker als Geisteskranke dekuvriert wurden. Augenblicklich leben wir im Zeitalter der Spritzen und Operationen, und ein politischer Wissenschaftler muß natürlich mit seiner Zeit Schritt halten.

Werden wir also vor einen Fall primärer Injelititis geführt, so greifen wir automatisch zur Spritze und zögern nur bei der Frage, was wir außer destilliertem Wasser hineintun sollen. Im Prinzip sollte die Injektion einige aktive Substanzen enthalten; die Frage ist nur, aus welcher Gruppe man sie wählt. Daß eine Einspritzung nach dem Grundsatz »Tod oder Heilung des Patienten« eine hochprozentige Lösung von Intoleranz enthalten muß, ist klar; doch der Wirkstoff ist schwer zu beschaffen und mitunter nur schwer zu handhaben. Intoleranz wird gewonnen aus dem Blut alter Hauptfeldwebel und setzt sich aus zwei chemischen Elementen zusammen: (a) dem BG$^{g}$G (»Das Beste ist gerade gut genug«) und (b) dem N$^{w}$E (»Nichts wird entschuldigt«). Injiziert man es einem kranken Unternehmen, kann der Intoleranzkörper als starkes Tonikum wirken und gelegentlich scharfe Reaktionen gegen den Infektionsherd auslösen. Das Mittel ist zweifellos ausgezeichnet, aber eine endgültige Heilung ist nicht sicher. Unsere Befunde lassen den Schluß zu, daß es nur einen symptomatischen Effekt hat, der Infekt aber latent bleibt. Einige Spezialisten vertreten die Ansicht, wiederholte Injektionen, in Abständen gegeben, könnten die Heilung herbeiführen – andere fürchten, durch wiederholtes Spritzen könnten neue Irritationen geschaffen werden, welche kaum minder gefährlich sind als der ursprüngliche Infekt. Die Intoleranz ist eine Substanz, die immer mit Vorsicht angewendet werden sollte.

Es gibt eine wesentlich harmlosere Droge, den Spott, doch ihre Verwendung ist noch nicht voll bekannt; ihr Heilcharakter schwankt, und über ihre Wirkung wissen wir nur wenig. Allerdings besteht bei Spottinjektionen wenig Gefahr für den Patienten, aber wahrscheinlich auch wenig Hoffnung auf eine Heilung. Denn, wie wir heute wissen, Injelititiskranke entwickeln ein außergewöhnlich starkes Oberhautgewebe, die sogenannte »dicke Haut«, welche sie offenbar gegen Spott unempfindlich macht. Die Möglichkeit, daß Spott den Infektionsherd isoliert, ist gegeben; doch das ist alles, was wir davon erwarten. Mehr kann man nicht verlangen.

Zuletzt sei noch auf ein Mittel hingewiesen, welches leicht zu beschaffen ist und in Fällen dieser Art gelegentlich Linderung brachte: das der Züchtigung. Doch auch hierbei werden immer wieder Komplikationen gemeldet. Zweifellos ist diese Substanz ein schnellwirkendes Stimulans, doch kann das Ergebnis unter Umständen direkt entgegengesetzt der Absicht des Arztes sein. Nach einer kurzen Spanne vermehrter Tätigkeit fällt der Patient rasch in sein altes, sorgloses Gehabe zurück und erweist sich als ansteckender denn je. Züchtigung sollte deshalb nur zusammen mit den bereits genannten Drogen Intoleranz und Spott gegeben werden, möglicherweise noch mit anderen, bisher unversuchten Substanzen zusammen. Im Augenblick können wir nur sagen, daß es ein solches Präparat noch nicht gibt.

Das Sekundärstadium ist, wie wir glauben, operabel. Wer die Fachpresse verfolgt hat, kennt den Namen des Chirurgen Messerzahn und seine Methode der Zystenextraktion. Sie besteht darin, alle infizierten Teile radikal zu entfernen und dem Patienten große Mengen frischen Blutes (einer vergleichbaren Organisation) zuzuführen. Doch um der Wahrheit die Ehre zu geben, muß gesagt werden, daß es dabei auch zu tragischen Ausgängen kam. Es kann ein Operationsschock eintreten; die richtige Blutgruppe kann nicht beschafft werden, oder es kann zu Unverträglichkeiten mit dem alten Blut des Patienten kommen. Andererseits bietet diese Operation, drastisch wie sie ist, die besten Aussichten einer endgültigen Heilung.

Ist erst das dritte oder Tertiärstadium der Krankheit erreicht, dann bleibt uns nichts mehr zu tun. Das Unternehmen ist dann für alle praktischen Zwecke tot. Man kann es neu gründen, vorausgesetzt, man wechselt den Firmennamen, den Standort und das Personal. Die Versuchung für den wirtschaftlichen Denkenden ist groß, einen Teil des alten Personals zu übernehmen – sagen wir: aus Gründen der Kontinuität. Nichts wäre fataler. Kontinuität ist unter allen Umständen zu vermeiden. Nicht der kleinste Teil der alten, infizierten Firma kann als ungefährlich betrachtet werden. Kein Angestellter, kein Mobiliar und keine Tradition dürfen aus dem alten Haus in das neue hinüberwechseln. Nach der Desinfektion ist strikte Quarantäne vonnöten. Das verseuchte Personal sollte mit warmen Empfehlungsschreiben abgeschoben werden – und zwar zu der Konkurrenz, der man besonders feindlich gewogen ist. Alle Einrichtungsgegenstände, einschließlich der Akten, sind ohne Verzug zu vernichten. Was die Gebäude betrifft, so scheint es am besten, sie hoch zu versichern und dann in Brand zu setzen. Erst wenn die ganze Anlage nur noch verkohlte Ruine ist, können wir mit Sicherheit annehmen, daß die Bazillen der Injelititis vernichtet sind.

# 15.
# Vorgeplante Mausoleen oder Macht- und Verwaltungszentren

Jeder Student sozialer Institutionen kennt den Standardtest, mit dem die Bedeutung eines Mannes gemessen wird. Die Anzahl seiner Vorzimmer, die Zahl seiner persönlichen Assistenten und die Zahl der Telefone – diese drei, multipliziert mit der Florhöhe seines Teppichs, gemessen in Zentimetern, ergibt eine zuverlässige, auf der ganzen Welt anwendbare Formel. Weniger bekannt dürfte sein, daß das gleiche Meßverfahren in reziproker Form sich auf die Institution selber anwenden läßt.

Man betrachte beispielsweise die Organisation eines Verlages. Verleger tendieren, wie wir wissen, zu chaotischer Schlamperei. Ein Besucher, der einen Verlag durch das betritt, was er für den Haupteingang hält, wird wieder hinausgeführt, um den ganzen Block herum, durch eine Seitenstraße und dann über drei Etagen eine Hinterhaustreppe hoch: Dort ist der Verlag. Forschungsinstitute sind in der Regel ähnlich untergebracht; man findet sie im Parterre eines ehemaligen Einfamilienhauses, muß durch einen verrückten, holzgetäfelten Korridor hindurch zu dem heruntergekommenen Behelfsbau, der im ehemaligen Garten des Hauses steht. Und sind wir nicht auch alle vertraut mit der Anlage eines internationalen Flugplatzes? Wenn wir aus der Maschine steigen, sehen wir regelmäßig (zur Rechten oder zur Linken) eine Art Hochhaus im Baugerüst. Dann führt uns die Stewardeß zu einem kleinen, mit Dachpappe gedeckten Behelfsbau. Niemand erwartet, daß sich dieser Zustand je ändert, denn bis das Hauptgebäude fertig ist, wird der Flugplatz längst verlegt worden sein.

So lebendig und produktiv die genannten Institutionen sein

mögen, sie gedeihen offenbar am besten in derart schäbigen, provisorischen Unterkünften. Erleichtert wenden wir uns deshalb einem Verwaltungsgebäude zu, welches offenbar von Anfang an mit dem Hauptaugenmerk auf Komfort und Gediegenheit geplant wurde. Der Eingang, ganz Bronze und Glas, liegt genau im Zentrum einer symmetrischen Fassade. Sorgfältig geputzte Schuhe gleiten lautlos über weichen Teppichboden zu den glänzenden, lautlosen Aufzügen. Die überwältigend kultivierte Empfangsdame murmelt sanft durch karminrote Lippen in ein eisblaues Telefon. Sie winkt Ihnen, in einem Armstuhl aus Chrom Platz zu nehmen, und tröstet Sie mit einem berükkenden Lächeln für die Wartezeit. Gelingt es Ihnen, den Blick von dem gelackten Journal zu heben, dann versinkt er in endlosen Korridoren, die sich zu den Abteilungen A, B, C etc. erstrecken. Aus geschlossenen Türen klingt das gedämpfte Geräusch geordneter Arbeit. Nur eine Minute noch, und schon versinkt man knöcheltief im Teppich des Direktors, mutig vorwärtsstapfend zu seinem entfernten, gewaltigen Schreibtisch. Hypnotisiert durch den starren Blick des Direktors, überwältigt von dem Matisse an der Wand, spürt man plötzlich, daß man das Zentrum wirklicher Effizienz endlich erreicht hat.

In Wirklichkeit hat man nichts dergleichen erreicht. Es ist heute bekannt, daß eine Perfektion der Planung nur von jenen Instituten erreicht wird, die kurz vor dem Kollaps sind. Dieser Schluß, so paradox er klingen mag, ist gegründet auf eine Unmenge archäologischer und historischer Untersuchungen, mit deren esoterischen Details wir uns nicht aufhalten wollen. Hauptaugenmerk wurde bei diesem Verfahren darauf gerichtet, jene Gebäude auszusondern und zeitlich zu bestimmen, die offenbar einmal mit Perfektion für ihren Bestimmungszweck gebaut wurden. Analysen und Vergleiche solcher Bauten zeigten, daß jede Perfektion der Planung ein Zeichen des Niederganges ist. Während Perioden aufregender Entdeckungen oder Fortschritte hat kein Mensch Zeit, ein vollkommenes Hauptquartier zu erstellen. Die Zeit dafür kommt erst dann, wenn alles Wichtige getan ist. Perfektion, wissen wir, ist das Ende. Und das Ende ist der Tod.

So erscheinen dem einzelnen Touristen, der ehrfurchtsvoll vor dem Petersdom in Rom steht, Kirche und Vatikan als geradezu ideale Behausung der päpstlichen Monarchie auf dem Höhepunkt von Macht und Prestige. Hier, sagt er zu sich selber, muß Innozenz III. sein Anathema gedonnert, hier Gregor VII. das Gesetz der Kirche verkündet haben. Doch ein Blick in den Reiseführer belehrt ihn, daß die wirklich mächtigen Päpste lange vor dem Bau dieses Doms und nicht selten ganz woanders regierten. Mehr noch, ihre Nachfolger verloren ihre Macht, während die Arbeit an den Bauten fortschritt. Julius II., der den Entschluß zum Bau faßte, Leo X., der Raffaels Entwürfe guthieß, sie waren längst tot, als die Bauten ihre heutige Gestalt annahmen. An Bramantes Palast wurde 1565 immer noch gebaut, die große Kirche erst 1626 eingeweiht, der Kolonnadenplatz sogar erst 1667. Die Tage der großen Päpste waren vorbei, ehe auch nur eine Planskizze der gewaltigen Bauten existierte. Und sie waren längst vergessen, als die Bauwerke fertig waren.

Daß diese Reihenfolge keine Ausnahme ist, läßt sich leicht beweisen. Denn die gleichen Zusammenhänge findet man beispielsweise in der Geschichte der Vereinten Nationen wieder. Große Hoffnungen wurden auf den damaligen Völkerbund zwischen dem Gründungsjahr 1920 und etwa 1930 gesetzt. Im Jahre 1933 ließ sich dann deutlich erkennen, daß das Experiment des Völkerbunds fehlgeschlagen war. Seine steinerne Inkarnation indessen, der Völkerbundspalast, wurde erst 1937 eröffnet. Er war ein Stück zweifellos bewundernswerter Architektur. Langes Nachdenken war auf die Konstruktion des Sekretariats und der Ratszimmer, der Ausschußräume und der Cafeteria verschwendet worden. Alles, was menschlicher Geist ersinnen konnte, war da – mit Ausnahme des Völkerbunds. Denn dieser hatte im Jahre der Eröffnung des Palastes praktisch aufgehört zu existieren.

Nun mag man argumentieren, mit dem Schloß von Versailles aber verhalte es sich völlig anders. Dies sei wirklich die architektonische Verkörperung des Sonnenkönigtums auf seinem Höhepunkt. Wieder einmal widersprechen die Tatsachen der

Theorie. Wenn man auch sagen kann, daß der triumphale Zeitgeist die Architektur von Versailles bestimmte, so ist doch der größere Teil des Schlosses erst in den letzten Regierungsjahren Ludwigs XIV. errichtet worden; und manches wurde erst von seinem Nachfolger beendet. Der Bau des Schlosses fällt in die Jahre zwischen 1669 und 1685. Der König zog erst im Jahre 1682 ein, und zu dieser Zeit waren die Maurer noch am Werk. Das berühmte königliche Schlafzimmer wurde erst ab 1701 benutzt, die Kapelle erst neun Jahre später. Als Regierungssitz, und nicht als königliche Residenz, tritt Versailles erst 1756 in Erscheinung. Andererseits lagen die wahren Triumphe Ludwigs XIV. hauptsächlich vor dem Jahre 1679, den Gipfel seiner Karriere erreichte er 1682, während seine Macht seit 1685 ständig abnahm. Mit den Worten eines Historikers ausgedrückt, setzte Ludwig, als er in Versailles einzog, »bereits das Siegel unter den Verfall seines Hauses und seines Geschlechtes«. Ein anderer schreibt: »Das Ganze ... war gerade fertiggestellt, als Ludwigs Macht sichtbar abzunehmen begann.« Und ein dritter unterstützt unausgesprochen diese Theorie, indem er die Periode von 1685 bis 1713 als »Jahre des Niedergangs« beschreibt. Mit anderen Worten: Der Besucher, der Versailles für den Platz hält, von dem ein Turenne zum Sieg ausritt, irrt sich gewaltig. Historisch getreuer wäre es, sich die Verlegenheit der Kuriere auszumalen, welche die Nachricht von der verlorenen Schlacht von Blenheim in diesen Palast bringen mußten. In einem Schloß, voll von Siegesemblemen, dürften sie sich kaum getraut haben, die Augen zu erheben.

Bei der Erwähnung von Blenheim fällt uns natürlich das Schloß gleichen Namens ein, erbaut für den siegreichen Herzog von Marlborough. Wieder ein ideal geplantes Gebäude – diesmal für den Lebensabend eines Nationalhelden. Vielleicht sind die heroischen Ausmaße dieses Hauses mehr dramatisch als praktisch, doch die Wirkung ist genau die, welche der Architekt beabsichtigte. Keine Szene könnte geeigneter sein, eine Legende zu bewahren, als dieses, kein Platz scheint idealer geeignet für das Treffen alter Kriegskameraden am Jahrestag der großen Schlacht. Doch das Vergnügen, mit dem wir uns solche Szenen ausmalen, wird sofort verwässert durch die Erkenntnis, daß sie niemals stattfanden. Weder lebte der Herzog jemals in diesem Haus, noch erlebte er überhaupt dessen Fertigstellung. Er residierte in Wirklichkeit in Holywell bei St. Albans und in der Stadt im Marlborough House in London. Er starb in Windsor Lodge, und seine Kameraden hielten ihre Blenheim-Gedenktreffen in einem Zelt ab. Der Bau von Blenheim schritt nur langsam fort, nicht weil der Entwurf ungenügend ausgearbeitet war – er war schon kunstvoll genug –, sondern weil der Herzog in Ungnade gefallen war. Zwei volle Jahre der Bauzeit verbrachte er im Exil – Jahre, in denen der Bau unter Umständen hätte fertiggestellt werden können.

Und wie steht es mit dem Königshaus, dem der Herzog von Marlborough diente? Genauso wie heute die Touristen, die mit dem Reiseführer in der Hand durch die Orangerie und den Spiegelsaal wandern, werden die Archäologen von übermorgen mit Erstaunen das bewundern, was einst London war. Sie werden die Ruinen des Buckingham-Palastes für den wahren Ausdruck britischer Monarchie halten. Sie werden der breiten Straße zwischen dem Triumphbogen der Admiralität und dem Schloßportal folgen, und vor ihrem geistigen Auge inneren Hof und Hauptbalkon wiedererstehen lassen – und dabei denken, wie passend dies alles für einen mächtigen Herrscher gewesen sein muß, dessen Macht bis zu den entferntesten Winkeln der Erde reichte. Selbst ein moderner Amerikaner kann schwerlich der Versuchung widerstehen, den Kopf über die Anmaßung eines George III. zu schütteln, der mit soviel königlichem Prunk regierte. Doch wieder finden wir, daß alle mächtigen Könige Englands anderswo hausten, in Schlössern, die es nicht mehr gibt, in Greenwich und Nonesuch, Kenilworth und Whitehall. Der Erbauer des Buckingham-Palastes war George IV., dessen Hofarchitekt John Nash verantwortlich war für die »allgemeine Schwäche und den trivialen Geschmack«, wie man damals sagte. Aber George IV., der in Carlton House oder in Brighton regierte, sah niemals das fertige Schloß; und auch sein Nachfolger William IV. nie, der die Vollendung beschloß. Es war Königin Victoria, die erstmalig 1837 im Buckingham-Palast residierte und 1840 von hier aus heiratete. Doch ihre anfängliche Begeisterung für das Schloß war kurzlebig. Ihr Gemahl zog das Schloß Windsor unendlich vor, ihre eigene Liebe galt später den Schlössern Balmoral und Osborne. Der Glanz des Buckingham-Palastes muß also, wenn wir korrekt sein wollen, einer späteren und strikt konstitutionellen Monarchie Englands zugeschrieben werden, einer Zeit, in der die Macht schon fest in den Händen des Parlaments lag.

Natürlich fragen wir uns jetzt, ob dann nicht vielleicht Westminster, der Sitz des Unterhauses, in sich der Ausdruck parlamentarischen Geistes ist? Westminster ist fraglos ein großartiges Stück Architektur, äußerst passend entworfen für politische Debatten, dazu mit genügend Raum für alles mögliche – für Ausschußsitzungen, stille Studien, Erfrischungen, ja sogar (auf den Terrassen) für Tee. Es verfügt über alles, was sich ein Gesetzgeber nur wünschen kann, und alles untergebracht in einem Gebäude von unendlicher Würde und maßlosem Komfort. Eigentlich sollte es – wir wagen es kaum mehr anzunehmen – aus einer Zeit stammen, in der die Herrschaft des Parlaments auf dem Höhepunkt stand. Doch nein, auch diesmal taugen die Daten nicht zu dieser Theorie. Das ursprüngliche Unterhaus, in dem ein Pitt und ein Fox ihre großen Reden hielten, wurde durch einen zufälligen Brand im Jahre 1834 zerstört. Es war berühmt wegen seiner Ungemütlichkeit und des niedrigen Niveaus der Debatten. Der gegenwärtige Bau wurde im Jahre 1840 begonnen, teilweise benutzt seit 1852, war aber noch unvollendet, als sein Architekt im Jahre 1860 starb. Seine endgültige Form erhielt er im Jahre 1868. Nun ist aber, was nicht mehr als Zufall betrachtet werden kann, der Untergang des britischen Parlaments unzweifelhaft auf den Reform Act von 1867 zurückzuführen. In dem darauffolgenden Jahr ging alle gesetzgeberische Initiative vom Parlament zum Kabinett über. Die Ehrfurcht, die man bis dahin Briefen mit dem Kopf »M. P.« (Mitglied des Parlaments) entgegengebracht hatte, verschwand. Die großen Tage waren vorbei.

Dies kann freilich nicht über die Ministerien gesagt werden, deren Bedeutung im gleichen Maße zunahm, wie die Bedeutung des Parlaments schwand. Die Forschung wird sicherlich bestätigen, daß das Indien-Ministerium auf dem Gipfel seiner Tatkraft stand, als es noch im Westminster-Palasthotel hauste. Doch scheinen die Entwicklungen, die das Kolonialministerium durchmachte, noch bezeichnender. Während nämlich das britische Weltreich zum größten Teil in einer Epoche erobert wurde, in der das Kolonialministerium (soweit es überhaupt schon existierte) in ein paar Abstellräumen der Downing Street residierte, wurde ein neuer Abschnitt britischer Kolonialpolitik damit eingeleitet, daß das Kolonialministerium in Gebäude übersiedelte, die eigens zu diesem Zwecke errichtet worden waren. Dies geschah im Jahre 1875, und der Entwurf des Gebäudes bildete dann auch einen passenden Hintergrund für die Katastrophen des Burenkrieges. Immerhin erhielt das Ministerium durch den Zweiten Weltkrieg wieder neuen Auftrieb. Durch den Umzug in die äußerst unbequemen Häuser der Great Smith Street – sie gehören eigentlich der Kirche und waren für ganz andere Zwecke bestimmt – erwachte die britische Kolonialpolitik noch einmal zu jener Brillanz, die ohne Zweifel erst mit dem völligen Zusammenbruch des Commonwealth enden wird. Dessen genaues Datum steht allerdings noch nicht fest.

Doch kann kein britisches Beispiel Schritt halten mit der Geschichte von Neu-Delhi. Niemals zuvor oder später wurde britischen Architekten die Aufgabe zugewiesen, eine so große Hauptstadt als Regierungssitz für ein so riesiges Volk zu entwerfen. Die Absicht, Neu-Delhi zu gründen, wurde erstmals auf dem königlichen Durbar, dem Empfang der indischen Fürsten, von 1911 verkündet. Damals war König George V. der Nachfolger des Moguls auf dem Pfauenthron. Sir Edwin Lutyens machte sich ans Werk, die Pläne für ein indisches Versailles zu entwerfen, in der glänzenden Konzeption, verständlich im Detail durchdacht, meisterhaft im Entwurf und überwältigend in den Ausmaßen. Doch die einzelnen Stufen seines Fortschrittes sind zugleich Stufen des politischen Verfalls. Es begann mit dem indischen Regierungsakt von 1911; es ging weiter mit dem

Mordanschlag auf den Vizekönig 1912, der Deklaration von 1917, dem Montagu-Chelmford-Report von 1918 und dessen Durchführung 1920. Lord Irwin zog 1929 in seinen neuen Palast ein, als der indische Kongreß die Unabhängigkeit Indiens forderte, in dem Jahr der Roundtable-Konferenz und der zivilen Ungehorsamkeitsbewegung. Es wäre zu ermüdend, die Entwicklung weiterzuführen bis zu dem Tag, an dem sich die Briten endgültig aus Indien zurückzogen; man könnte zeigen, wie jede Rückzugsphase ihre Parallele fand in einer weiteren Vollendung neuer Architektur. Was schließlich dabei herauskam, war nicht mehr und nicht weniger als ein Mausoleum.

Der Verfall des britischen Imperialismus setzte ein mit allgemeinen Wahlen des Jahres 1906 und dem Sieg liberaler und halbsozialistischer Ideen. Kein Wunder, daß 1906, unauslöschlich über den Toren des britischen Kriegsministeriums in Granit gehauen, auch das Jahr der Fertigstellung dieses Baus ist. Die siegreiche Schlacht von Waterloo konnte noch aus den bescheidenen Armeedienststellen in der Nachbarschaft der Horse Guard geführt werden; für die verlustreichen Angriffe auf die Dardanellen im Ersten Weltkrieg brauchte man schon die würdigen Diensträume des neuen Ministeriums.

Die weiträumige Anlage des amerikanischen Pentagons in Arlington, Virginia, liefert eine weitere bedeutsame Lektion für Architekten und Planer. Fast ist es unfair, wenn man eine gewisse Logik darin sieht, daß das Pentagon neben dem Zentralfriedhof liegt. Hier sollte die Forschung weiteres erkunden.

Es ist durchaus nicht sicher, daß ein einflußreicher Leser dieses Kapitels das Leben einer untergehenden Institution retten könnte, indem er sie einfach von ihrem stromlinienförmigen Hauptquartier befreit. Was er jedoch mit einiger Sicherheit tun kann, ist, eine Organisation oder Einrichtung daran zu hindern, sich selbst schon bei der Geburt zu strangulieren. Es gibt Beispiele im Überfluß von neuen Institutionen, die das Licht der Welt erblicken, voll ausgestattet mit allen stellvertretenden Direktoren, Beratern und Angestellten – alle in einem eigens zu diesem Zweck geplanten Gebäude. Die Erfahrung lehrt uns, daß eine solche Institution zwangsläufig stirbt. Sie wird von ihrer eigenen Vollkommenheit erstickt. Sie kann nicht Wurzeln schlagen, denn es mangelt ihr an Erde. Sie kann auch nicht mehr wachsen, denn sie ist schon bei der Geburt erwachsen. Fruchtlos von Natur aus, kann sie natürlich auch nicht blühen. Wenn wir einem solchen Beispiel der perfekten Planung begegnen – wenn wir beispielsweise vor den Gebäuden der Vereinten Nationen stehen –, dann werden die Wissenden unter uns traurig die Köpfe schütteln, pietätvoll ein Tuch über die Leiche ziehen und leise auf Zehenspitzen hinausschleichen – in die frische Luft.

# 16.
# Das Gesetz vom Vakuum oder Die Anziehungskraft des Leeren

Das erste Parkinsonsche Gesetz von der Elastizität der Arbeit in bezug auf den Zeitfaktor ist bis heute nicht widerlegt worden, weder durch Argumente und Erfahrung noch durch Forschung oder Theorie. Gleichsam als Nebenprodukt dieses Gesetzes ergab sich die These, daß sich jeder Verwaltungsapparat nach einem bestimmten durchschnittlichen Prozentsatz selbständig weiter aufbläht, unabhängig von der – oder überhaupt einer – zu verrichtenden Arbeit. In der öffentlichen Verwaltung haben die durchschnittlichen Zuwachsraten an Büro- und Verwaltungspersonal die gesetzte Norm weit überschritten. Ganz allgemein hat sich also die Gültigkeit des Gesetzes in der Realität bewiesen, wenn wir auch einige Ausnahmen eingestehen müssen. Zunächst hat das Parkinsonsche Gesetz eine gewisse Eigenwirkung gezeigt. Die, die es studierten, haben auch Wege gefunden, es zu umgehen, und zwar genauso, wie gewisse Leser des Marxschen »Kapitals« aus diesem die Lehren zur Verhinderung des Marxismus gezogen haben.

Besonders in der Privatwirtschaft hat die Kenntnisnahme der Parkinsonschen Gesetze zur teilweise einschneidenden Reduzierung des Verwaltungsaufwandes geführt. So hat beispielsweise ein bundesdeutsches Großunternehmen die Anzahl seiner in der Firmenverwaltung beschäftigten Mitarbeiter auf einen Schlag von zweitausend auf zweihundertfünfzig reduziert. Im amerikanischen Bundesstaat Kalifornien deutet sich eine drastische Reduzierung des Regierungsapparates an. Solche Ereignisse pflegen zwar nicht jeden Tag einzutreten, ereignen sich aber doch so dann und wann. Und Ausnahmen bestätigen die Regel.

Obwohl die Richtigkeit der Parkinsonschen Gesetze heute allgemein anerkannt wird, sollte man sich – aus wissenschaftlicher Sicht gesehen – doch nicht nur mit dem Erreichten zufriedengeben, sondern zweckmäßige Untersuchungen stets weiterführen. Dies ist auch geschehen, und als Ergebnis jahrelanger weiterer wissenschaftlicher Anstrengungen darf heute festgestellt werden, daß das erste Parkinsonsche Gesetz letzten Endes Teil eines allgemeinen, weit umfassenderen Gesetzes ist, welches wie folgt lautet:

*Tätigkeit expandiert stets so weit, wie durch menschliches Versagen entstandener Leerlauf vorhanden ist, den es zu füllen gilt.*

Dazu ein praktisches Beispiel. Eine große englische Unternehmensgruppe gelangte unter die Leitung eines überaus aktiven und tüchtigen geschäftsführenden Direktors, eines Mannes, der übrigens später wegen seiner außerordentlichen Verdienste sogar in den Adelsstand erhoben wurde. Als der neue Direktor sich in den einzelnen Betrieben der Unternehmensgruppe umsah, mußte er feststellen, daß die Verwaltungsdienststellen zwar in der Nähe des Hauptwerkes untergebracht waren, jedoch nicht zentral, sondern in einer Vielzahl von Gebäuden, teilweise sogar in Holzbaracken, wie man sie aus der Zeit des Ersten Weltkrieges kannte, oder in armseligen Blechhütten, welche nach der ursprünglichen Absicht ihrer Besteller vielleicht als Fahrradschuppen hätten dienen sollen. Nachdem der so tüchtige geschäftsführende Direktor sich mit dieser Situation vertraut gemacht hatte, beschloß er, ihr radikal abzuhelfen: Es sollte ein neues großes Verwaltungsgebäude errichtet werden, um darin alle Verwaltungsdienststellen zentral zusammenzufassen. Wenn auch klar war, daß diese Verwaltungskonzentration die Effizienz der nun bald unter einem einzigen Dach zusammengefaßten einzelnen Dienststellen nicht erhöhen konnte, so würde sie doch die Summe der monatlichen Mietzahlungen und Gemeindesteuern drastisch reduzieren.

Das neue Verwaltungsgebäude – das Modernste vom Modernen – wurde fertiggestellt und mit dem bei solchen Anlässen üblichen Pomp eingeweiht. Ein Ritus, der bei allen monströsen

Bauten der gleiche ist. Wäre die gesamte Organisation perfekt gewesen, wäre das Klappern der Schere, die zum feierlichen Zerschneiden des Bandes vor dem Eingangsportal des neuen Verwaltungszentrums verwendet wurde, gleichsam von einem scharfen Kommandopfiff übertönt worden, der seinerseits einen Bulldozer in Bewegung gesetzt hätte, um all die alten Verwaltungsprovisorien noch bis zum Sonnenuntergang dem Erdboden gleichzumachen. Aber selbst ein so ausgezeichneter und tüchtiger Mann wie der geschäftsführende Direktor hatte eines der fundamentalsten Lebensgesetze der Bürokratie bei seinen Überlegungen außer acht gelassen: daß Verwaltungspersonal sich so lange multipliziert, bis jeder zur Verfügung stehende Büroraum ausgefüllt ist.

Am feierlichen Eröffnungstage hatte der vorhandene Verwaltungsstab alle neuen Büroräume bezogen. Aber schon eine Woche später waren alle eigentlich zum Abbruch bestimmten alten Baracken bereits wieder belegt.

Die Idee des geschäftsführenden Direktors war an sich gut und vernünftig gewesen, dennoch hatte sie sich im Ergebnis als vollständiger Fehlschlag herausgestellt – und zwar weniger aus Gründen der Geldverschwendung, sondern wegen der Ineffizienz, die parallel zur Größe eines Verwaltungsstabes zu steigen pflegt.

Ebendieses Prinzip ist auch der dramatische Vorwurf gegen alle jene wirtschaftlichen »Erbhofdramen«, die sich alltäglich im Geschäftsleben abspielen. Wir alle kennen mindestens vom Hörensagen her das unselige Wirken jener als Unternehmensberater getarnten Finanzpiraten, welche die Wirtschaft unsicher machen. Mit ihren Reformvorschlägen, Fusionierungsideen und sonstigen Machenschaften verdienen diese Leute Millionen und verunsichern zur gleichen Zeit alle von ihrem Wirken Betroffenen. Was, so muß man sich beklommen fragen, ist denn heute in der Geschäftswelt noch sicher? Gewaltige Unternehmen, welche man auf ehernen und unerschütterlichen Fundamenten stehend wähnte, brechen zusammen wie Kartenhäuser. Und warum? Weil ein paar Geschäftemacher die Börse beherrschen und dort ihr kriminelles Spiel treiben. Welches Unternehmen ist unter solchen Umständen noch sicher? Gibt es kein Gesetz, das potentielle Opfer schützt?

Aber auch hier liegt der Grundfehler bei der satten Beschaulichkeit beleibter Direktoren, die nicht realisieren, wie verwundbar ihre Position geworden ist. Sie kommen morgens spät ins Büro, verlassen dasselbe bereits in den frühen Nachmittagsstunden wieder und sägen so an jenem Ast, auf welchem sie selber sitzen. Sie haben keinen Unternehmungsgeist, sind alt, ignorant und faul. Ein Unternehmen aber, dem es an Kreativität und Dynamik fehlt, steht schon am Grabesrande. Seine innere Fäulnis schafft ein Vakuum, das magisch Übernahmeangebote an sich zieht, noch bevor der Zusammenbruch publik wird.

Eine Pflanze, welche nicht mehr blüht, hat in Wirklichkeit bereits abzusterben begonnen. Obwohl jedermann diese Tatsache aufgrund der Erfahrungen des täglichen Lebens bekannt ist, glaubt man sie jedoch im Wirtschaftsleben immer wieder ungestraft ignorieren zu dürfen.

Was für das Einzelunternehmen gilt, gilt für die freie Wirtschaft insgesamt. Druck von außen bemerken wir meist schnell genug. Die sogenannten sozialistischen Länder stellen in ihrer Gesamtheit für uns eine militärische Bedrohung dar; dem geht aber ein heimtückischer Infiltrationsprozeß voraus. Im Innern liegt die Gefahr bei kommunistischen oder parakommunistischen Parteien, weil sie die Schwächen unseres gesellschaftlichen und wirtschaftlichen Systems konsequent zur Verwirklichung ihrer Ziele nützen. Angesichts dieser Gefahren reagieren unsere Wirtschaftsleute mit Indignation und Protest, statt zu realisieren, daß zumindest ein Teil des Übels auf sie selbst zurückzuführen ist.

Eine Institution wird krank, sobald ihre Führer den Weg verlieren, sobald sie vergessen, welches Ziel sie eigentlich haben. Das gilt für Staaten, Universitäten, Gewerkschaften und Wirtschaftsunternehmen gleichermaßen. Dabei entsteht ein Vakuum, das durch eine solche Fülle von Details erklärt werden kann, daß man dafür eigentlich ein eigenes Buch bräuchte.

So vielfältig und komplex die Gründe für den Verfall auch sein mögen, so einfach sind dagegen die Symptome dieses Vor-

gangs zu erkennen. Eines der sinnfälligsten Krankheitszeichen ist ein beständiger Verlust an Kommunikationsvermögen. Gewiß: Es gibt andere und ebenso wichtige Symptome – man kann sie aus Bilanzen und ständig höher werdenden Budgetdefiziten herauslesen –, aber es ist wohl naheliegend, sich zunächst mit den am deutlichsten erkennbaren Symptomen zu beschäftigen.

Gewöhnlicherweise beurteilen wir einen Betrieb oder ein Geschäft nach seiner Attraktivität – sei es auch nur nach der des Empfangsfräuleins. Und wonach beurteilt man eine Universität? Nach der Anzahl und Vielfalt ihrer Bibliotheken und nach der Qualität der Fachbuchhandlungen, welche sich in der Nähe der Hochschulgebäude etabliert haben. Geht es um eine militärische Einheit, so prägt der Eindruck, den die Offiziere im Casino auf uns machen, unser Urteil. Aber wir beurteilen jedwede Institution auch nach der Botschaft, die sie der Welt verkündet. Jedes Gebäude strahlt z. B. eine solche Botschaft aus, und mag sie auch bloß lauten: »Ich verschlinge 10 Prozent der Ausgaben.« Jedes Gebäude hat etwas zu verkünden, und sei es noch so banal – oder doch zumindest bloß materialistisch. Betriebe haben dagegen gelegentlich absolut nichts auszudrücken, sie haben ihrer Umwelt nichts zu sagen, und das bezeichnen wir als Mangel an Kommunikation.

Jedwede Art von Zivilisation ist von Kommunikation abhängig. Kommunikation beinhaltet die Übermittlung von Gefühlen, Fakten, Ideen und Befehlen zwischen Menschen. Um in der Kunst der Kommunikation reüssieren zu können, bedarf es selbstverständlich eines gewissen kommunikativen Willens, der Fähigkeit, Vertrauen zu schaffen, einer klaren Vorstellung von dem, was man sagen will, und eines gewissen Stilgefühls.

Man muß sich mit der Tatsache abfinden, daß sich die meisten Menschen gerne reden hören, aber nur sehr wenige wirklich etwas zu sagen haben. Vieles von dem, was in Betrieben gesprochen, geschrieben oder gedruckt wird, ist ohne jede Bedeutung. Es handelt sich dabei lediglich um die bürokratische Variante des Windablassens. Wer es in der Kunst der Kommunikation wirklich zu Ansehen und Erfolg bringen will, muß sich ernsthaft anstrengen, und er muß vor allem auch seine Phantasie einsetzen. Er muß sich in die Lage all jener Leute hineinversetzen, die er zu beeinflussen sucht. Für die meisten von uns ist das eines der schwierigsten zwischenmenschlichen Kunststücke überhaupt.

Als die Engländer (während des Krimkrieges) die Schlacht von Balaklawa schlugen, ließ Lord Raglan Lord Lucan den Befehl übermitteln, die feindliche Artillerie zu attackieren. Für Lord Raglan, der auf einem Hügel stand, war damit völlig klar, was gemeint war. Drunten im Tale aber stellte sich Lord Lucan das Schlachtgetümmel ganz anders dar. Er wußte nichts von dem an den Gegner verlorengegangenen Geschütz, das Lord Raglan zurückhaben wollte. Statt dessen bezog er den Befehl auf die ganzen Batterien, die ja gar nicht gemeint waren. Auf Lucans Anweisung griff also Lord Cardigan mit seiner leichten Brigade an – und wurde total aufgerieben.

Der Punkt, auf den es uns ankommt, ist der: Lord Raglan hatte viele Tugenden, aber was ihm völlig abging, war die Vorstellungskraft, daß das Schlachtfeld von einem anderen Blickpunkt und von einer anderen Ebene aus völlig verschieden aussehen mußte.

Solche Fehler wiederholen sich Tag für Tag. Stets steht dahinter das Unvermögen, eine Situation von einer anderen Warte aus – und nicht nur von der eigenen – einzuschätzen.

Setzen wir also den Wunsch zur Kommunikation und eine gewisse Phantasie voraus, so müssen wir es als nächstes fertigbringen, daß die Leute glauben, was wir sagen, und akzeptieren, was wir versprechen. Es wäre wohl wenig erfolgversprechend, einfach zu sagen: »Vertrauet mir! Glaubet meinen Worten!« Nur Politiker verwenden solche Formeln. Ebenso fatal ist die Frage:

»Zweifeln Sie etwa an meiner Ehrlichkeit?« Das fragen nur die Spitzbuben. Vertrauen kann man nicht fordern, man erwirbt es über Jahre hinweg. Das erste Einverständnis ist das zwischen Freunden.

Diese Regel gilt jedoch nicht nur für die privaten Beziehungen, sondern auch für den Bereich der Arbeitswelt. Wenn wir nicht in fünf Jahren mitten in einem Arbeitskampf stehen wollen, sollten wir heute schon miteinander zu sprechen beginnen, und zwar nicht über Lohndifferenzen, sondern über banale Dinge wie Rennen, Fischen, Musik oder über Schachprobleme. So gewinnt man Freunde, nicht anders: Nur wenn sich eine Beziehung in der Zeit bewährt, kann sie zu einem echten Vertrauensverhältnis werden. Und ist eine Vertrauensbeziehung einmal hergestellt, wird man dem Partner auch mit einiger Aussicht auf Erfolg seine eigenen Vorstellungen zu einer bestimmten Angelegenheit mitteilen können.

In jedem individuellen Fall wird die Botschaft eine andere sein. Zu hoffen ist, daß auch in jedem Fall gewußt wird, was zu sagen ist. Jedes einzelne Management mag seine eigene Botschaft verkünden, aber die Industrie als solche sollte immer wieder drei Dinge betonen: Erstens ist es die Industrie, welche jene Welt geschaffen hat, in der wir heute leben – die Welt des Automobils, des Telefons, der Schreibmaschine und des Rundfunks. Zweitens muß man wissen, daß man nur jene Wohlhabenheit genießen kann, welche man sich zuvor erarbeitet hat. Und drittens ist es die Wirtschaft, die Arbeitsplätze schafft – aber sie besteht nicht allein aus diesem Grunde.

Einen anderen Aspekt sollten wir aber auch noch festhalten: Kommunikation ist ein zweiseitiger Prozeß. Die Reaktion des Partners muß einbezogen und analysiert werden. Im Betrieb ist die Beschwerde über irgend etwas ein sicheres Zeichen für eigenes Fehlverhalten. So etwas darf eigentlich erst gar nicht vorkommen, weil man den möglichen Anlaß bereits vorher hätte aus der Welt schaffen müssen.

Nach dem Inhalt sollten wir uns nun etwas näher mit der äußeren Form der Kommunikation beschäftigen. Sie gibt dem, was wir sagen und tun, seinen spezifischen Charakter. Jede Verlautbarung, jede Botschaft muß, wenn sie wirksam sein will, einen persönlichen Zug tragen. Sie soll ruhig kurz und bündig sein, aber ein bißchen darüber hinausgehen. In einem guten Unternehmen kommt sie immer von jemandem, den man kennt, nicht von einem gesichtslosen Management. Man sollte sich auch bemühen, jede Mitteilung verständlich zu gestalten, und komplizierte Formulierungen und Aufträge nach Möglichkeit zu vermeiden trachten. Jede Anweisung, jedes Wort, das von »oben« kommt, muß »sitzen«. Und niemals sollte man vergessen, daß der Humor das Salz des Lebens ist. Er dient mehr als einem Zweck. Er macht jeden Befehl und jede Mitteilung menschlicher und erringt damit gleichzeitig die Aufmerksamkeit der Zuhörer. Und vor allem: Er hilft dem Gedächtnis.

Das ist das eigentliche Geheimnis: Humor ist nicht unnötiger Zeitverlust, sondern eine ideale Gedächtnisstütze – wer die mit einer bestimmten Anweisung verbundene launige Bemerkung im Gedächtnis behält, vergißt auch den Inhalt der Anweisung selber nicht. Dergleichen sagt sich leicht dahin, das soll nicht bestritten werden. Nicht jeder Vorgesetzte besitzt die Gabe, mit seinen Untergebenen glücklich umgehen zu können. Aber bis zu einem gewissen Maß kann man das lernen, und die dafür notwendige Mühe sollte man niemals scheuen.

Warum ist die Kommunikation eigentlich auch in der Wirtschaft so lebenswichtig? Ganz einfach, weil sie Vakuum entstehen läßt und nutzt. Was ich nicht sage, sagt ein anderer für mich – und sicherlich zu meinem Nachteil.

Gerade unsere Zeit steht unter dem Eindruck einer bisher noch nie dagewesenen Informationsflut. Die Menschen werden von Fakten, Theorien und Ratschlägen auf allen Lebensgebieten geradezu überschwemmt. Und niemand, auch kein Unternehmen, kann es sich leisten, sich in die Vornehmheit des noblen Schweigens zurückzuziehen. Wer nichts zu sagen hat, wird leicht verdächtigt: Gewiß behandelt er seine Angestellten schlecht, oder er ist ein fluchwürdiger Umweltverschmutzer, ein Schmiergeldzahler oder ein Rohstoffpirat. Da nützen Dementis gar nichts mehr. Jeder Protest verstärkt das allgemeine Interesse an unseren Schwachstellen. Der Fehler liegt beim Unternehmen selbst. Er hat durch sein Stillschweigen jenes Vakuum geschaffen, das die üble Nachrede dann für sich genutzt hat.

Aber auch mit Reden kann man alles verkehrt machen. Fehlinformationen werden manchmal absichtlich lanciert – aus so unlauteren Motiven wie: um jemanden zu kränken, als Dummen hinzustellen oder um die eigene Unschuld am Mißerfolg zu dokumentieren. In solchen Fällen fehlt der Wille zur Kommunikation vollständig. Oder besser: Der Wille mag sogar vorhanden sein, aber die notwendige Phantasie ist ganz und gar abhanden gekommen.

Erfahrungen dieser Art lassen uns am Ende zu dem Schluß gelangen, daß dem Vakuum in den gesellschaftlichen und menschlichen Beziehungen weit größere Bedeutung zukommt, als wir vielleicht ursprünglich angenommen haben.

Das Vakuum, die tödlich einziehende Leere, ist für die Gestaltung der gesellschaftlichen und menschlichen Beziehungen von enormer Bedeutung. Seltsamerweise begreifen dies jedoch offenbar nur wenige Menschen. Selbst die Historiker stützen ihr notwendig falsches Geschichtsbild auf diese Unkenntnis: Sie irren, wenn sie uns erklären, daß Revolutionen bloß deshalb entstehen, weil sich Massen von halbverhungerten Landsleuten eines Tages zusammenrotten, um gegen ihre Herren zu revoltieren. In Wirklichkeit ist ein in absolutem Elend dahinvegetierendes Volk meist zu schwach, um sich gegen seine Unterdrükker zu erheben. Der Sturm pflegt stets erst dann loszubrechen, wenn sich der Druck von oben etwas zu lockern beginnt; wäre es anders, müßte die Geschichte umgeschrieben werden. Aber eigenartigerweise werden blutige Tyrannen meist steinalt und sterben in ihren Betten, während es in der Regel ihre liberaler denkenden Nachfolger sind, welche ihr Leben durch Kugeln verlieren. Mit anderen Worten: Sich mit einer möglichen Verschwörung zu beschäftigen ist müßig – man sollte sich besser um die Regierung kümmern, um deren beabsichtigten Sturz es geht. Man sollte sich nicht allzusehr in die wirklichen oder bloß eingebildeten Leiden armer Unterdrückter vertiefen, denn in Wirklichkeit kommen alle Revolutionen »von oben«: Immer wieder sind es untalentiert an den Hebeln der Staatsmacht hantierende Dilettanten, welche jenes gesellschaftliche und ökonomische Vakuum schaffen, in das sodann Rebellen und Revoluzzer oft geradezu gegen ihren eigenen Willen eingesogen werden.

Könnten also, so muß man sich fragen, die Regierungen der

Länder in der westlichen Welt durch eine Reihe von Staatsstreichen hinweggefegt werden? An sich wäre das durchaus denkbar; doch sollten wir uns mit der Frage nach möglichen Umsturzplänen der Streitkräfte in all diesen Ländern erst gar nicht beschäftigen. Bisher haben sie solches unterlassen; und wenn sie es auch getan hätten – was hätte es geändert? Auf die Minister und auf jene, welche in ihrem Schatten agieren, sollten wir unser Augenmerk lenken. Und allein wichtig ist die Frage, ob ihre Unfähigkeit jenes gefährliche Maß erreicht, welches zur Bildung des uns bereits bekannten gesellschaftlichen und ökonomischen Vakuums führt. Nur das wäre wirklich gefährlich; denn wir können nicht wissen, wer dieses Vakuum eines Tages ausfüllen wird.

Was für die innere Stabilität eines Staates – oder eben für das Fehlen einer solchen Stabilität – gilt, hat auch für den Bereich der Außenpolitik Gültigkeit. Wir sind selbstverständlich im Recht, wenn wir gewisse Staaten als potentielle oder aktuelle Aggressoren brandmerken. Aber andererseits gehören auch zum Kriegführen mindestens zwei. Was ist eigentlich mit dem Land, das besetzt wurde? Hat es nicht tatsächlich selber ganz entscheidend zum Entstehen des Krieges beigetragen? Moralisch gesehen, kann man es nicht verurteilen, aber irgendwie hat es eine Situation schaffen helfen, in der ein Krieg unvermeidbar wurde. Die Eroberung Mexikos durch die Spanier wirft wesentlich mehr Licht auf die Schwäche der Azteken als auf den Mut und die Entschlossenheit der Eroberer – obwohl Cortez sicher beides hatte.

Weltreiche kollabieren aufgrund ihres inneren Zerfalls. Ihre Regierungen haben sich sicherlich keines besonderen Verbrechens schuldig gemacht; aber sie haben die Katastrophe durch all das heraufbeschworen, was sie zu tun unterlassen haben.

Eine gute Regierung zeichnet sich durch Richtung und Dynamik, durch schnelle Entschlüsse und pointierte Entscheidungen aus. Fehlen diese Eigenschaften – wie etwa im früheren russischen Zarenreich –, muß jenes gefürchtete innere und äußere Machtvakuum entstehen, dessen Folgen von weltgeschichtlicher Tragweite sein können. Wenn der Westen überleben will, muß er zu einer Einheit finden, von der heute noch nichts zu merken ist.

Sollte der Westen aber am Ende versagen, dann wohl nicht an den äußeren Konfrontationsgrenzen des kalten Krieges – und nicht einmal in den Hauptstädten jener vielen kleineren westlichen Staaten, wo man mit solch eifersüchtiger Energie über eine längst nicht mehr haltbare eigenstaatliche Souveränität wacht –, sondern dort, wo wirklich die Entscheidungen fallen: nämlich in Washington und in Brüssel.

## Steffen E. Köpf

JE HÖHER DER ABSATZ ...
Köpfs heiteres Wirtschaftslexikon.
168 Seiten, 51 Cartoons, gebunden.

»Köpf, Zeichner aus Berufung und Nationalökonom aus Leidenschaft, ist es gelungen, den Ökonomenjargon einzudeutschen und jedermann verständlich in höchst vergnüglicher und überraschender Auslegung aufzubereiten.«
*Capital*

## Siegfried und Inge Starck

LAOTSE FÜR MANAGER
192 Seiten, gebunden.

SOKRATES FÜR MANAGER
140 Seiten, gebunden.

SALOMO FÜR MANAGER
168 Seiten, gebunden.

»Siegfried und Inge Starck geben mit ihrer Sammlung kluger Sentenzen dem nachdenklichen Manager einen ›Karriere-Knigge‹ an die Hand, der zeigt, wie ähnlich sich die Erfolgsregeln über die Jahrtausende geblieben sind.«
*Blick in die Wirtschaft*

ECON Verlag, Postfach 9229, 4000 Düsseldorf